本著作系西北民族大学广播电视综合实验教学中心
（项目编号：14-SYJXZX-104035）建设的阶段性成果

多讯道节目制作综合实验教程

张辉刚 张彤 编著

中国社会科学出版社

图书在版编目（CIP）数据

多讯道节目制作综合实验教程／张辉刚，张彤编著. —北京：
中国社会科学出版社，2019.10（2023.3 重印）
ISBN 978－7－5203－5665－7

Ⅰ.①多⋯　Ⅱ.①张⋯②张⋯　Ⅲ.①电视节目制作－
实验－高等学校－教材　Ⅳ.①G222.3

中国版本图书馆 CIP 数据核字（2019）第 259060 号

出 版 人　赵剑英
责任编辑　陈肖静
责任校对　刘　娟
责任印制　戴　宽

出　　　版　**中国社会科学出版社**
社　　　址　北京鼓楼西大街甲158号
邮　　　编　100720
网　　　址　http://www.csspw.cn
发 行 部　010-84083685
门 市 部　010-84029450
经　　　销　新华书店及其他书店

印刷装订　北京明恒达印务有限公司
版　　　次　2019 年 10 月第 1 版
印　　　次　2023 年 3 月第 3 次印刷

开　　　本　710×1000　1/16
印　　　张　17.5
插　　　页　2
字　　　数　295 千字
定　　　价　88.00 元

目　　录

前　言 ……………………………………………………… 1

第一章　多讯道节目制作概述 ………………………………… 1

　　第一节　中国多讯道节目制作的历史演进 ………………… 1

　　第二节　多讯道节目制作的定义 …………………………… 7

　　第三节　多讯道节目制作中的工种划分 ………………… 13

　　第四节　多讯道节目制作设备讲解 ……………………… 21

第二章　多讯道节目制作流程 ……………………………… 32

　　第一节　前期构思创作 …………………………………… 32

　　第二节　中期节目录制 …………………………………… 42

　　第三节　后期节目播出 …………………………………… 48

第三章　多讯道节目制作中的机位设置 …………………… 51

　　第一节　"机位"的意义所在 …………………………… 51

　　第二节　机位设置的基本依据 …………………………… 70

第四章　多讯道综合实验教学 ……………………………… 83

　　第一节　多讯道综合实验教学的目的及意义 …………… 84

　　第二节　中国高校多讯道实验教学现状 ………………… 85

　　第三节　多讯道实验教学阶段划分 ……………………… 90

　　第四节　各工种主要任务及其注意事项 ………………… 91

第五章　新闻类节目实验教学步骤与案例分析 ········· 104
　　第一节　新闻类节目相关知识梳理 ···················· 104
　　第二节　新闻类节目实验教学内容 ···················· 109
　　第三节　典型学生案例分析 ·························· 121

第六章　谈话类节目实验教学步骤与案例分析 ········· 135
　　第一节　谈话类节目相关知识梳理 ···················· 135
　　第二节　谈话类节目实验教学内容 ···················· 141
　　第三节　典型学生案例分析 ·························· 150

第七章　情景剧实验教学步骤与案例分析 ············· 161
　　第一节　情景剧相关知识梳理 ························ 161
　　第二节　情景剧实验教学内容 ························ 169
　　第三节　典型学生案例分析 ·························· 181

第八章　综艺节目实验教学步骤与案例分析 ··········· 193
　　第一节　综艺节目相关知识梳理 ······················ 194
　　第二节　综艺节目实验教学内容 ······················ 202
　　第三节　典型学生案例分析 ·························· 211

第九章　电视文艺晚会实验教学步骤与案例分析 ······ 225
　　第一节　电视文艺晚会相关知识梳理 ·················· 226
　　第二节　电视文艺晚会实验教学内容 ·················· 230
　　第三节　典型学生案例分析 ·························· 260

参考书目 ··· 271
后　　记 ··· 272

前　言

随着传统电视媒体之间竞争的不断加剧和互联网视频平台的异军突起，仅靠内容上的深耕与创新早已不再是电视节目制胜的唯一途径。如何运用更为先进的制作理念和技术设备来呈现出更多异彩纷呈的制作元素，让电视节目可以满足观众不断涌现的新需求，继而实现收视率和社会效益的大幅提振，这是摆在每一位电视行业从业人员面前严峻而尖锐的问题。

纵观当下荧屏五花八门的电视节目，无论是省级卫视求新求变的季播节目，还是市级电视台日常播出的地方新闻，甚至在一些设备齐全、人员充裕的县级电视台，特色各异的自办栏目也是由多讯道模式制作完成的。由此可见，多讯道制作模式已然成为电视节目制作模式的主流，是业界与学界都不容忽视的，熟悉并熟练运用多讯道模式来制作各类节目，是新时代电视人必须掌握的基本技能之一。然而现实情况却不容乐观，无论是在国内各类平台电视节目的生产制作一线，还是高等院校广播电视相关专业的教学科研领域，多讯道节目制作的操作规范与学科建设都尚未形成一个成熟的体系，仍旧缺乏相应的理论范式指导。如何科学合理地设计与安排对多讯道制作模式的实践教学工作，并使学生所学能够为其今后的一线实务操作所用，这是当下很多高等院校电视制作相关专业亟须解决的困惑。

基于此，笔者希望从以下几个方面条分缕析、答疑解惑，为多讯道节目制作的实践教学提供可供参考的模式与范本。

一　对基础理论的讲授

要想全盘领会多讯道制作模式的实质，首先要掌握清楚与之相关的理论知识，包括对其发展脉络的梳理、基础概念的界定、类型特征的划分、工种职能的明确和专业术语的规范等。本书通过对相关内容的汇总与辨析，尽可能地使读者对多讯道制作模式有一个全面细致的认识与理解，并具备一定的分析能力。

二 对业界变化的体现

电视节目制作技术的更新可以用"日新月异"来形容，电视节目制作理念与技术层面最前沿的变革，都会直接有效地反映在节目内容的生产层面，多讯道制作模式亦是如此。因此，本书的写作秉持着"顺势而为，与时俱进"的宗旨，始终以业界动态为依据，力求实现与行业变化的深度对接。

三 对教学模式的规范

不同类型的电视节目都有其各自不同的制作要求和操作重点，在所属院校实践教学软硬件设施的限制之下，并非所有类型的节目都适合在高校展开实训。因此，本书按照实训练习难易程度的梯度化设计思路，针对新闻节目、谈话节目、情景剧、综艺节目和电视晚会五种电视节目自身的特性，科学合理地建构起了各类型电视节目实践教学的具体模式与操作细则。

四 对典型案例的分析

本书尽可能完整地呈现了在教学过程中较为典型的学生案例，并由主创团队和授课教师对其作出分析点评。学生团队对实务操作的总结和所遇问题的反思，可为其他同学日后同类型项目的练习提供最直接的经验；授课教师对节目亮点的回顾和案例不足的剖析，也可为其他教师教学计划的设计提供有价值的参考。

实践教学是高等院校教育教学的重要环节，对多讯道制作模式的教授务必要建立在高校实践教学的基础之上，如果不能从高校实践教学的普遍实际出发，那么再前沿、再精美的课程模式设计也无法为教学所用。本书的写作源于笔者多年的高校专业教学实践和业界实务操作经验，无论是教学模式的设计，还是工种任务的划分，都是在反复试验的基础上最终确定的，尤其是笔者对照新一轮培养方案所作的调整，使本书能够更加贴近教学活动本身。需要强调的是，任何一本实验性质的教材都不能被视作指导实践的万能手册，因为，现实情况常常是复杂且多变的。因此，我们希望广大读者在具体学习与实践的过程中，能够结合本书取长补短、择善而从，积极地发挥自己的创意以及变通的能力，把书本上的知识转化为属于自己的宝贵经验。

　　本书还想与读者共勉的是，对多讯道制作技术的教授不应该单纯地停留在培养学生动手能力的层面上，而且要从育人的高度、从教育教学的本质规律、从内涵式发展的需求出发，培养学生的创新实践意识和科学精神，要以提高学生综合素质为落脚点。针对多讯道制作模式所进行的实践教学，只有与学生需求和成才规律相结合，与业界需求相契合，才能保持其强大的生命力和效力，才可能更好地发挥其应有的作用。

张辉刚

2019 年 2 月

第一章

多讯道节目制作概述

【重点内容提要】

1. 了解多讯道节目制作模式的发展脉络；

2. 掌握多讯道节目制作模式的基本概念；

3. 明确 ESP、EFP、ENG 的区别；

4. 熟悉多讯道节目制作中的工种分类及其职能划分；

5. 熟悉多讯道节目制作的基本原理及其相关设备。

电视的诞生是科学技术高速发展的结晶，从 20 世纪初期到 21 世纪，电视技术经历了一个世纪的创造和完善，随着电视节目制作技术的不断发展、设备的不断更新，节目制作的模式也越来越多元化，多讯道节目制作模式已成为各类节目生产机构制作电视节目的主要手段。

第一节　中国多讯道节目制作的历史演进

电视是 20 世纪科学技术最伟大的发明创造之一，它凝聚着人类的智慧，具有巨大的社会影响力。真正意义上的电视诞生于 20 世纪初期，被称为"电视之父"的英国科学家约翰·贝尔德利用尼普科夫的机械扫描盘装置，成功地制造了世界上第一台电视发射和接收设备的雏形，并于 1926 年 1 月 26 日在伦敦公开进行了世界上第一次电视无线传播。随后在 1936 年 11 月 2 日，BBC（英国广播公司）

在伦敦郊区的亚历山大宫开办世界上第一座正规的电视台，尽管每天的播放时间有限，但这次实践标志着世界电视进入了一个全新的高速发展阶段。

由于经济和科学技术的落后，我国电视的起步较晚。随着我国电视事业的不断发展，电子技术、电视节目制作水平也进入了一个新的历史阶段，多讯道的发展也伴随着电子技术和电视制作水平的不断发展而逐渐形成自身完善和缜密的技术操作系统。为了更系统地学习多讯道制作技术，本节内容试图从我国电视事业的四个阶段出发，对多讯道技术发展演进的过程作出简单阐述。

一　初期阶段（1958—1966 年）

20 世纪 50 年代，由于当时我国的经济基础极为薄弱，科学技术水平与世界先进水平相比还有很大差距。因此，初创时期我国的电视事业，无论在技术装备上，还是在基础设施上，都十分落后。1957 年，在国家的大力倡导支持下，第

一台电视试验机问世，这极大地鼓舞了中国人自主研发电视设备的信心。

1958 年到 1965 年，由于没有可供录制节目的设备，我国的电视节目主要是采用直播方式播出。直到 1966 年 1 月，北京电视台首次使用黑白录像设备实现了录制播出方式。我国的第一个录制节目为《女队长》，这为我国电视节目录像播出奠定了基础。

1958 年 7 月，我国第一辆国产黑白电视转播车正式投入使用，转播车的出现，拓展了电视节目播出的时空界限，丰富了电视节目内容，开辟了在电视台以外进行实况节目转播的新天地。1959 年上海电视中心自制国内第一套用于黑白电视播出的特技转播设备，实现了画面从单调的淡入淡出到形式多样的奇特转换的可能。

1961 年 4 月 4 日，北京电视台在北京转播中国历史上第一次举办的世界性

体育比赛——第 26 届乒乓球
锦标赛。北京电视台首次向
联邦德国、巴西、澳大利亚、
日本、苏联等国寄送电视片。
1962 年，北京电视台开始大
量拍摄 16 毫米的有声片，并

提出前后期制作方法及混合音的生产工艺要求和标准。1964 年，北京电视台建
立了一个专为播放电影使用的电视电影机房，配备了新研制生产的专用设备，包
括两台超正析像管摄像机，提高了电影播放的技术质量。1966 年建成了一个洗
印车间和后期配音室，彻底取代了以前简陋的车间。

【知识拓展】——早期字幕制作

早期电视台制作字幕主要是学习电影厂制作字幕的方法，把文字用白广告色
书写在 40 厘米 × 30 厘米大小的玻璃板上。这些玻璃板既笨重又不安全，稍有不
慎就会给播出造成不良影响。在这个基础上，工作人员经过不断摸索，发明了"圆
盘式活动字幕机"，提高了字幕工作的效率，丰富了节目内容所需求的字幕转换
形式，增强了电视的可视性。

二　曲折发展阶段（1966—1976 年）

20 世纪 60 年代末到 70 年代初，调频广播作为节目传送手段得到发展。调
频广播是高频振荡频率随音频信号幅度变化而变化的广播技术，抗干扰力强，失
真小，设备利用率高，是电视初创期电视节目传送的主要设备。

20 世纪 70 年代初，磁带
录像机的问世为电视节目的
制作和播出开辟了广阔前景，
不但解决了直播方式中存在
的一些问题，还为电视节目
的保存和交换创造了条件。
20 世纪 70 年代中末期，小型
化的电子新闻采访设备逐步

发展，1英寸和3/4英寸便携式摄像机日渐流行，开始用于电视剧、新闻及专题节目的外出录像制作。

1971年10月，上海电视台安装了第二套彩色电视中心设备专供五个频道使用，从而率先在省级电视台中实现全频道播出彩色电视。北京电视台采用国产彩色电视设备建立了一座彩色电视试播台。1972年美国总统尼克松访华，中国首次通过卫星进行了现场报道转播。

1973年4月14日，北京电视台彩色电视节目第一次试播。此后，北京电视台又陆续从联邦德国引进了彩色电视中心设备，从日本进口了高温快速彩色反转片洗印设备和彩色影片洗印设备，大大提升了北京电视台的节目转播水平，使其成为全国技术最先进的电视台。此外，北京电视台还首次从日本东芝公司引进了两辆彩色电视转播车并投入使用，车内均装配了3台摄像机、飞点扫描设备和进口微波，有一辆还配备了进口的2英寸4磁头录像机，使电子新闻采访（Electronic News Gathering，简称ENG）的现场制作成为可能。1975年10月，全国第一辆固定彩色转播车在上海电视台投入使用。

三 成长壮大阶段（1976—1991年）

20世纪80年代初期，各地方电视台普遍购置彩色摄录设备和中心设备，实现了由黑白电视节目到彩色电视节目的过渡。在此之前，一般都是先使用彩色发射机转播中央电视台的彩色节目，然后逐步建立自己的彩色电视中心，这种播出方式在节目衔接上有些困难，也容易出现错误。

1983年5月，中央电视台开始新建彩色电视中心，历经5年时间，到1988年3月15日，彩色电视中心正式播出节目。这是我国第一家现代化的彩色电视中心，它的建成和使用，极大地改善了当时中央电视台的节目录制和播出环境，促进了电视节目数量的增长和质量的提高，为后来电视事业的高速发展奠定了比较完善和坚实的物质基础，并提供了持续发展的空间。

彩电中心投入使用后，中央电视台又与日本东芝公司联合开发了APC 991

自动节目播出系统（简称 APC）。在新的 APC 系统中，还引入了录像机集中控制的概念和方法，利用分配矩阵将不同格式的录像带分配到合适的录像机上，并将录像机的输出分配到待播系统，使有限的录像机在节目播出中得到最充分、最灵活的使用。此外，中央电视台在国内首次运用 SEC-NET 网络（演播室设备控制网络）进行了播出数据的传递，只用一根同轴电缆就将各套播出系统、各个播出设备和各个直播演播室有机地连接起来。

1983 年的《春节联欢晚会》，是技术发展最忠实的反映者。此次晚会利用卫星技术，实现了多点互传，将主会场与各地分会场灵活穿插、巧妙结合，使全国各地的观众都能直接参与到晚会当中来，增加了节目的信息量。

1984 年，中央电视台率先在国内引进两套日本公司生产的自动播出系统（APS），这是我国电视节目播出的又一次重大革命。APS 采用了计算机自动播出方式，将录像机启动、视频与音频开关切换这些规律性、精确性、即时性强的操作都交给计算机来完成。计算机按照事先编排好的播出数据程序对节目播放进行实时控制，做到自动切换播出。此外，计算机还能对备播状态、节目信号状态、系统设备运行状态进行监视、报警等，有效地保障了节目的播出安全。由于在播出系统中引入了计算机控制，至少在自动切换节目和实时监视设备两个方面促进了电视事业的进步。

1986 年 8 月，中央电视台通过卫星传送，转播了在新疆乌鲁木齐市举行的全国少数民族运动会，这是中央电视台首次利用卫星传送，转播地方电视台的电视节目。

中国电视事业飞速发展的又一重要标志则是电视信号传输技术的革新和电视制作技术的不断发展。自 1991 年 9 月 1 日起，中央电视台通过亚洲 1 号卫星用 NTSC 制式全天候转播第一套节目，覆盖范围包括中国内地和港、澳、台地区。由此，中央电视台迈出了将节目信号传向世界的第一步。卫星转发技术也开始在电视节目信号传输中扮演主要角色。

90 年代初，CCD 摄像机、模拟分量录像机、自动编辑机、图形字幕机、电子特技设备、数字音频工作站、电脑灯都开始在中央电视台投入使用，同时还引进了大批新的采、录、编设备，形成了由转播、录制、制作和音频等部门共同组成的强大的电视节目技术制作系统。

四 飞速发展阶段（1992 至今）

在理念和技术的不断推进下，多讯道模式涉及的电视节目种类由单一的新闻、文艺、知识类节目开始向多种类型发展，逐渐出现了体育、综艺节目、情景剧和户外节目等。虽然在"文革"时期，中国电视的发展速度有所放缓，开始曲折发展，但中国电视在整体发展趋势上还是呈现出不断上升的趋势。从 90 年代开始，中国电视更是进入了飞速发展的阶段。

我国的有线电视历经了萌芽阶段（20 世纪 60 时代中期至 70 年代末期）、应用推广阶段（整个 80 年代）之后，自 90 年代初进入了发展新阶段，省、市级电视台在各大城市如雨后春笋般迅速兴起，有线电视普及率也随之飞速上升。

2008 年 8 月 8 日北京奥运会的开幕式，让世界各地的观众欣赏到了一场具有中国特色的视听盛宴，张艺谋导演所带领的创作团队将开幕式的编排做到了极致，而这些独具匠心的创作与设计也是通过多讯道的制作方式呈现在了亿万观众的眼前。

2009 年 10 月 1 日，中央电视台对国庆 60 周年庆祝活动的转播，这是我国在此之前规模最大、动用设备最多的一次现场实况转播。这次转播，除将国庆 50 周年转播时所用到的各种设施设备全部用到之外，参加拍摄的摄像机也由国庆 50 周年转播时的 33 台增至 57 台，并且还增用了两套低空索道摄像承载系统。这是我国首次在多讯道节目制作中采用这种新式拍摄辅助设备完成节目录制。

进入 21 世纪以来，电视现场直播这种采编播同步的节目制作形式，又有了长足的发展，有现场直播能力的地市级台不断增多。采用多讯道节目制作方式的电视现场实况转播，已不再仅仅局限

于新闻报道，已从"阳春白雪"走向了"下里巴人"，在越来越多的电视节目类型中，都较为频繁地采用了多讯道节目制作方式，而这种方式的普及也为所有的媒体从业人员提出了新的要求。

第二节　多讯道节目制作的定义

"多讯道"是指多个视频与音频信（讯）号来源的通道，多讯道节目制作技术是指将多路（二路及二路以上）的视讯信号（图像信号），经过视频切换台进行选择、切换，并把切换后的信号输出为节目信号，同时与由调音台合成后的声音或者音乐信号一起送到播控室，再经过调制后（或编辑机录制）通过传输网络到达电视用户。多讯道因其自身特性，与其他制作方式存在本质上的区别，尤其是该制作方式对导播及导播团队的依赖，决定了多讯道制作模式在持有电视节目制作共性的基础上，也有其较为独特的制作特性。

一　多讯道节目制作与多机拍摄的区别
（一）多讯道节目制作

多讯道节目制作的关键在于它必须要有一个对信号进行选择切换的系统，通过视频信号切换器，导播可将多个讯道传来的信号进行选择切换，最终输出一路信号供直播或录播。多讯道节目制作需要导播人员，在多讯道节目制作过程中，导播需要及时完成对画面内容的构思与创作，导播团队要在事先做足准备的情况下现场及时调度切换，从而完成对画面的组接。

多讯道视频信号的来源包括现场各个摄像机直接拍摄的信号、摄像机拍摄的信号经过视频切换器选择后输出的信号、导演组提前制作好的插播片、来自网络的实时视频图像，以及通过电缆、卫星等通信技术将远距离拍摄画面传回的信号等。未来，随着制作技术与设备的不断发展，多讯道视频信号的来源仍有很大的拓展空间，而随着信号来源的极大拓展，节目本身也会呈现出更大的可能性。

（二）多机拍摄

多机拍摄是指在一个拍摄现场，采用多台（二台及以上）摄像机同时进行拍摄，分别获取素材以备后期编辑使用的节目制作方式。在多机制作模式中，由于不需要专门的选择切换系统，固然不存在导播这一工种。多机拍摄的视频作品需由后期剪辑完成，最终可通过反复修改完成对成品的画面编辑，拍摄过程只是节目制作过程中的中间环节而非最终环节。在影视拍摄中，一些无法反复拍摄的画面，类似洪水、爆炸、战争等场面宏伟、耗资巨大等不主张重复拍摄的场景，往往都会采用多机拍摄的方式来完成摄制。

多讯道节目制作在高效的同时难免会存在失误，而多机拍摄尽管可将错误降到最低，但反复制作的周期则会降低节目制作效率。实际上，不管是多讯道还是多机拍摄，二者都需要有多台以上的设备配合完成，都是节目制作的一种方式。尽管在制作方式上存在一定的差异，但对于视听语言的掌握与使用，对文案的可视化展现，工种之间的相互配合等都还是一致的。

二 多讯道节目制作的具体分类

多讯道制作模式因其拍摄场地等诸多因素的不同，可分为ESP（电子演播室制作）和EFP（电子现场制作）两种制作模式，两种模式有其各自不同的特点。而随着制作技术的不断进步，节目要求的不断提高，复合型的多讯道制作模式也不断出现，综合多种手段的制作模式在越来越多的电视节目中被广泛运用，然而无论是哪一种制作模式，都需要多个工种的协调配合，才能达到最佳的节目效果。

（一）ESP 电子演播室制作（Electronic Studio Production）

ESP是指在电视台演播室中进行的多讯道节目制作，是演播室节目制作系统，它是由电视内景即演播厅及其配套的电视节目制作设备完成的，整个节目制作分为三大区域：多讯道演播室、导播控制室和负责合成信号直接播出的总控室。

多讯道演播室内除了整体的环境布局之外，还有全自动化式的内灯光系统、

高清晰度的摄像系统和高保真的音响系统；导播控制室内有视频切换台、调音控制台、监视器、录制系统等设备；总控室里所配备的信号合成设备，则可为节目的顺利录制和播出提供保障。

在 ESP 制作模式中，导播不在演播厅现场，而是在导播控制室控制拍摄现场，导播会将合成的图像信号和音频信号同步送到负责信号发射的总控室，再由总控室将信号直接发射。

ESP 方式综合了 ENG 和 EFP 两者的优点，这些综合的优势不仅使节目制作效率高，不受环境干扰，而且室内良好的硬件条件也可用于各类节目的制作。因此，该模式已成为电视台各类大、中、小型自办节目的主要制作模式，很多大型晚会、综艺节目都会选择在演播厅内进行，如央视每年的《春节联欢晚会》，省级卫视的《我是歌手》《一站到底》等。与此同时，当下很多网络综艺也会选择用 ESP 模式来完成节目录制，像《中国有嘻哈》《这就是街舞》等。

（二）EFP 电子现场制作（Electronic Field Production）

EFP，即电子现场制作，它是对一整套使用于户外作业的电视设备的统称，该系统一般包括两台以上的摄像机、一台以上的视频切换台、调音台、字幕机及其他辅助设备(灯光、话筒、轨道、脚架、摇臂、录像机及运载工具等）。

EFP 制作方式的优点：

1.摄录过程与事件同步进行，时效性强。

2.采用现场切换镜头的"即时制作方式"，大大简化了节目制作流程和制作工艺，节省时间。

3.现场感强，最能发挥电视独特优势，被广泛应用于各种类型的电视节目制作中，特别是在大型文艺演出、体育赛事和大型活动直播的专门或专题性报道等需要一气呵成的节目制作中。例如：奥运会开幕式、国庆阅兵典礼等。

EFP 制作方式同样也存在一些缺点：

1.EFP 系统设备相对较复杂，对操作人员的技术要求较高；

2.相对于 ESP 制作方式，EFP 更讲究相关工种的配合与协调，难度大；

3.准备工作周期长，而且正式工作周期也长，工作强度大，尤其是前期对于相关设备的组接，需反复进行调试；

4.在 EFP 制作模式下，机位的架设就显得极为重要，由于受到场地、设备、节目内容、天气等诸多因素的限制，架设机位的难度要远远大于 ESP 模式。

【知识拓展】——转播车简介

电视导播系统的应用场所不外乎转播车与演播厅。转播车就是流动的演播厅，只不过把演播厅导控室的导播系统搬到了转播车上。其中主要的设备包括彩色电视摄像机、视频切换器、同步机、监测设备、导演控制台、录像机、电子编辑机、字幕机、伴音调音台、通话设备和微波发射机等。

如右图：北京电视台转播车外观图。

1. 切换台：切换台作为 EFP 系统的中枢神经，是多讯道节目制作最为核心的部分。导播可从多台摄像机提供的镜头、字幕机的字幕信号以及现场以外传送进来的外来信号等诸多信号中进行选择、编辑。

如左图：主切操作台＋监控区。

2. 录像机：录像机是做 PGM 信号记录的，使用录像机记录 PGM 信号，主要是因为通常使用的磁带存储时长大都为 60 分钟或者 120 分钟，而很多节目的时长往往大于这个长度，为保证不会因更换磁带而导致信号记录中断，故采用录像机保证完整记录。

如左图：湖南卫视转播车录像区。

3. 调音台：在多讯道节目制作过程中，声音的准确录制和画面切换同样重要，调音台则是控制各话筒和放音设备输出的音频信号，并对音频信号进行艺术加工的关键设备。

如右图：湖南卫视转播车调音台。

【知识拓展】——ENG 制作方式

ENG 制作方式，即"电子新闻采集"方式，它是使用便携式的摄像、录像设备来采集电视新闻。ENG 方式非常适合于现场拍摄，但它所获取的素材还需要在电子编辑设备上进行剪辑，分为前期拍摄和后期编辑两个阶段。与电缆通信、微波通信和卫星通信技术结合，可以用便携式摄像机与发射装置、传送系统连接，实现新闻直播。

外景拍摄通常属于电子新闻采集（ENG）之列，用比较简单的制作设备即可完成。假如要把植入的场景作为现场片段插入节目中，那就必须再增加一个便携式发射机，用它将信号从现场直接传回电视台。ENG 节目的信号通常采用这种现场传送到演播室的方式。

如果要求现场制作更精细，或者需要两台以上摄像机同时拍摄，可以采用电子现场制作（EFP）的形式。有时候，也可以将现场摄像机的信号传输给独立的录像机（VTR），实况转播是现场制作的一种，其制作系统与演播室所用的基本相同，只是远程传输的摄像机被安置在现场，其导播间设在一辆巨大的拖车内。

许多 ENG/EFP 摄像机是结合了摄像机和录像机的摄录一体机，与许多家用摄像机相似。但 ENG/EFP 摄像机的质量更好，价格也更高。另外，还有一些 ENG/EFP 摄像机的构造，可以将录像机与自己拼接起来，只需将录像机部件插入摄像机的后部，即可组成一台摄录一体机。无论摄录一体机是模拟的还是数字的，它们的操作方法基本都一样。

在 ENG 录制中，音频通常由摄像师控制，摄像师佩戴一个小型耳机，能够听到录入的声音。由于摄像师忙于操作摄像机，摄录一体机的声音控制键经常设置在"自动"（Automatic）档上。在更为严格的 EFP 制作中，采集声音通常由一台便携式混音器来控制，不但要录在录像带上，还要录在便携式录音机里。

（三）多种模式的综合运用

现在越来越多的大型活动、仪式、庆典和晚会类节目的转播，不再只选用某一种单一的模式进行，而是习惯于采用 ESP/EFP/ENG（电子演播室制作/电子现场制作/电子新闻采集）等多种形式复合的制作方式。复合型的制作方式可以是 EFP、ESP、ENG 三种方式的综合运用，也可以是三者之中任意两种的组合。这样"强强联手"的方式，极大地还原了转播事件的真实度，同时也丰富了节目的表现形式，使节目更具观赏性。

例如湖南卫视《超级女声》总决赛直播，在颁奖开始之前的评委投票过程，就是综合利用 ESP/EFP 两种制作方式进行现场直播。在湖南卫视的中心演播室，主持人介绍投票程序、评选规则、评委情况，这里采用 ESP 的制作方式；评委投票设在中心演播室之外的现场进行投票，这里采用的是 EFP 的制作方式。EFP 导播切出的信号通过微波传回电视台，再送至中心演播室的导播间，以备 ESP 总导播选用。这样，两个远距离演播现场的情况就被同步表现出来，增强了事件"正在发生"的纪实性和获奖谜底的悬念。

又如 2009 年 10 月 1 日，"中央电视台对国庆 60 周年庆祝活动"的直播采用了复合 ESP/EFP/ENG 的综合制作方式。

1.导演组分别在天安门联欢现场的不同区域设有五套 EFP 系统对晚会的盛况进行转播。电视节目的录制设备分别设在天安门城楼、金水桥的中心演区、广场的大学生联欢区、劳动人民文化宫门前的农民联欢区和中山公园门前的工人联欢区，每个转播点的导播都会随时切出一路信号，并通过微波实时传送回电视台的总导播室。

2.四套带微波发射的 ENG 设备分别设置在贵宾楼楼顶、革命历史博物馆楼顶、人民大会堂楼顶和正阳门礼花鸣放区，它们的信号也通过微波直接传送回电视台总导播室。

3.在电视台 1000 平方米演播室的总导播间内，还专门架设了一台摄像机随时拍摄导播间内的工作现场，以及在这里的晚会总主持人。

4.两路VCR分别提供礼花的资料以及10个地方电视台选送的节目以备插播。

也就是说,在电视台总导播室里的总导播,最终要将上述12路信号进行切换。这样,通过ESP/EFP/ENG的综合制作方式以及两级切换的手段,完成了10个转播点、39台摄像机对此重大国家庆典的直播。

多样且灵活的制作方式让媒体展示了节目制作的无限可能,也让受众获得了更多的视觉享受。因此,在各类节目的制作上,可视具体情况选择一种或多种模式复合的形式来完成制作。

【知识拓展】——电视影片制作

电视影片制作是指用电影摄录系统摄取素材,然后将影片直接转成磁带,再进行后期制作或播出的制作方式。其特点是既保持了电影的高清晰度,满足电视制作的特殊需要,又能使节目交流不受电视录制设备型号和制式的制约。例如《森林之歌》等影片的拍摄制作等。

第三节　多讯道节目制作中的工种划分

多讯道节目制作讲究团队协作,一档优质的多讯道节目,不仅需要好的节目构想和创意,也需要通过团队各个工种齐心协力的配合并加以实施,这种通力协作则包括工种与工种之间、工种与导播之间、导播与导演之间。因此,要想高效地利用多讯道模式制作节目,就要求多讯道制作团队必须对多讯道模式中各工种的职能分工有较为明确的认识,以便更加完美地配合节目组导演实现对节目创意的构想,制作出品质精良的节目。

一　导播团队

1.总导播（Director，简称DIR）

总导播是节目制作中的负责人之一,也是参与节目制作各部门的联系人,其工作是负责将多讯道系统中各台摄像机所拍摄的镜头,经过视频切换台编辑以及叠加字幕等现场制作的过程，加工成为可供直播或录播的 PGM 信号。

需要强调的是，导播和导演不是一个工种。导演的主要职责为指导演出人员的表演，协调整场演出的顺利进行，与导播的职责完全不同，尽管两个工种的名称很相似，但不能将其混为一谈。

具体职能分工

（1）尽可能参与节目前期的构思创作环节，熟悉节目内容与流程，建立节目画面感。

（2）依据导演组制定的各类文案（剧本、策划案等），在与导演组充分沟通的前提下，制作出节目切换的分镜头脚本，并就导播团队操作经验对文案提出意见建议。

（3）选定最后的导播方案，完成对整个节目录制的多讯道部署。

（4）指挥、调度和监督现场其他工种的工作，如机位位置、镜头构图、灯光、舞美，音乐等工作的开展，做好把关人。

（5）全面控制拍摄现场，指挥现场各个制作系统，并精确掌握节目时间。

（6）在切换台调度、切换、组合镜头，控制成片面貌。

工作技巧

（1）具有强烈的编辑意识，主要体现在导播对节奏的把握、情绪的控制以及规范化编辑思路等。

（2）熟练掌握操作设备，具有丰富的导播技术和实践经验。

（3）有精确的时间意识，严格把握节目的时间。

（4）充满自信，具有较强的领导能力、沟通能力、掌控能力和团队合作精神，能够协调各个工作部门之间的关系。

（5）客观公正地看待现场，编辑

的镜头不带个人主观色彩。

（6）反应灵活，头脑冷静，心态平和，沉着清醒，能够妥善处理现场的突发状况，临危不乱。

2. 导播助理（Director's Assistant，简称 DA）

导播助理被称为总导播的贴身助理，他需要了解总导播对节目录制的整体想法，以及在整个录制环节的所有要求。在节目的彩排与演练阶段，导播助理必须随时跟随总导播，牢记总导播对各工种岗位的要求以及细小的方案调整。在直播或录播过程中，导播助理须手持工作台本，协助总导播控制节目进行的流程与时间，及时发现并提示可能出现的问题，详细记录需要重录或补拍的段落等。

在学生团队实操练习的过程中，导播助理对于个人职能的发挥，常常会出现较为严重的两极分化，要么导播助理会过多干涉导播的切换工作，调度导播按照导播助理的思路进行切换；要么则会无事可做，全然无法为担任导播的同学提供任何帮助，分担导播的工作压力。事实上，导播助理在不影响导播正常调度切换画面的同时，可为导播提供很多极为有用的帮助。由于在正式录制时，导播无暇顾及导播台本，但很多复杂的操作则需要导播团队借助导播台本来实现，这时就需要导播助理在必要的时候为导播提供简单且清晰的口头提醒，以便导播对接下来的切换做到心中有数。例如，在切换大型舞蹈节目时，同一个舞蹈常常会有多种队形的变化，且变化速度较快，而导播在切换画面时，则很难记清楚每一次队形变化的时间点及其运动轨迹，这时就可以由导播助理对照台本并结合节目进程，予以导播及时且必要的提示，协助导播完成对复杂内容的准确切换。

3. 现场导演（Assistant Director，简称 AD）

现场导演，也称"场地导演"，是指在节目录制现场将导播要求和意图准确传达到现场的人，是导播的现场代言人。现场导演的具体工作有联系各部门工作人员，通知排练时间和地点，检查现场各个部门工作，按照工作台本为节目录制做好前期的准备工作等。在录制开始后，现场导演要把导播的要求通过各种手势和口令传达给其他工作人员，并及时将现场的有效信息反馈给总导播。在录制现场，现场导演有时还需要帮助协调摄像机机位与场面调度的配合，而且录制结束后的现场收尾工作也是由现场导演负责的。总之，现场导演的职责可以归结为"现场调度"。

【知识拓展】——导播的其他类型

1. 字幕导播（Font Coordinator，简称 Font CRD）

字幕导播需要在录制之前监督制作完成所有图表字幕，并进行细致准确的检查。在直播或录播中，按照总导演的命令，指挥字幕操作人员或者亲自操作字幕机，完成上下各种图表、字幕工作，并掌握好与画面的配合以及图文字幕的播放时机与停留时间。当下很多电视节目在制作中也极为重视字幕导播的工作，精心设计的图表字幕，也成为很多节目中被观众津津乐道的亮点。

2. 慢动作导播（Assistant Producer，简称 AP）

慢动作导播主要是协助总导播完成对慢动作画面的播放工作，负责指挥慢动作。操作员需按照总导演的要求，选择慢动作镜头进行回放，并控制回放的速度、契机和特效等。在一些体育赛事的转播中，由于运动员完成动作的速度极快，很多细节在正常速度下是无法被捕捉到的，但恰恰这些细节又是作出判断的重要依据，这时就需要借助慢动作导播，完成对相关内容的回放，从而使观众能够看到具体的细节，比如排球比赛中的拦网、跳水比赛中的入水和篮球比赛中的扣篮等。

二 摄像师

摄像师是在节目录制过程中操作摄像机的人员，其主要任务是根据自己的摄像机位置，遵照导播的调机口令，用最准确的角度、景别、构图和最适合的运动形式及时捕捉总导播所需要的画面。

在多讯道节目制作中，由于多机位拍摄的客观环境，一方面，摄像师之间应

该保持紧密的合作关系，既要明白各自的拍摄任务，同时又能够清楚其他工作伙伴的拍摄对象及任务，这样才能够保证对节目现场具有全方位的整体认识；另一方面，摄像师应与导播达成默契，能够理解导播意图，做到心照不宣，这也是节目切换成败的关

键。因此，导播与摄像师需要在节目制作前充分讨论转播或录制方案，合理分配好镜头，制定翔实的分镜头脚本。在转播之前导播应邀请摄像师一起亲临现场，根据场地、舞台、演员上下场通道、观众席等情况来安排摄像机位。

多讯道节目制作除了要求摄像师能够熟练运用摄像器材和摄像手法外，还要有灵活的反应，能在最短时间内迅速地调整到导播所要求的画面，并能够在导播最简单的口令中知晓最翔实的信息。在合作时间长的制作团队里，有经验的摄像师几乎可以不用导播发布太多口令，就能把画面调整得恰到好处。

【知识拓展】——导播对摄像师的选择与任务分配

在对摄像师的岗位分配上，通常，导播会选择得心应手的摄像师，按照其个性和特长安排各自岗位：

1. 性格稳重、责任心强的摄像师，可安排在转播的主讯道上（多指 2 讯道）；

2. 经验丰富、基本功强的摄像师，可安排在抓特写、近景的讯道上（多指 1、3 讯道）；

3. 精力旺盛、体力充沛、有创造欲望的摄像师，可安排在特殊讯道上（多指 4 讯道、斯坦尼康、摇臂或轨道等）；

4. 新手可安排在次要讯道上并不断进行调整，以便选择最合适的位置。

三　调音师

调音师是指多讯道节目制作组控制现场音量的工作人员，导播间的调音台即由调音师负责。调音师的职责是收录现场的声音，还原提前准备的声音素材，控制成片中声音的音质及音量。

调音师在工作中，需要根据现场的具体情况，将不同的声音组合在一起，从而使声音能与其他视听语言相结合，达到节目制作的最佳效果。其特殊的工作性质，除了要求录音师有熟练的设备操作技巧外，还要有良好的音乐素养，能够在不同的环境中及时对声音作出合理准确的调整与把控。除此之外，调音师还需要与负责麦克风、话筒挑杆或支

架、现场试音等设备的操作员进行沟通和交流，以便更好地控制现场音量，这些工作也可以由调音助理来完成。

四　灯光师

多讯道节目制作中，有专门负责灯光设备的调控技术人员。对该岗位的要求则需要灯光师能熟练运用各类专业设备，设计舞台灯光效果，从而保证在节目录制过程中所需的正常照明效果和特殊照明效果。在前期策划准备阶段，节目分镜中的灯光设计，一般是由灯光师负责，灯光师需要根据演播室、舞台的环境条件，设计出节目具体的灯光方案，明确在不同的时间节点需要怎样的基础照明或特殊光线效果，以此来营造良好的节目气氛。在录制节目前，灯光师还需调试好各个灯光器材，并与美术、摄像部门相互配合，使场景气氛表现出最佳的舞台灯光效果。

随着电视制作技术的不断发展，灯光师不仅需要在灯光的种类及使用方法上融会贯通，还应储备大量电学、光学、色彩学以及摄影方面的相关知识，熟练掌握计算机灯控技术，并能主动追踪新技术以适应现代制作手段的更新。

五　大屏幕操作人员

大屏幕操作人员是指专门负责控制现场背景 LED 播放内容的工作人员，他们需要将整个节目中所需的已制作好的视频准备就绪（排序、比例大小、播放时长、播放频率等），并熟悉其内容，再按照导演事先拟定好的操作台本，在合适的时间及时按照总导播要求来改变背景 LED 屏上的内容，以此来实现对节目发展、现场氛围渲染以及电视化手段的表达等重要作用。

多讯道节目制作更强调电视化手段

的使用，故其对背景的要求也是相当严格的，很多多讯道节目的制作需要在前期准备大量的视频素材和图形图像，例如《中华情》中配合主持人现场采访进行的前期实景地拍摄；《非诚勿扰》里对于男嘉宾前期准备就绪的各类 VCR；《中国有嘻哈》里选手被淘汰时，对其前期参赛历程的回顾等，这些都是与节目编排息息相关的大屏幕内容，对这些内容的适时播放则需要有专人来完成。

六　美术设计人员

美术设计是一个创意性工种，指根据节目要求负责节目中的场景设计、道具设计、人物造型设计以及节目中所使用的各类图片的设计等，一切与美术效果有关的内容，均由美术设计人员负责完成。在美术设计人员完成设计后，还需要专门的置景人员、道具制作人员、服装师和化妆师，将美术设计从创意落实成实际效果。

之所以将美术设计人员也放在此团队分工阐述，是因为在多讯道节目制作中，美术设计人员必须积极参与节目前期创作，与导播、灯光、摄像等工种保持密切的合作，务必要对演播现场进行实地考察，从而使布景、服装、道具能够与机位、灯光等形成完美配合，以期最终呈现出完美的舞台视觉效果。很多时候，可能诸多美术设计在设计师看来足够精致巧妙，但在多讯道节目制作过程中却并不适合，甚至会影响节目的正常录制。因此，在此制作模式下，美术人员所有的设计一定要多与导播沟通，要多参与导播团队前期的策划会议。

七　录像师

多讯道制作方式区别于多机拍摄的最大特点就在于它可以实时完成对节目现场的录制，无论是直播还是录播，摄像师在现场拍摄的画面经由导播切换选择后，便由录像师负责记录在录像机里，如果是直播则通过播出渠道实时播出，如果是录播则可将拍摄内容在录制结束后采集出来，选择是否进行后期编辑后再择时播出。

在节目录制之前，录像师需要检查录像设备的各项指标是否合适，一定要确保存储设备有足够的空间可供录制。在录制过程中，录像师要实时监控录制情况，并根据现场情况及时调整相关参数以保证画面质量。在录制结束后，录像师同样要负责设备的检查、关闭和管理工作，以及拍摄素材的拷贝和储存。

八 剧务

剧务通常会被很多业外人士认为是电视节目制作过程中无关轻重的一个工种，但事实上所有剧务人员在节目制作过程中，都起着不容小觑的作用。剧务人员在节目录制前要负责道具的准备、现场的布置；节目开始后要负责舞台舞美的准确布置，节目衔接过程中道具的及时更换；节目结束后还要负责舞台的清理拆卸。在多讯道节目制作过程中，剧务工种的有效部署，能在很大程度上保证节目内容的顺利录制。

除此之外，剧务的工作还包括负责整个制作组所有工作人员以及外请演员、嘉宾、观众的餐饮、交通、住宿等后勤事务。很多时候，当其他工种出现突发状况需要紧急调派人手时，如果没有更好的解决方案，总导演往往会选择调派剧务人员来暂解燃眉之急。

九 参演人员——主持人、嘉宾、演员和现场观众

一档成功的节目不仅需要严谨的幕后制作，还需要现场的主持人、嘉宾、演员和现场观众的默契配合，只有所有台前幕后的工作人员配合默契了，才能保证多讯道节目的顺利录制。

主持人是贯穿整个节目的关键线索人物，他们需要牢记节目的整个流程、把握节目的走向、气氛和节奏，遇到突发事件时应灵活应对。在多讯道节目制作中，需要主持人能够与导播、摄像完成有机配合，尤其需要主持人能够实时调整方向以应对机位调整所带来的变化。

演员和嘉宾是节目的主要人物，他们需要熟知自己表演的节目、参与的话题以及出场的时间等。尽管演员和嘉宾是作为节目组请来的外请人员，但对于电视机前的观众来说，他们也是节目内容的一部分，因此，演员与嘉宾也要有一定编导意识，以此来保证节目录制的效果。

很多节目都会邀请现场观众来配合节目的录制，一方面现场观众的互动与反应，可以更好地影响台上嘉宾的发挥；另一方面，现场观众的存在，也可增强电视机前观众的参与感。如湖南卫视《我是歌手》里，一些现场观众的反应镜头也给人们留下了很深刻的印象。因此，在多讯道节目制作过程中，对现场观众的积极调度与部署，也是导播及现场导演需要考虑的问题。

第四节　多讯道节目制作设备讲解

多讯道节目制作的工种较为复杂，且每一个工种都有对应的设备，而这些设备，无论是在节目制作中的使用，还是常规的保养与维护，都有较为严格的要求。设备是保证多讯道节目制作的关键，各类设备有其各自的组成部分和使用规范，只有认识清楚各类设备，准确掌握各自的使用方法，才可能使其更好的为电视节目制作服务。在高校实验教学的过程中，由于很多同学对于设备并不熟悉，对设备的使用缺乏规范有序的讲解与指导，很多同学的练习操作都是在不熟悉设备操作注意事项的情形下进行的，这就导致原本可以使用更久的设备，常常会因为使用不当而缩短使用寿命。因此，对于高校实验室设备操作来讲，熟悉设备、掌握操作细则显得尤为重要。

随着电视制作技术的不断发展，越来越多更为先进的设备被逐渐补充到多讯道节目制作的设备系统中，本节内容将对其中较为核心的设备及其主要功能进行讲解，并对每一类基础设备操作的注意事项进行详细说明。

一　切换系统

切换系统是多讯道制作结果得以呈现的核心，其构成主体为视频切换台和各种相关线路。切换系统的主要功能为接收视频输入信号，通过调整视频画面的亮度、色度，以及在必要时利用特技将任意的二路视频输入信号衔接起来，完成节目的效果制作后再将信号切出。

1. 切换台的基本功能

视讯切换台可以是单独的矩阵切换台，也可以是特技切换台；可以是模拟信号切换台，也可以是数字信号切换台。无论是简单还是复杂的切换台，均可发挥以下三项基本功能：

（1）从多路输入的信号中选择

合适的视频素材；

（2）在两路视频素材之间进行基础切换；

（3）生成某些特技，比如两组画面之间的淡入淡出、从任意区域切分画面等，有些切换台还可同时具备录像带播放与停止的功能。

2. 切换台的配置

切换台的配置主要由四部分组成，分别为节目总线（PGM）、预览总线（PVW）、混合总线，以及切换台上的特技控制装置。

（1）节目总线（PGM, Program）

节目总线又称直接总线，指从一个视频素材直接切到另一个视频素材，此排键钮会将导播选中的画面直接送到线路输出，故称为节目总线。导播无须提前预览该总线控制的所有视频画面，只需一排键钮即可，每个键钮代表一个不同的视频输入，在进行 PGM 按键操作的过程中，导播一定要养成谨慎仔细的操作习惯，尤其是在直播的过程中，因为一旦确定按下 PGM 按键，画面就会被及时输出。

注意事项：节目总线的起始位置有一个标示为 BLK 或者 BLACK 的附加键钮，其功能不是调整某个具体画面，而是让 PGM 控制界面及其对应的屏幕变黑。

（2）预览总线（PVW, Preview）

预览总线与节目总线在键钮的数量、类型和排列上完全一样，功能也很相似，只是预览总线的"线路输出"不会被播出，也无法到达录制装置，而只能输送到预览监视器（PVW）上。

当节目总线输出画面时，导播可同时选择其他机位摄像拍摄的画面在预览窗口进行预演，一方面可为下一步画面的选择提供较为直观的镜头选择，另一方面还可以为当下 PGM 画面选择组合性较强的画面做各类特技效果。很多导播在切换台上实现的特技效果，也大都是通过对 PGM 和 PVW 的组合设计来实现的。例如，在转播晚会时，就可在 PGM 画面为人物大全景时，在 PVW 选择人物小景别，这时导播就可在两路总线上自由切换，并可使用淡入淡出的效果。

（3）混合总线

混合总线是由节目总线和预览总线构成的，其主要功能有实现画面切换、叠化等。叠化效果是通过节目总线、预览总线和叠化杆来实现的，如果推动叠化杆，那么节目总线的画面就进入，而预览总线的画面就划出，如果将推杆停在中间，就形成两个素材的叠加，即叠化。

（4）特技控制装置

特技控制装置是切换台既特殊又重要的一部分区域，其功能主要包括：

①划像控制键和划像模式：如果按下指派控制区的背景键和划像键，所有的转换都将变成划像。常见的划像模式为大菱形或大圆圈。

②嵌入和剪切控制：嵌入可实现在画面或者背景中插入字幕或另一个画面，嵌入最常见的用途是在新闻播报员肩膀上方的方框内打字幕。剪切则可实现对画面的区域剪切。

③顺向位移控制键：顺向位移控制键（DSK）中"顺向"指对线路输出（顺向）的信号操作而非 M/E（上游）的信号操作。有了顺向位移控制键，便可以在信号离开切换台时在它上面插入标题或者其他图形。大多数带 DSK 的切换台具有主叠化杆，可以利用它把基本画面和顺向嵌入效果一起化黑。

④色彩背景控制键：切换台的内置色彩发生器由一些刻度盘组成，可以利用它调整色调、饱和度及亮度，在大型的制作切换台上，每个 M/E 总线上都有此类色彩控制键。

3. 切换方式的分类

导播台的切换方式可分为快切和特技切换：从多路输入信号中交替选择一路输出，在电视屏幕上表现为一个画面迅速变换成另一个画面，这种切换方式通常称为快切，又称为硬切换，这是使用较多的一种方式；而特技切换是从多路输入视频信号中输出以某种特定方式混合或互相取代的组合信号，这种方式在后期制作中经常运用。

4. 对输入切换台的信号要求

对输入切换台的信号要求"三统一"，即时间统一、相位统一和幅度统一。

（1）时间统一就是要求参加节目制作的各图像信号源及加工过程中各图像之间是完全"同步"的，具体来说是指现场信号的频率和相位一致。

（2）对于两个彩色信号的切换还应保证它们的颜色同步，也就是相位统一。

（3）幅度统一指信号源的信号幅度应该一致。

【温馨小贴士】切换台使用注意事项

切换台属精细仪器，包括各类功能的键钮组和操纵杆，如果操作不当，不注意日常保养，极易影响正常的节目录制。因此，如何正确使用切换台就显得尤为重要，下面是使用切换台的注意事项：

1. 及时擦拭。由于控制面板表面的材质多为塑料制品，而且切换台长时间开机工作，在带电状态下设备吸附粉尘的能力会增强，长此以往，仪器表面积攒的粉尘会覆盖显示屏和操作面板，影响工作人员的操作，因此，要及时擦拭操作面板及显示屏。

2. 工作人员在操作切换台之前务必要保持手部清洁。由于切换台是由各种颜色键钮组成的，一旦工作人员手上带有污渍和灰尘等，就极易导致操作面板表面和按键缝隙之间形成污垢，影响切换台的正常使用。

3. 不随便拆卸按键。切换台上装有各种不同颜色的按键组，且每一个按键都有其作用，一旦缺失将可能严重影响工作人员的正常工作，因此，不得无故随意拆卸各种按键。

4. 严禁进食。工作人员由于长时间的在切换台前工作，喝水、吃饭便成为常见现象，但这种行为应予以制止。由于切换台上键钮众多，线路复杂，一旦被水或食物喷洒，将会影响甚至损坏机器的正常运行。这一点几乎成为业界约定俗成的规矩，但在笔者多年负责的高校教学实践中，同学们在导播间随意吃喝的现象仍屡禁不止。

5. 及时关闭电源。切换台长时间的运作将会导致机器发热等现象，因此，当使用完切换台之后，要及时关闭电源并进行检查。在关闭切换台电源时，切忌随意关闭总电源，应按照规范的关闭流程按顺序关闭，否则同样会影响设备寿命，严重的甚至会造成设备被烧坏。

二 摄录系统

在多讯道节目制作中，摄录系统同样承担着十分重要的作用与功能，摄录人员除要具备扎实的摄录技能外，还要重视对设备的使用与维护。摄录系统主要是由摄像机、控制器以及录像机构成。

（一）摄像机

摄像机作为最主要的视频信号来源，在摄录系统中占有重要地位，其视频信号质量对整个节目的画面呈现起着至关重要的作用。在多讯道拍摄中一般会设有两台及以上的摄像机，摄像机所拍画面将实时传送到切换台，导播通过监看多路信号画面并按照其对画面的呈现思路及时切换组合画面，最终各路摄像师所拍摄的画面则以组合的方式被记录下来用以播出或后期剪辑。

【温馨小贴士】摄像机使用注意事项

（一）摄像机通用操作注意事项

1. 防止摄像机受潮。不要让摄像机在不加遮盖的情况下放置雨中、烈日下或酷寒的野外。因为有些变焦透镜在极潮湿的天气下会发黏。另外，不要使用受潮的录像带，受潮的磁带会粘连并损坏摄像机的驱动马达。如果必须在下雨时使用摄像机，一定要用"雨衣"——预制塑料袋将其盖严。

2. 不要将镜头长时间地瞄准正午的太阳。虽然摄像控制装置不会受到阳光强度的损坏，但却有可能会被聚焦后的光线所产生的热量损害。

3. 不要将摄录一体机的电池暴露在阳光下，更不能任其随意碰撞，虽然电池外表上看起来很结实，但实际上它对于热和震动都十分敏感。

4. 不要将摄录一体机的一侧放在地上，这样容易损坏寻像器或装在另一侧的话筒。拍摄完毕后，应用镜头盖将摄像机镜头盖上，并且仔细检查各个装置是否关闭，最后还要保证一定要将光圈关至 C 的位置上。

（二）演播室摄像机操作注意事项

1. 摄像电缆。摄像电缆之间存在极大的差异，主要体现在传输各种电子信号出入摄像机的方法上，一旦需要电缆工作，必须知道哪一种电缆适合何种摄像机，并且要视拍摄场地确定需要多长的电缆。

2. 连接器。在演播室内，摄像机电缆通常都插在摄像机插座上或墙壁插座上，但在外景地使用摄像机时，一定要仔细检查电缆连接器是否与转播车上的插座匹配。这里需要强调的是，多讯道工作所需的插座切勿与其他工种的设备连接在一起，因为一旦其他设备出现线路上的问题，多讯道也很容易受影响。因此，在走线路时，导播就应该要求单独为导播团队建立线路，从而保证录制的顺利进行。

3. 指示灯（TALLY）。指示灯是安装在摄像机顶上，指示哪一台摄像机正在"工作"的红色信号灯，它有助于演出人员对着正确的摄像机讲话、微笑，也可以提示摄像师明确导播是否在使用本台机器。因此，在操作演播室摄像机时，必须等机器上的指示灯熄灭之后，才能重新调整摄像机的位置，除非是有特殊情况的发生，摄像可不按照指示灯的提示进行操作，否则一定要严格按照指示灯的提示操作设备。

4.内部通话系统。在采用多讯道拍摄时，由于需要同时调度多台摄像机工作，因此内部通话信道尤其重要。导播在开始前一定要调整好通话系统声音的大小，同时也为了防止通话信道的混乱，摄像师在开始摄像的那一刻就必须把耳机话筒推移离开口部，避免交谈干扰导播思路。

（二）控制器

在多讯道节目制作现场的摄像机，一般会备有控制器，各台摄像机的控制器终端会集中在导播间内。在摄像机与控制器连接使用时，摄像机上的多数控制按键功能会转嫁到控制器上，以便导播间工作人员在发现画面问题后，在不影响摄像人员拍摄的情况下，及时控制、调整摄像机的拍摄状态。

在常规的拍摄中，摄像机的很多参数设置是由摄像师独立完成的，但在多讯道节目制作过程中，这一点则有新的要求。由于多讯道是将多路信号的画面组合在一起后输出，也就是说它会将多台摄像机的画面组合呈现，但如果每台摄像机参数的设置是由摄像师在现场依据各自实际效果判断完成的，就极有可能会因为每台摄像机在光线、位置等诸多因素的影响形成不同的画面效果。因此，为了保证同一节目中画面效果的稳定性和统一性，在多讯道节目制作过程中，摄像机参数的设定应由导播团队在控制器上完成。

【知识拓展】——摄像机控制器（CCU）

摄像机控制器简称CCU（Camera Control Unit），是用来控制摄像机工作的设备。除了摄录不可分的一体化摄像机之外，一般高档业务摄像机和广播专用摄像机均配有专门的摄像机控制器。

摄像机控制器通过专用的多芯电视电缆与摄像机机头相连，它输送多种信号，如同步信号、遥控操作信号、监测信号、通话联络信号以及电源至摄像机机头。同时，将摄像机机头预放器输出的红、绿、蓝三基色信号进行视频处理放大，根据电视系统的彩色电视制式编码，形成彩色电视信号输出。因此，当使用摄像机控制器遥控摄像机工作时，摄像机本身视频信号通路自预放器之后的部分，将完全由摄像机控制器内的电路取代，摄像机本身的控制也多由摄像机控制器完成。

（三）录像机

不论是在直播还是在录播中，录像机都承载了录制画面内容的重要作用。电视节目在播出前都需要预先录制在磁带或电脑硬盘中，甚至现场直播中也会涉及很多预录的素材，"即时重放"其实就是录像带或数字视频盘在事后对事件关键时刻情形的重现。另外，录像带也可用来播放广告片。

在之前的内容中我们讲到过切换台 PGM，通常切换台 PGM 端口输出的视频信号一般分为两路，一路信号会用于现场直播，另一路则会输入录像机的数字输入端口，保存到存储设备中。

三 音频系统

音频系统包括声源、调音台、音频信号处理设备和扩音设备四大部分，其核心部分是调音台。

（一）声源

声源分为音源和传声器，现场声音的拾取都是通过各种设备完成的。根据不同场合的音源需求与实际的操作需要，可分为移动话筒与固定话筒两类。移动话筒分为颈挂式、手持式、吊杆式和无线话筒等。如果制作情景需要，任何移动话筒都可以用于固定位置，而固定话筒也能变成移动式。

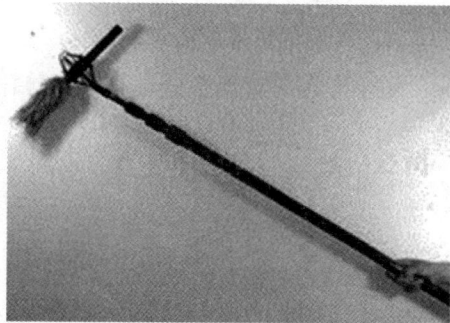

（1）颈挂式话筒：一般称为 Lav，是电视镜头中使用频率最高的话筒，由于它规格小、质量高，与吊杆和手持话筒相比，拾音效果最好，因此，通常会被用于新闻、访谈、电视剧等节目中。

（2）手持话筒：由表演者自己拿着，它应用于所有为便于表演者对拾音进行某种控制的制作情形中，手持话筒可以由表演者自行控制声音，因此在大型演出、综艺节目中会较为频繁地使用手持话筒。

（3）吊杆式：是一根可以延长的金属杆，在上面装一支枪式话筒，主要用于室外 EFP 和 ENG 制作。

（4）无线话筒：它不受制作场合的限制，声源活动完整，无线话筒广泛应用于新闻播报和 EFP 中，偶尔也会用于电视剧的多机演播室制作中。

（二）调音台

调音台是音频系统的主要控制设备，无论各式调音台（模拟的或数字的）的设计如何，所有调音台或声音控制台都具备五大功能：

（1）输入：预先放大及控制各种输入信号的音量；

（2）混音：合成和平衡两个或更多的输入信号；

（3）质量控制：控制声音特性；

（4）输出：将合成后的信号传输到某个特定输出端；

（5）监听：在声音信号被记录或播出之前监听声音。

（三）音频信号处理设备

音频信号处理设备分为压缩 / 限幅器、均衡器、延时器和混响器等。主要功能是对音频进行效果处理，使之符合应用要求。

（四）扩音设备

扩音设备质量的好坏会影响整个节目的音响效果，这部分包括音频信号处理器、电子分频器和音箱等设备。

【温馨小贴士】音频系统使用注意事项

1.在录像或开播前，必须设定一个强度——调整音量控制装置，使输入的声音（画内人声、乐器声）落在音量表所显示的可接受范围内。

2.在常规的电视制作中，需要用一个单独的录音设备来为所记录的声音做备份，或为了符合复杂的后期制作，需要把声音记录在另一个系统上。

3.在室外录制时，由于存在现场风声、交通噪声和旁观者人声等各类同期声，一定要借助混音器来保证现场的音响效果，将主要的声音与环境音分开。

4.如果音频输入比较多，务必要为每个输入标上记号，以便能在必要时很快地启动和控制音频的输入。

四　通话系统

通话系统在多讯道制作系统中承载着沟通协调的功能，工种之间的沟通则依赖于通话系统的有效运作，随着电视节目制作规模的大型化、分工的精细化，通话系统可在节目制作中将各类工作人员有机地联系在一起，能对各工种的工作进行有效调度，该系统具体包括：

（一）PAYRE-lines（PL）系统

该系统是由多个人员组成一个通话组，他们可以听到组中的每一个人说话，也可以跟每一个人进行对话。总之，在该系统中的通话是公开的而不是私密的。

为了避免各个工种因使用各自的通道和组内人员协调，而与导演发生冲突，目前很多小型电视制作系统的通话直接由 Party-Line 系统组成。

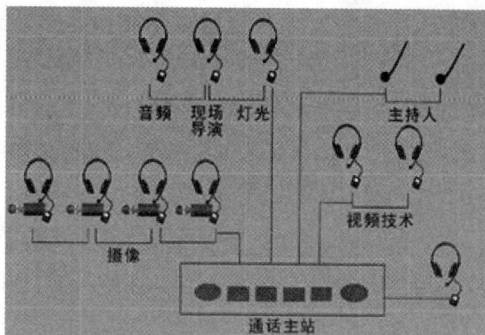

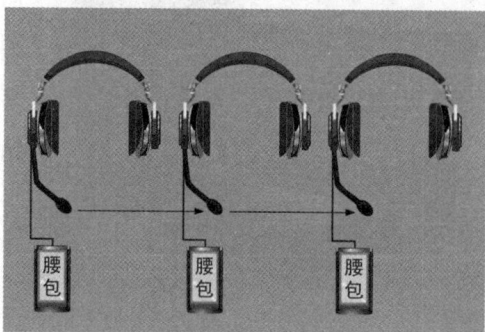

（二）通话矩阵（Matrix）系统

目前大多数电视制作系统使用以通话矩阵为核心的通话系统，通话矩阵的各个通话端口可以形成通话组，矩阵的通话组或通话端口之间可以是点对点通话、虚拟形成的 Ty-line 通话方式等多种方式。

（三）无线（Wireless）系统

无线通话系统包括无线对讲机、移动电话等设备。无线通话系统最大的优点便是工作范围不受

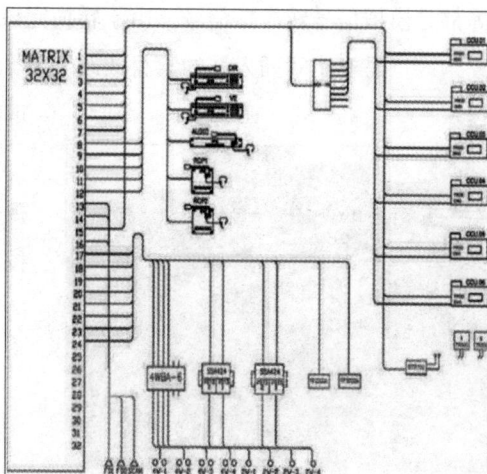

限制，但同时它也容易受到频率规划、保真度以及电池的影响，无线通话系统包含几十个单元的通话设备，并可以在通话时动态切换。如右图所示的无线对讲设备，便是各大节目制作中常用的无线设备。

五　后期编辑系统

后期编辑（后期制作或后期剪辑）是电视节目生产过程中的一道工作程序，各类电视节目除了现场采访、现场直播外，大都需经过前期拍摄和后期剪辑这两

个基本生产环节才能完成。它的过程和原理与拍摄过程中进行的多讯道（即时编辑）迥然不同，后期编辑系统弥补了多讯道即时编辑中存在的画面出错、不精确等问题。后期编辑系统主要有两种形式，一种是线性编辑系统，另一种是非线性编辑系统。

（一）线性编辑

线性编辑就是从一盒磁带上摘选某些镜头，然后再以特定的顺序复制到另一盒磁带上。线性编辑的操作原则就是复制，这中间完成的诸如出入点设置、转场等都是模拟信号转模拟信号。由于转换完成就记录成为了磁迹，所以无法随意修改，一旦需要中间插入新的素材或改变某个镜头的长度，整个后面的内容就需要重新制作。

如今线性编辑早已不再是主流的电视后期制作方式，在高校中也很少有学校涉及线性编辑的课程，随着电子技术的发展，取而代之的是利用电脑软件进行后期编辑即非线性编辑。

（二）非线性编辑

非线性编辑不是单纯的复制某些影

像，而是在影像文件中进行搜索，然后再以特定的顺序对所有素材进行排列组合。非线性编辑是借助计算机来进行数字化制作，几乎所有的工作都在计算机里完成，不再需要繁杂的外部设备，对素材的调用也是瞬间实现，不用反复在磁带上寻找，原本单一的时间顺序编辑限制被打破，负责剪辑的工作人员可以按各种顺序排列。因此，非线性编辑具有快捷、简便、随机的特性，而且随着技术的不断发展，一方面越来越多新型的剪辑软件被开发出来，另一方面，原本聚集于同一软件完成的后期工作，也开始被细分，如剪辑中的调色、字幕等制作环节，也有了越来越多专门的软件，来使其最终达成的效果更加精确。

【复习思考题】

　　1. 对多讯道模式各个工种的基本认识；

　　2. 对切换台基本构成的了解与掌握；

　　3. 对系统中所需设备的正确操作使用；

　　4. 了解多讯道节目制作近年来的最新发展技术。

第二章

多讯道节目制作流程

【重点内容提要】

1. 掌握多讯道节目制作在各个阶段所要掌握的各项技能；

2. 掌握常见的导播口令，并熟练运用；

3. 掌握直播类节目和录播类节目的制作要点。

随着电视节目制作水平的提高，电视节目实现了其多样性的发展势头，电视节目类型也越发多种多样。但是，每一种节目在其具体制作上都有其各自不同的侧重点，很难找出一个通用的法则以适用任何类型。在常规的电视节目制作过程中，大都可按照前期构思创作、中期摄录和后期编辑混录的阶段性划分来开展相关工作，在多讯道节目制作过程中，一般也会参照这三个阶段进行工作的细化部署。从前期构思创作开始，在每一个阶段都有其各自较为明确的任务划分，通过前期、中期和后期系统化的操作，运用多讯道制作模式完成对各类电视节目的现场录制。因此，在高校的多讯道实验学习中，同学们需掌握多讯道节目制作的具体流程，通过多讯道节目制作实训练习去自我总结该模式的一般规律和具体方法，明确在制作过程中与节目制作相关的诸多问题。

第一节   前期构思创作

构思创作阶段是对节目的总体设计，是节目制作成功的关键，这个阶段集中体现了导演对节目制作的理念和意图，只有前期构思策划准备得足够细致和充分，后期执行阶段才可能有序进行。同样，在多讯道节目制作的前期阶段，也有其较为细致的工作划分，在前期构思创作阶段，制作团队只有将多讯道制作模式的核心理念和技术要求融入节目的前期准备中，才可使之后摄录阶段的工作顺利进行，而这些细节上的变化，正是多讯道节目制作的重点所在。

在制作电视节目的前期阶段就将多讯道制作理念融入其中，则能很好地体现出一个制作团队的经验和能力，在此阶段就要求导播对节目有充分的了解，从节目的流程到具体的内容、表现形式、串联方式都要了如指掌，并且对于节目的安排、播出的整体面貌也要有大概的预想，如何利用场景空间架设机位也是需要导播团队在前期策划阶段着重考虑的问题。例如对于篮球比赛的转播，就需要导播充分了解篮球比赛的特点，而且还要对比赛双方的选手有所了解，这样才能将比赛中观众最想看到的细节通过适宜的镜头组接展现出来，而不是全程抓不到重点。

通过系统整理多讯道节目制作的具体环节，可将其具体制作环节分为如下步骤，因为表格中的诸多工作是需要同步开展的，同时很多工作需要交叉进行，故不对其具体步骤作先后之分。

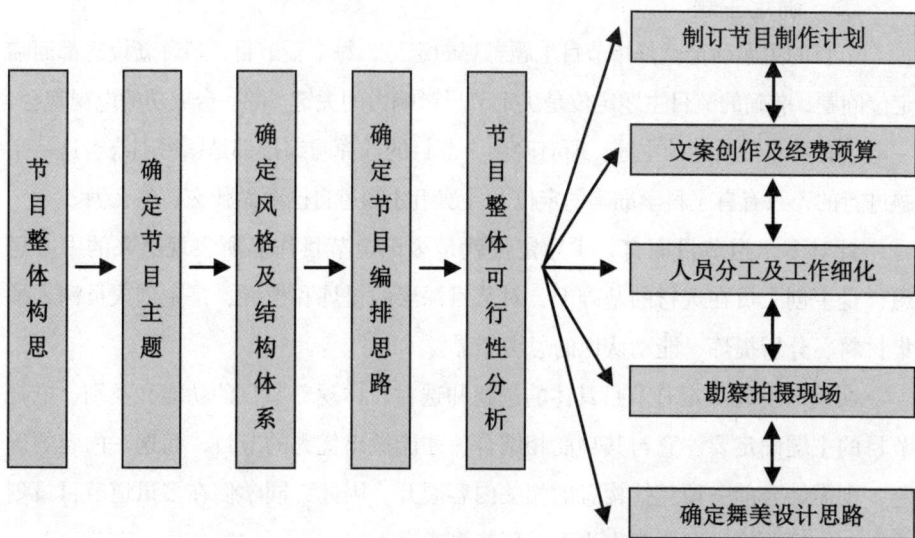

节目整体构思　→　确定节目主题　→　确定风格及结构体系　→　确定节目编排思路　→　节目整体可行性分析

- 制订节目制作计划
- 文案创作及经费预算
- 人员分工及工作细化
- 勘察拍摄现场
- 确定舞美设计思路

一　节目整体构思

节目的整体构思是节目制作前期一个非常重要的环节，该环节可起到统领整个前期阶段总体方向的作用。在策划节目的过程中，如果整体构思出现了错误，那么之后的很多工作可能就会因方向发生错误而被搁浅。在电视台，很多节目在确定要执行之前，都会反复召开策划会进行商议沟通，对其整体进行构思，一旦开始执行，再因为整体方向发生错误想要调整或修改，则会造成很大的损失。

节目的整体构思包括所要制作节目的类型是怎样的，其核心定位是什么，该节目制作出来后打算锁定哪些目标受众等方向性问题。还包括节目播出的平台、播出的时段、节目自身时长等细节性问题，也需要在此阶段进行考虑，只有将以上问题考虑清楚，才可能保证后面的工作顺利开展。

一般来说，每一个节目都会有一个专门的团队负责该节目的构思创意，在节目创作过程中，为了防止思维的枯竭，一般导演都会邀请几个人一起进行"头脑风暴"，"头脑风暴"就是为了打破观念上的阻碍，能够得出更加有新意的想法或点子，而这些创意与想法在之后的环节，会由导演组进行更进一步地细化。同学们在实训练习的过程中，也应该多召开面对面的策划会，由全体成员一同集思广益来完成对方案的整体构思，切不可将该项工作寄希望于总导演一人完成，也不能只通过简单的沟通便仓促定稿。

二 确定主题

节目的主题确定就是指节目主题思想的定位，每个新节目、每种新设想都面临定位问题，准确的节目主题定位是决定节目影响力的关键。像一台成功的电视晚会，一定会有其非常明确的主题，所有晚会中节目的选择与编排都是紧密围绕着这一主题进行的，只有有了科学准确的定位，导演组才知道自己要做什么、怎么做。

针对多讯道节目而言，主题定位就是多讯道节目作品所表现出来的中心思想，是主创人员在选材的基础上，对节目深层的提炼和把握，是主创人员深入搜集材料、分析提炼、能动认识的思考结晶。

明确的主题决定着节目具体的选题和选材，体现着节目的功能和类别。电视节目的主题确定要注意与其功能相结合，才能做出优秀的节目，而这一内容的确定，则需结合前一项整体构思的相关内容展开。因此，同学们在多讯道节目策划前期，一定要将主题确定作为重点环节去考虑。

三 确定风格及结构体系

在前期策划阶段，需要确定清楚电视节目的风格样式是怎样的，是严肃庄重，还是轻松活泼；是重在抒情，还是强调娱乐，都需要导演组事先确定好。例如同样是综艺晚会，但中央电视台春节联欢晚会和湖南卫视跨年晚会在风格上就会有明显的差异。央视春晚则更加主旋律，着重突出了祥和喜庆、团结幸福的晚会基调，而湖南卫视的跨年晚会相比则显得更加轻松愉快。需要强调的是，节目风格样式的确定不仅要与整体构思和主题紧密联系起来，更要以一种容易令受众接受的形态展现出来。不同的主题决定不同的节目风格，不同的节目风格也能将同一个主题以不同的形态表现出来。新颖另类的节目风格和传统固定的节目风格都会有各自稳定的受众群体，因此，导演需要结合节目主题和分析受众类型，以确定最为合适的节目风格。

结构体系的确定是指导演组需要按照节目推进的节奏，合理分配各环节的比重，一方面要确定清楚各个环节（各部分）的具体时长，另一方面还要在内容上作好分层。如果设置得结构合理、层次清晰，则能更好地提高节目的整体效果。像在一档谈话类节目中，如果前期能够按照话题推进的具体效果进行内容上的分层，并确定好每一层所要重点展开的话题内容，那么节目自身的效果就会远远优于一场没有任何结构划分的、无层次感的谈话。

四　确定节目编排思路

在确定好节目结构后，就需要考虑如何以节目主题为依据，将所有的操作流程与具体细节有编导意识的编排串联在一起，为节目进行有序合理的排序。这一环节所作的编排，是实操过程中所有工作开展的依据，编排得思路越细致，考虑的越周到，在具体实施阶段，导演组可能遇到的问题就会越少。

在具体策划阶段，导演组需要考虑整期节目的节奏把握，包括开始、结束和转折等段落的设计，同时也需要考虑高潮点、动情点等重点要素的布置。对于节目的衔接与过渡，除过要考虑子节目间的可连接性、受众在情感上能否接受、是否会产生审美疲劳等因素，在制作多讯道节目的过程中，还要考虑到节目的具体编排是否易于导播调度画面。如果精心设计的环节编排，反而在录制时会因为机位无法相互配合而出现穿帮等问题，就需要导演组依据导播的意见进行编排思路上的调整。

需要强调的是，很多同学在进行多讯道实操练习的过程中，习惯于选择纯表演性质的舞台剧，或成品的歌舞类节目进行导播实训。作为一门电视专业的核心课程，同学们在进行导播技术演练的同时，更应该将其编导意识作用于节目创作的始终，实现理论所学与技术训练的有效结合。因此，建议同学们在进行多讯道实操练习的过程中，应自行策划节目，将团队编导意识作用于所录节目中，哪怕是已经成品的节目，也应该力求运用编导技能对其进行二度创作，以体现团队自身的主观能动性。

五　节目整体可行性分析

由于电视节目的形式与种类各不相同，所以不同形式的电视节目在可行性分析上会有各自不同的侧重，但对于任何一种电视节目整体的可行性分析，都需要从以下几方面入手去考虑。

（一）市场分析

市场分析是指对电视媒体整体市场规模、位置、特点、市场容量及吸引范围等调查资料所进行的经济分析。

（二）项目的必要性

也就是指创办此电视节目的必要性，如果此节目的实施因为同类型节目早已饱和、优质节目占领市场而变得没有必要，那么导演组就应慎重考虑是否有开展此项目的必要。

（三）财务评估

财务评估是制片人最为看中的一项，也是关乎每个电视节目制作参与者自身利益的一个环节，详细且准确的财务评估是之后所有工作顺利开展的先决条件。

（四）社会效益

电视节目的创办不仅要注重商业利益，更应该注重社会效益。一档能带来社会效益，尤其是可持续社会效益的电视节目，不仅能从政策上得到很多极为有利的支持，在具体实施的过程中，也必然会有较高的可行性。

由于本书重点针对高校实验教学的实操演练，因此，在可行性的考虑上，还应该从以下方面出发去综合考量。

1. 是否适合在高校实操环节演练

在高校实操环节练习中，常常会因为设备、场地、教学模式等诸多限制，而无法做到像专业操作中那样面面俱到。因此，这就需要策划者在前期就要从可行性方面去考虑方案能否最终得以实现。

2. 是否有足够的设备支持

由于多讯道系统中涉及设备较多，而这些设备在很大程度上会影响到节目制作的效果。即便同学们策划的节目再精彩，如果现有设备无法实现同学们想要的效果，那么，这份策划也是不可行的。

3. 人员是否能够保证各工种所需

在多讯道节目制作过程中，需要诸多工种共同配合，在课堂练习过程中，老师也会按照工种对同学们进行合理分配，人员多了就会有同学无事可做，人员少了则不能保证节目录制的有序进行。因此，在策划前期还需要从人员出发，考虑人员分配方案的可行性。

六　制订节目制作计划

制订节目制作计划，对于保证节目的顺利进行、各工种的相互配合起到了至关重要的作用，其中最重要的就是制定日程表。日程表明确地告诉了参与制作的每一个人，在什么时间、什么场合应该干什么。制作日程表一般由导演和制片主任或单位主管制定，一份合理的日程表不仅能够节省时间和金钱，还能节省精力。但是，若安排时间过于仓促，非但不能发挥团队真正的制作水平，反而还会违反生产规律，使制作过程变得复杂，从而降低了演职人员的工作效率，影响节目制作的质量和时间周期。

与电视制作的所有其他方面一样，节目从排演到播出也要受到严格的时间限制。在大型的电视节目制作中，时间表也称为摄制日程表，由负责摄制的管理部门制定，在小型制作公司，则由导演或制片人来确定某一摄制任务的时间表。在同学们的实训练习环节，建议同学们可从学期日程表、月日程表、小组日程表和录制日程表等几个维度出发去制订计划。

学期日程表：由于高校实践教学的开展通常以一个学期为单位展开，在一个固定的学期里，指导老师需要按照实验室开放时间、设备使用情况、班级学生人数等进行教学安排，这就需要同学们配合授课教师制定出该学期全班所有小组使用实验室的时间安排。

月日程表：由于在具体练习环节，会牵涉很多组同时使用实验室的情况，包括本期录制的同学需要反复排演，下期录制的同学可能需要考虑舞美布置，甚至还会有其他班级的同学可能也会使用实验室，这就需要同学们在指导老师和实验室管理员的共同协商下制定出月日程表。月日程表的制定，一方面能保证更为高效的使用实验室，另一方面也可确保设备的正常使用与权责担当。

小组日程表：作为每一个小组的总导演，也需要按照各自小组的实际情况，制定一份非常详细的日程表，用以要求组员及时完成各项任务。因此，在多讯道节目制作的过程中，有很多工作和环节是需要各个部门紧密配合才能完成的，一旦有部分工种完成不及时，就很有可能影响整个工作的进度，但又不能寄希望于总导演随时叮嘱与催促，这就需要总导演通过制定小组总日程表和随时更新单日日程表，以便组员们及时知晓和完成各自所需完成的工作。

录制日程表：在节目录制的当天，则需要总导演制定出一份录制日程表，以方便各工种及时明白各自所需要完成的具体工作。能够精确到分甚至秒的日程表，则能将录制中失误出现的概率降到最小。例如，下面是同学们在录制时长为半小时的访谈节目《心灵之约》时的摄制日程安排。

时间	安排
9：00A.M.	摄制组人员集合
9：00—11：00A.M.	召开会议：方案确定、人员确定、技术衔接、设备确定、场地确定等
11：00A.M—1：00P.M.	舞美布置：布置场景、设计灯光
1：00—1：30P.M.	午餐及休息
1：30—2：00P.M.	摄制会议：主持人、演员及嘉宾的走位
2：00—2：30P.M.	走场和摄像排演
2：30—2：45P.M.	调整出现问题
2：45—3：00P.M.	休息
3：00—3：30P.M.	正式录制
3：30—3：45P.M.	补录：观众反应镜头、小景别镜头、环境镜头等
3：45—4：00P.M.	退场

七　文案创作及经费预算

（一）整体文案创作

该环节需要导演将前期在构思创作阶段所讨论的创作思路落实到文学稿本上，制定完成节目基本编排流程、节目拍摄大纲和分镜脚本，还要包括主持人串词和人员分工表等文案的创作。

【知识拓展】——策划案的重要性

在前期构思阶段，文案通常会扮演十分重要的角色。这是因为，不是每一次沟通都必须经过面对面的交流，很多时候双方会习惯于以发送邮件的形式互换意见，这时候导演只需将自己的文案发送给对方，待时机成熟后再进行面对面的交流。

当然，发送邮件或自行阅读文案虽然可以节约时间、降低成本，但在对文案的准确解读上则有可能出现偏差，因为导演的思路可能在文案中无法详尽表达出来，往往需要辅以语言的补充说明。在此情况下，就需要导演在撰写文案时要注意"导演想当然"的问题，避免因导演自己熟知内容而简单表达，所写的策划关键要考虑到对方能否准确明白导演所要表达的意思。

（二）撰写导播工作台本（分镜头脚本）

导播工作台本是总导播按照多讯道节目制作规律对整场节目进行分镜头设计的文案脚本。一般包括节目的基本概况阐述、分镜脚本的设计、机位设计草图以及导演阐述等内容。在高校的多讯道学习中，由于分镜头脚本的写作文体比较特殊，因此，同学们应对分镜头脚本进行深入的了解。在分镜头脚本中一般包括镜号、时长、景别、拍摄方法、画面内容、声音、灯光效果、舞美、LED 大屏设计以及其他注意事项等内容。除此之外，由于多讯道节目制作的特殊性，机位设计、导演阐述也能为节目的顺利开展提供支持，特别是在导演阐述文本中，应考虑到每个机位相应的分工职能以及附加职能的安排部署。

（三）经费预算

大到一台晚会的制作，小到单期节目的录制，都需要非常细致的预算经费。能够将有限的经费花在最为恰当的地方，不仅能够节约成本，也能避免很多不必要的浪费。在高校实训环节，同学们制作的节目在规模上虽不及专业制作团队，但合理的经费预算仍能保证节目的制作过程有条不紊地进行。尤其很多学生团队是第一次自行管理经费实施采购，难免会在经费使用上出现问题，而合理的经费预算则能将无效的花费降到最低。

八 人员分工及工作细化

（一）组建工作团队

当一期节目策划完成之后，首先要做的就是组建共同完成这项任务的工作团队，尽快让团队所有人员一同参与整个前期策划的具体工作。导演可根据不同类型节目的需要，邀请不同的工作人员加入团队。在组建团队的过程中，通常现场技术人员会相对稳定些，而撰稿人、美术等前期设计策划的工作人员在团队中的变动余地则会更大一些。而导播就可根据自己的工作习惯，找经常合作的录音师、摄像小组和导播助理等，组成自己的导播团队。

导播工作的成败，在很大程度上取决于团队组建是否合理科学，组建团队的重要性，在于找到适应节目需要的各岗位人员。因此，在考察拍摄现场之后，导演或导播也可根据自己在现场产生的一些具体录制需要来选择更为合适的专业人员，及时调整团队内的人员配置，从而使团队的结构更为合理。在高校的多讯道实验过程中，同学们应发挥各自的专业优势，明确自身在团队中的角色与定位，利用好身边的人力资源，组建一支在专业技能上能够互补的工作团队，以此来共同完成多讯道节目的制作。

【知识拓展】【BOB（北京奥运会转播公司）】

从 2008 年北京奥运会起，国际奥委会（IOC）创立的奥林匹克广播服务公司（OBS）将作为奥运会官方转播商（BOB）承担未来奥运会的转播工作。2008 年奥运会期间，BOB 使用约 60 辆转播车、1000 架摄像机，并建造一个面积达 8 万平方米的国际电视广播中心，制作了 4000 小时的奥运直播信号。

在 BOB 成立之后，各个电视台都向 BOB 提出转播申请，包括 CCTV，BOB 向各个授权电视台提供开幕式以及所有比赛的直播信号。但由于很多电视台均有自己一些特殊的拍摄任务及需求，他们在现场会有自己的摄像机，需要拍摄各自所需的画面。因此，导播会根据自身需求，适当切到自己的摄像机上重新组合画面，最终成为用户收看到的版本。

（二）邀请嘉宾

导演组要根据节目需求来选择合适的嘉宾，并事先询问嘉宾个人时间是否允许参与节目。如果嘉宾能够确保可以参加节目的录制，则需要导演组提前安排好嘉宾的排演时间和正式演出时间。在节目录制过程中，负责嘉宾的演员统筹应熟悉整个节目流程及细节安排，并与嘉宾进行及时的时间安排沟通，以确保彩排和正式演出的有序进行。特别强调的是，为了使嘉宾能在节目中发挥出最佳的状态，在邀请嘉宾时导演组应为其发放节目具体流程、嘉宾角色定位以及操作台本，并与之做进一步的沟通。当然，嘉宾因突发状况无法到达现场的情况也会时有出现，这就需要导演组务必要事先做好应急方案以便不时之需。

（三）召开会议

召开会议的目的是让导播将节目的流程、具体内容结合场景、灯光、摄影、声音、字幕、特效等方面的要求，尽量全面地阐释清楚，以便整个团队成员对本次节目制作的性质特点有明确认识，对节目的未来全貌形成一个相对统一的初步想象。在会议上，导播工作台本、现场舞美效果图、机位示意图等技术图表，均会下发至各工种岗位，导播在阐述中会结合它们进行更形象深入的讲解。

除了各工种都会参加的总会议之外，导播还会根据需要，与不同工种分别召开分工种会议，尤其是舞美、灯光、录音、摄像等部门，需要和导播就具体的实施方案和技术细则进行详细沟通。

（四）制定相关技术清单

总导播需要统筹协调舞美、灯光、录音、摄像、转播等各部门，完成总领、监督、验收工作，确认各项技术实施细节和设备问题的落实，并按照实际需求制定出一份详细的技术清单交至相关部门提前做好准备。尤其是在一些特殊的、难度较大且较复杂的多讯道节目制作过程中，可能在某些环节需要特殊设备辅以支撑，这些特殊需求就需要导播事先列好技术设备清单，让相关部门提前做好准备以备使用。例如，一场转播的摄像技术清单就包括摄像机数目、机位任务划分、功能的实现、辅助设备以及镜头的相关细节等，这就需要导播和摄像负责人及视频技术负责人一同协商完成。

九　勘察拍摄现场

在录制节目之前，导播不仅需要对节目的主旨、性质和内容了如指掌，还需要仔细考察拍摄现场，考虑机位架设与制作播出的可行性。在演播室录制节目时，即使导播对演播室已了如指掌，但在新一期节目录制之前仍需重新考察和思考场地使用需注意的问题，尤其当节目拍摄环境需重新设计时，更应及时制订设计方案。如果导播能根据新一期节目的内容、性质等元素来设计场面的规模和调度，每次全新的布局就有可能会创造出新的亮点和效果。对于不熟悉的场地，如体育场、露天外景地，或者更特殊的环境，导播团队就需要带领相关工种进行多次实地考察，充分利用有利的自然环境、建筑景观来架设机位，并对在录制过程中可能出现的意外状况作出预估，并商讨应急方案，以便最大限度地保证达到最佳的视觉效果。

在以上诸多工作开展完成后，主创人员需结合节目需求和场地实际进行平面草图的设计与制作，包括场地平面图、现场机位架设示意图等。平面示意图一般显示了场景的地点、布景道具、机位架设位置以及灵活区域，就像脚本一样，平面图有助于使各类镜头形象化，并把这些镜头转变成主要的摄像机位置和摄像机轨迹（不同摄像机的运动），使导播能简单明了地掌握多讯道转播过程画面的选择和切换，同时，平面图还有助于导演发现出镜人员调度、音响和摄像等方面的潜在问题。

十 确定舞美设计思路

在前期策划的最后，需要导演组按照节目主题、节目性质和节目内容等要素，将现场节目效果和音乐灯光等结合在一起，确定舞美的设计思路。在常规节目策划环节，该工作主要包括舞台设计、道具设计、服装设计和背景设计等，导演在初稿确定完毕后，只需与团队成员进一步讨论逐步完善方案。但在多讯道节目制作过程中，舞美设计不仅需要团队成员的想象力和创造力，还需要结合舞美对机位架设、镜头选取、场面调度可能产生的影响作出综合考量，这也就要求导播需参与到舞美设计的具体工作中来。这里需要强调的是，很多同学在实操环节习惯于将舞美设计置于录制前才开始准备，这样会造成在资金、时间上很多不必要的浪费，更重要的是后期实训重点是多工种协作组合练习而非制作舞美，这种本末倒置的实操只会大大降低实际教学效果。因此，在本书操作篇第五章至第九章中，我们会根据不同的节目类型结合学生案例对舞美设计进行详细讲解。

第二节 中期节目录制

经过前期构思创作阶段的准备，电视节目需要将策划过程反映成具体的电视节目，实现电视化手段，即进入第二个主要阶段——节目的录制。在录制阶段，导演组需要按照前期做好的各项准备，并结合现场实际情况完成录制。在多讯道录制过程中，由于导播和摄像是以实时配合的方式录制的，在录制难度上会比单机或多机拍摄难度要大。因此，为保证录制的顺利进行和节目的精彩呈现，在录制前就需要演员配合导演组进行不带机彩排和带机彩排等走场演练，通过反复排练将策划中未考虑到的突发状况反映出来，指导主创人员重新分析并制订相应的应急预案，以保证节目的顺利录制。

在录制过程中，为保证导播和各工种之间配合默契，同时也能留有充裕的反应时间用来激发导播和摄像，导播和其他工种之间形成了一套相对固定的口语表达，即导播口令。导播口令的准确使用是各工种需要掌握的核心要素，因此，同学们在录制过程中，除要严格把关彩排过程，重视导播和其他各工种之间的默契配合关系外，更要熟练掌握导播口令并加以灵活运用。

一　排演

彩排是对录制或播出的内容进行事先的预演，一般可分为不带机彩排和带机彩排两种。在具体的彩排过程中，导演可对方案进行仔细预演，同时也可及时解决彩排过程中出现的各类突发问题。

（一）不带机彩排

不带机彩排俗称走场，指演出人员在导演的安排和协调下进行最基本的节目走位活动。导演需结合演员和节目的具体情况来考虑摄像机置于什么位置，以及摄像机与演员之间的关系。导演需及时告知演员准备表演的大致位置，让演员尽可能自然走位。同学们在实训环节的不带机彩排一般可遵照以下原则进行。

1.不是所有彩排都必须在演播室或排演厅中进行，在条件不允许或紧急情况下可先在较为空旷的室内进行，如以桌子、椅子和在地面上做的粉笔标记来代表布景和家具。

2.导演可根据演员最自然的行动来设计走位，但要记住摄像机和话筒的位置及移动情况。为了更好地纠正演员的走位问题，导演助理可对主要演员的走位活动做出记录，以便对走位中的问题进行纠正。

3.在排练过程中可将要录制的场景都按顺序走一遍，如果是直播节目或现场录制节目，至少应将整个脚本完整录制一遍。

4.通过排演，准确计算出各段落和整期节目时间长度，从而为摄像机的长距离运动、过渡音乐、主持人的引言和结束语、开头和结尾的字幕、广告片的插播等环节留出足够的时间。

（二）带机彩排

带机彩排，是指将整期节目的流程按节目最终播出要求完整地进行一遍，所有环节都是按照录制或者播出要求进行1:1录制。带机彩排的目的是让演播室各个部门和工种对节目录制或直播各流程和环节做到心中有数。同时在带机彩排的过程中，还可及时对不尽如人意的设计以及发现的问题进行纠正，以保证正式录制或者直播时能够万无一失。当然，对于较为重要的节目内容，还可事先录制好备播带，并在直播时等速率实时播放备播带，一旦在直播时现场出现无法补救的失误，或很难迅速解决的突发状况，导播则可迅速切进备播带，待问题解决后再切入现场。

1. 断续排演

断续排演是指在排演时一旦遇到问题，导播可随时叫停，并与摄制人员或演员讨论，然后再回到脚本上的逻辑切入点重新开始排演。尽管这种方法很费时，但可以有效避免再出现同样的问题。

2. 持续排演

持续排演是指在排练时不会因出现问题而中断排演，所有的问题会集中在排演之后再作讨论商议。如果导演计划进行整个节目的直播，或进行不间断的现场录制，就应该使用持续排演。一长段没有任何干扰的排演不仅能使团队对节目的总体发展和结构建立整体印象，同时还能极大地帮助出镜人员掌握自己的速度。

二 导播口令

导播口令是录制过程中导播与其他各工种进行交流的专业术语，导播口令能使摄制组所有成员在最短的时间内统一有序地听懂导播意图。导播口令如同其他语言一样，服从于个人的习惯，虽然不同的导播会有各自不同的导播术语表达习惯，但在基本表达上仍有其标准规范。随着科学技术的不断发展，多讯道节目制作的水平会不断改进，为满足导播的使用需求，导播口令也会发生一定的变化，但导播在使用导播口令时一般会遵循以下原则。

1. 语言简单明了

由于导播在切换画面的过程中速度极快，镜头长度通常以秒来计算，因此，导播在发口令时所使用的语言应力求简单明了，使接受口令的人既容易听懂，又不至于信息太多接受不了，只有这样，导播的意图才能被清楚地传达出来。

2. 术语通用规范

由于时间上的限制，导播口令通常会很短，但又不能只为了求短求快而让其他工种无法准确理解导播的意图。在长期配合的过程中，导播和摄像之间会形成一定的默契，以至于有些调度并不一定要通过发布口令来完成。更重要的是，通过使用通用规范的导播术语，则能减少工种之间交流的时间长短，简单一两个关键词就会表达出一个相对烦琐的调度要求。因此，导播发布口令使用的语言应尽量使用本地、本机构、本制作组通行的术语。

常见导播口令表

开播口令	作用
离开播还有 2 分钟 / 离开播还有 1 分钟	导播通过与现场通话的麦克风让摄影棚和导播控制室内的所有人员都能听到此倒计时指示
准备开播镜头	指令各机位摄影师按照台本的要求准备各自的第一个镜头
准备开播还有 30 秒，现场安静，准备开播	导播用耳机告知现场导演，现场导演再将口令传递给现场所有人员
片头准备，音乐准备，录像机准备	让放像人员准备片头，让音响师准备开场音乐，视频技术员开启录像机
准备淡入 1 号	让切换人员准备组合开场画面
导播准备好了吗 1 号机准备好了吗…… 演员准备好了吗	询问各个工种是否准备就绪，在各工种准备就绪的情况下，发布即将开始的口令
全场保持安静，请所有人将手机等移动设备调至静音状态，录制即将开始	由现场导演发布此口令，提示演员、嘉宾、现场所有人员做好录制前准备
全场倒计时，10、9、8、7、6、5、4（3、2、1 现场导演在现场给手势，不出声）	开播前 10 秒，现场导演高声倒计数，提示所有人员进入开播状态，在数到 3 时，由导播助理在导播间接替现场导演继续倒数 3、2、1
放片头，淡入 1 号机	几个口令需一口气喊出，或提前约定简化口令
准备化入 3 号	提示切换准备化入 3 号近景（这个镜头开播前已准备好）
音乐衬底或停止	提示录音师降下音乐
麦克、CUE、化入 3 号	让录音师打开主持人的麦克风，让现场导演示意主持人开讲，切换组合 1 号和 3 号画面的叠化
1 号准备演员出场小全景	1 号机刚使用完，让摄像师去准备下一个镜头

续表

录制指令	作用
3 号机准备演员出场	提示 3 号机调整好景别准备拍摄即将出场的演员
1 号机主持人头顶留天	提示 1 号机摄像师注意拍摄对象头顶的空间
2 号机调整画面，注意所有人员全部入画	提示 2 号机使用全景景别，并将所有拍摄对象全身（完整）拍摄入画
3 号机准备演员起身	提示 3 号机注意原本落座的演员即将起身，观察演员的移动轨迹，并保证人物头部不得出画
1 号机双人镜头	提示 1 号机拍摄双人镜头
收播指令	作用
2 号准备大全景收场镜头	在收播前 30 秒，让提供收场镜头的摄影机开始准备
音乐准备	提示录音师准备收场音乐
准备化入 2 号	在收播前 15 秒，提示切换准备组合收场画面
音乐起、化入 2 号	看到演出一完毕或主持人结束语话音一落，快速连续喊出这一组口令
音乐减弱	看着计时表，到收播还有 3 秒之前发此口令
（倒计时）3、2、1、停	导播提示时间准备收播，现场导演通过耳机接收到导播的口令，随之用手势提示现场人员
收播（或：切出 / 淡出）	看着计时表，时间一到喊出口令

三　录制过程中的其他技术问题

（一）录像技术

在正式录像之前，询问摄像师是否调好白平衡；在拍摄时要仔细监听前景和后景传来的声音，但不要因为微弱的声音而中断拍摄。

在录制比较重要的节目时，可考虑是否有必要在 2 号机方向的摄像机内放置存储卡。这是因为在导播切换画面的过程中，难免会出现失误，如果该节目需要在后期进行修改，就可用存储卡内 2 号机相对稳定的大全景来弥补一些较为严重的失误镜头。

（二）灯光和收音

在正式录制前，应检查灯光和收音效果。检查所有收音设备是否能够正常收音，话筒是否充满电，音质是否有损坏；检查所有灯光能否正常运行，角度是否合理，若有问题，都应在正式录制前全部修复解决完毕。

（三）视音频

在正式录制前，检查所有的音视频文件格式能否正常播放，需要通过 LED 屏展现的舞美是否可正常播出。通常有些文件会出现格式的转变等问题，这些都需要在正式录制前解决，以免影响节目效果。

四　应急预案的重要性

在多讯道节目录制过程中出现失误是在所难免的，成熟的团队会依据之前经验就很多问题在策划前期作出针对性强的应急预案，而一些突发的、临时的问题则需在此阶段及时制订方案应急处理。虽然应急预案可在一定程度上保障节目的顺利录制，但由于很多突发性事件是不可预知的，一旦发生便不可逆转，这就要求现场工作人员在应急预案的基础上及时地作出调整，尽量减少失误以挽回节目损失。

在高校多讯道制作实践中，由于同学们缺乏一线实战经验，通常只能通过在策划和彩排过程中仔细考虑节目录制中可能出现的问题并制定行之有效的解决方法，才可能避免过多失误的出现。但也正是因为这一原因，建议高校在实训环节应尽量采用拟直播的形式进行练习，这是因为，尽管拟直播的形式可能会导致失误的出现，但相应的同学们应对突发状况的能力则能得到极为有效的提高。

五　拆卸布景和检查设备

在录制结束后，不管是在专业机构，还是在高校实验室，都应在离开前将拍摄现场恢复原状（如切换台、摄像机、道具、窗帘、幕布等）。导播助理需要收拾好脚本、镜头列表和记录单；摄像师要盖好镜头盖，检查电源；舞美要清除遗留在地板上、门上或墙上的定位胶带；设备组人员要在EFP设备装车时，配合现场导演、工作人员主管或制片人助理浏览一遍设备清单，在离开或转移拍摄场所之前核查是否所有的设备都已装车。只有养成良好的工作习惯，才能在今后的工作中享受多讯道带来的无穷乐趣；倘若长期处在一种无序的节奏下工作，那么频繁失控的设备和杂乱不堪的环境，只会让多讯道录制成为团队所有工种的负担。

第三节 后期节目播出

在常规电视节目制作的流程中，后期编辑则是掌握成片面貌的重要环节，但在多讯道节目制作过程中，由于直播是适时播出，也就是说在此模式下并不需要通过后期剪辑的方式完成对作品的剪辑制作。但是，并非所有多讯道制作节目都是通过直播适时播出，也有很多在录制完成后会选择适宜的时间播出，甚至有部分要求较高的节目，还会利用后期剪辑软件进行包装修改，之后再择时播出。因此，利用多讯道模式制作出来的节目，多会依照节目自身的属性和观众需求来选择特定的形式进行播出，其播出形式一般可分为以下两种情况。

一 直播类：现场摄制 + 现场切换 + 实时播出

直播即通常所说的现场直播或实况直播，是指导播利用切换台对现场摄像机所拍镜头进行编辑，再将现场（或演播室）采集的节目信号直接传送到电视台的播控中心，进行实时播放。直播类节目是由导播在各工种配合下实时完成画面的切换与调度，并由其团队在制作过程中将事先准备好的视频也直接转换为信号，再由总控室工作人员适时将信号直接发射出去。在直播过程中，制作与播出是同步进行的，事件进展会被实时传送，使观众如身临其境，能够产生很强的参与感、动态感和新鲜感。在此制作模式下，最为关键的是"现场摄制 + 现场切换"这两个环节。由于直播节目"一次性"的特殊要求，演职人员和摄制组必须熟悉节目流程，保证在播出时做到万无一失。

在直播类节目制作过程中，严格要求全体工作人员集中注意力准确完成操作，相对于可以进行修整补救的录播方式，直播难度较大，对导播、摄像、录音、灯光等方面的技术要求也会更高。例如，央视春节联欢晚会、2008 年北京奥运会开幕式，和一些体育赛事都是采用直播的形式播出。

二 录播类：现场摄制 + 现场切换 + 后期剪辑包装 + 择时播出

录像制作又称现场录像或实况录像，是指对采集的信号进行后期编辑与修改之后，再制作成成片送至播控中心择时播出的制作方式。录播类节目因其无须适时直播，故可对录制完毕的节目进行进一步的包装加工，再根据节目的播出时间段择时播出。录播可将多机拍摄的机动性和后期编辑的创造性结合起来，从而使播出更具灵活性。

在用录播的方式制作节目时，一方面，节目中出现的表演失误和技术性问题，大都可通过后期制作进行修正；另一方面，后期还可为节目增添更为丰富的包装与特效，包括绚丽的字幕、应景的特效、合适的背景音乐和字幕等。例如在《快乐大本营》中从画面上飞过的乌鸦、演员出现囧态时及时出现的滴汗效果等，都是在后期阶段对画面内容的丰富。

需要强调的是，在录播过程中，并不能因为后期可修改便随意中断录制，而是要尽可能地保持录制的完整性，更好地利用多讯道节目制作模式的优势，保证录制的现场感和制作效率。

【知识拓展】直播与录播的优缺点分析

	优点分析	缺点分析
直播	1.无后期剪辑环节，制作成本相对较低 2.能让观众感受到节目的真诚和透明度，更易调动观众情绪，让观众愿意参与到节目当中去 3.及时性强。在新闻类节目中，直播能在第一时间将信息传递给观众 4.可塑性高。直播过程中的突发状况如果处理得当，则能成为节目成功的关键 5.直播在营造气氛、渲染气氛、调动观众感情方面更易让观众产生共鸣	1.直播对前期准备要求高 2.直播中不确定因素多，突发状况难以预测，处理不当会直接影响节目整体效果 3.直播节目缺少后期特效，较录播节目而言较为单调
录播	1.录播有时间和条件对现场的突发情况进行处理，它能把电视媒体的严谨性与精确性能发挥到极致，为观众呈现最完美、最准确的视觉体验 2.题材广泛。相较于直播节目而言，录播节目在节目形式、节目题材等方面具有多样化选择 3.表现方式丰富。可通过后期剪辑赋予节目各种特效，使节目具有可看性 4.具有延时性。事先录制节目可以选定任何时间播放，而且可以反复播放	1.真实性低。录播节目会对流程进行事先安排，缺少与新兴状况的接轨和观众的互动，让观众感受不到节目的真实感及透明度，导致节目与观众产生距离 2.制作周期长。录播节目从前期策划、中期拍摄，到后期制作时间线长，工程量大，制作成本高 3.及时性差。录播节目无法在第一时间将信息传递给观众，在制作新闻类节目方面局限性明显

利用多讯道模式完成对电视节目的制作，不能将其只看作技术层面的浅层介入，而应将其核心的理念贯穿于节目制作的始终。在高校电视节目制作课程的实验教学中，同样需要将多讯道制作的要义渗透到教学体系的各个阶段，在策划层面，要保证导播团队能够积极作用于各项工作的具体编排，在执行层面，要明确导播团队所应承担的各项任务，从而以更加科学规范的模式指导此类课程的实验教学。

【复习思考题】

1. 在多讯道节目制作的前期构思创作阶段有哪些具体步骤？

2. 多讯道节目制作的可行分析性包括哪些方面？

3. 应急预案需要从哪几个角度进行考虑？

4. 导播口令的使用原则有哪些？

5. 直播类节目和录播类节目的优缺点分析。

第三章

多讯道节目制作中的机位设置

【重点内容提要】

1. 掌握机位的含义及其包含因素；

2. 掌握拍摄角度的意义、分类及其作用；

3. 了解辅助设备及其功能作用；

4. 掌握机位设置的原则，并在实践中熟练运用。

数目繁多的摄像机如何配合导播完成对节目内容的摄制是多讯道节目制作方式的难点，而准确设置机位则是攻克这一难点的关键所在。掌握机位设置的外在形式与深刻内涵，针对不同类型的节目特点制定出适应各自艺术体系的设置法则，对多讯道节目制作而言是十分关键的。本章力求从媒介自身特点入手，全面定义机位的内涵，归纳总结机位设置的基本原则，通过对相关案例的分析与整理，以期实现对多讯道节目制作模式有更清晰的认识和把握。

第一节 "机位"的意义所在

准确的机位设置不仅能拍出精彩的节目画面，支撑导播的思想展现，解决从哪里看、往哪里看的问题，它还能捕捉到演员一些非安排的临场发挥，给导播提供更多的可能性，从而大大丰富节目内容。在多讯道节目制作中，机位从狭义上讲是现场规定的摄像机位置，但从广义上讲，它还包括镜头性质、拍摄角度等其他一些相关的要素。因此，在学习多讯道节目制作的过程中，首先需要准确掌握有关机位的相关概念。

一 机位——机器的位置

机位通常是指在拍摄现场所有机器布局的地点，它的设置涉及多讯道节目制作过程中的各个方面，在多讯道制作现场，机器的设置一般会依据场地大小、场地可拍摄范围、所需画面角度、现场摆放摄像机数量，以及观众席位置等多重因素去考虑。多讯道节目制作中对机器位置的分析可从如下几个方面展开。

（一）机位即视点

视点是指从某一具体的角度来看节目的发展，而现场布置的机位直接决定了观众能获得怎样的视点。在多讯道节目制作过程中，画面的输出是随着节目的进程一起运动的，导播要把自己对于节目的理解外化到对画面的选择上，这就要求导播在实时构想成片面貌的基础上要对输出画面作出选择，而这样的选择标准即为机位视点。不同的导播给观众呈现出的视点是不同的。因此，准确的机位设置不仅能满足观众观看的心理需求，也能为导播提供更多精彩的画面。

如图所示，在倒三角布局中，2号机主要用来拍摄场面全景，当需要展现环

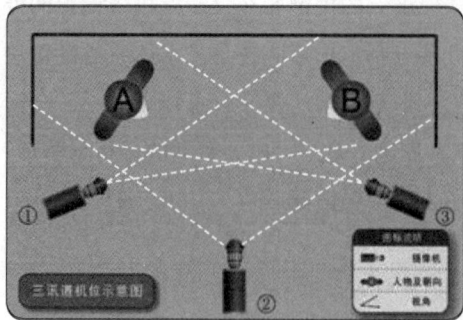

境、表现场面调度和交代人物关系时，导播通常会调度2号机用全景来完成拍摄任务。1号、3号机则利用交叉关系的拍摄轴线拍摄场景中的人物细节，二者的拍摄任务也是相同的。3个机位各自不同的视点侧重，则可以很好地满足观众对拍摄内容的观看需求。

（二）机位即视听语言

本章所讲的视听语言包括镜头的拍摄、组接和声画关系等。由于机位的不同，每个摄像机所拍摄的画面会有不同的效果，这些视听效果上的差异，会直接影响观众的观赏效果。

视听语言是电视画面精彩与否的一个重要因素，无论是电视还是电影中，画面的构图、景别设计、镜头设计等都是其表现的重要元素，如当演员在舞台上唱歌时，导播选择的画面除了演员的全景外，还要有演员的面部表情特写以及观众

反应的镜头等。而多讯道由于大部分的制作过程是通过现场调度去完成的，因此，画面的表现力很大程度上受机位的影响。好的机位设置不仅能拍出精彩的画面，而且还能捕捉到演员一些非安排的临场发挥，使节目的观赏性更高。

在观看足球赛事的转播时，由于场地宽阔，再加上球员跑动速度较快，观众很难看清比赛中的诸多细节变化，但球员精彩的脚部动作实则是球迷最渴望看到的，而教练或沉着或激动的面部表情，也是展现比赛氛围最鲜活的画面。这时，安排在各个方位的摄像机则能通过导播精心谋划的"排兵布阵"，完成对足球比赛多角度、多景别拍摄，从而可以最大限度地满足电视机前观众的各种需求。

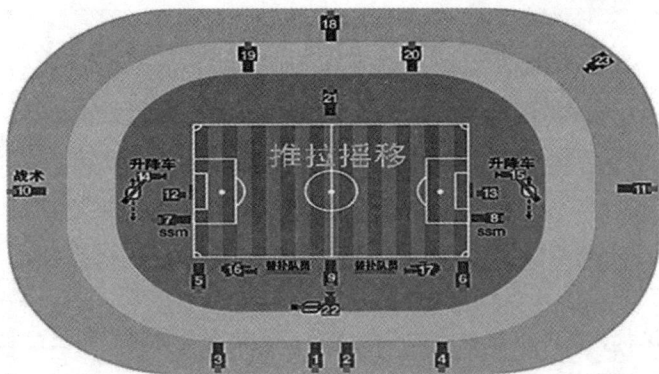

（三）机位即调度

场面调度最早始于舞台剧，指舞台剧导演对场景内演员的行动路线、地位和演员之间的交流等活动进行艺术化处理，它包含演员调度与镜头调度两个层次。演员调度是指导演通过演员的运动方向、所处位置更动以及演员之间发生交流的动态与静态的变化，造成画面的不同造型、不同景别，揭示人物关系及情绪的变化，以获得银幕效果。镜头调度是指导演运用摄像机位的变化，如推、拉、摇、移、升、降等运动方法，俯、仰、平、斜等不同视角，以及远、全、中、近、特等不同景别的变换，获得不同角度和不同视距的镜头画面，以此来展示人物关系、环境气氛的变化及事物的进展。

在机位设置中，场面调度的核心是摄像机的调度，导播通过通信设备对现场不同机位的摄像师下达口令，以调度摄像机的拍摄方向和拍摄景别等，从而完成对节目的叙事调度。一般来讲，若干衔接镜头用同一运动形式拍摄，会给人流畅的感觉，用忽而仰或忽而俯的角度拍摄，会给人强烈的对立感觉。因此，对现场所设机位的有机调度，可以帮助摄像师灵活完成对节目内容全方位、多角度拍摄，实现多景别、多角度、多设计的电视画面。

【知识拓展】——摄像机基本机位布局

摄像机基本机位的布局是指：在 EFP 系统摄制过程中，根据现场情况的不同，所安排摄像机的数量及其位置也各自不同，目的则是能够在拍摄过程当中获取不同角度的镜头，将节目更好地展现给观众。机位的安排直接关系到每一个摄像机的镜头摄取以及摄像机之间角度的关联，这也直接关系到了 PGM 信号的镜头图像编辑。

今天的电视节目制作过程中，摄像机的机位数量多少不等，但是无论何种类型的 EFP 方式，摄像机机位一般可分为基本机位与添加机位。摄像机基本机位的布局是三机位布局：一般面对舞台或拍摄现场，三台摄像机成倒"品"字排列，左边为 1 号机、右边为 3 号机、中间为 2 号机。3 台摄像机镜头的景别分配通常是：1 号、3 号机打交叉，景别为中近景；2 号摄像机距离舞台最远，景别为全景。在一些大型节目录制过程中，为了防止精彩镜头的丢失，会在同一机位安置数台摄像机，尤其是在中间二号机方向，通常会安排两台以上的机器拍摄各类全景镜头。

（四）机位即风格

细观各类电视节目后我们会发现，有的电视节目镜头转换得变化幅度比较小，有得幅度则比较大；有得机位变化比较有规律，有得则表现出较大的随意性。这是因为，在镜头转换的过程中，不同节目镜头变化的幅度大小不同，而机位变化也会表现出规律性或随意性。在实际工作中，不同的导播在长期工作过程中会形成自己独有的风格，对于同样的内容，风格不同的导播极有可能会切换出完全不同的节目内容来，而机位在很大程度上也会成为构成导播切换风格的重要元素。

二 拍摄角度

多讯道节目制作中除了机器的位置会影响整个节目制作效果外，摄像机怎样去记录节目也是影响其制作好坏的关键因素。在多讯道节目制作中，机位设置好后，摄像机的位置就相对固定了，此时就需要通过调度部分摄像机镜头的运动来改变拍摄角度，从而使画面表现更丰富。一般情况下，主要会通过改变摄像机的拍摄高度和拍摄方向来实现调度。

（一）拍摄高度

拍摄高度是指从地面算起，摄影师一人高度范围内所能拍摄的画面内容。这

个高度是相对于成人直视的水平面与地面水平
面所成的角度，因此也就产生了平视角、俯视
角和仰视角三种基本的拍摄角度。此划分方法
与常规视听语言中的划分基本类似，功能也大
致相同。

1. 平视角度

平视角度，就是镜头与被摄主体处在同一
水平高度上，平摄画面的视觉效果与日常生活
中人眼所观察事物的正常情况相类似。利用平
摄的视点表现人物动作和形态，反映对话人的
平等关系，会使观众产生一种身临其境的感受。它较符合人眼的视觉生理特征，
使画面产生一种平衡效果，可使观众感受到平等、客观、公正、冷静、亲切与和谐。

在电视节目使用平角拍摄时，摄像师应注意以下几点：

（1）用平视镜头拍摄人物时，不论该人物高度如何（站、坐、卧等状态），
摄像机都要平行于人物的眼睛进行拍摄。

（2）当摄像机从全景推至近景拍摄人物主体时，摄像师必须要逐渐调整至
与被摄物体相匹配的高度，以防出现人物变形的状况。

（3）当拍摄主持人与观众说话的场景时，摄像师应采用平视角度拍摄，否
则人物就不得不抬眼或垂眼以正视镜头。

2. 俯视角度

俯视角是指摄像机镜头处于正常视平线以上，由高处向下拍摄被摄体。俯视
视角适用于在大场面里表现某种气势，用镜头来介绍环境、地点、规模和数量等。
在表达情感上，通常会表达出
反面的、贬义的情感色彩，给
观众心理上造成渺小、可怜、
被压迫、被蔑视及宿命感。在
多讯道节目制作过程中，俯视
视角常常被用作节目的开场和
结束收尾镜头，也可用作部分
环节的过渡镜头。在大型 EFP

的拍摄中，俯视视角配合前进式的运动镜头，则能很好地表现现场气势的宏大与壮观。

在电视节目制作中采用俯角拍摄时，摄像师应注意以下问题：

（1）俯视拍摄不一定意味着要将摄像机架得很高，当摄像师用俯视角拍摄小体积物体时，摄像机的机身高度可能会比站立的人的眼睛还要高。

（2）拍摄快速移动的物体时要慎用俯视角拍摄，由于俯视拍摄会压缩被摄物体的尺寸，所以当物体垂直于画框运动时，速度会明显地被压缩。另外，除非运用慢速拍摄，否则俯视镜头所拍摄的运动速度将无法与平视角拍摄时相一致。在拍摄舞蹈表演，或在体育赛事的转播中，尤其需要慎用俯视镜头。

3. 仰视角度

仰视角度，即镜头处于视平线以下，由下向上拍摄被摄体。仰视镜头相当于让观众抬起头来看被拍摄物体，从而增加了物体的高度并起到了强调作用，在表现重要人物或突出某一人或物具有重要作用时，往往习惯于使用仰拍的角度。由于仰拍能降低水平线并且能够去除背景特征，因此，仰角近景拍摄使用较为频繁。

在电视节目制作中采用仰角拍摄时，摄像师应注意以下问题：

（1）在 ESP 制作过程中，由于演播室上方安装了多种照明灯，因此摄像师应慎用仰拍镜头，避免出现屋顶上照明灯的穿帮镜头。

（2）在访谈节目中拍摄人物时，尤其是在使用光学效果更强的广角镜时，要慎用仰角拍摄，这种角度拍摄的人物会出现严重变形，使画面有种讽刺的意味。

（3）在拍摄会议新闻时，通常会使用仰角拍摄台上的重要嘉宾和正在发言的与会人员，但对于角度的选择适中即可，切不可过仰而导致人物变形。

【知识拓展】——客观视角与主观视角

1. 客观视角是指摄像师要从置身事外的角度进行拍摄，大部分的电视节目是从客观角度拍摄的，观众可从一个看不见的旁观者的角度观察事件的发展。这种视角不会从被拍摄对象的观点看事情，所以不带有个人感情色彩。在客观视角拍摄过程中，被摄主体必须表现出对摄影机的存在一无所知，不能直视镜头，一旦被摄主体不慎直视了镜头，那么客观视角就被破坏了。

2. 主观视角是指一种个人化的视角，观众被放置到了画面之中，这种视角会用所拍摄对象的眼睛来看事件的发展。例如，观众可由摄像机引导跟随情景剧中主人公在房间内寻找其他人，此时摄像机相当于一位看不见的观众的眼睛。又如，在 ENG 电视新闻中，记者直接面对镜头说话，由于记者与观众都是直视对方，眼神的交流创造了一种人际关系。

（二）拍摄方向

拍摄方向是指摄影机相对于被摄主体在水平面 360 度上的相对位置，即摄像机和被摄主体的关系，也就是球面和球心的关系。摄像机相对于被摄主体可以有多个方向，在电视节目制作过程中，摄像机的拍摄方向主要包括正面拍摄、侧向拍摄、斜侧拍摄与反向拍摄。

1. 正面拍摄

正面拍摄是指摄像机镜头的轴线垂直于被拍摄主体的正面，被拍摄主体处于画面的中心位置。正面拍摄主要作用为体现被摄主体的外部特征，有效还原被摄体的全貌或局部，也称"表情拍摄"。

（1）在我国新闻联播节目中摄像师通常采用正面拍摄来表现主持人的神态，体现庄严的视觉效果。

（2）在电视节目制作中，摄像师一般采用正面拍摄和近景景别同时使用的方式，使被摄人物直面镜头，产生画面内外的直接交流，让观众忽视摄像机的存在。

（3）由于正面的拍摄是平行的，不能形成良好的透视感与空间感，画面会显得呆板没有生机，因此，正面拍摄一般适用于新闻类电视节目的制作。

2. 侧向拍摄

侧向拍摄是指摄像机镜头的轴线与被摄主体的正面成 90 度角进行拍摄，它

主要用来勾勒主体的轮廓线条，强调主体的表现力，侧向拍摄有利于表现主体的动作姿态，能够清楚地交代主体的方向性和事物之间的方位感。

在电视节目制作的过程中，侧向拍摄一般适用于晚会节目的展现，利用侧面拍摄使上下镜头相互呼应，能够起到承接的作用。

（2）侧向拍摄的线条是平行的，不能形成良好的线条透视，立体感不强。

3. 斜侧拍摄

斜侧拍摄是指摄像机镜头的轴线在被摄主体的正面与侧面之间的任意一点

的位置。斜侧拍摄能够表现物体的多面，形成较强的空间感，适合表现运动与动作、人与人交谈，也称"运动/动作拍摄"。

（1）在访谈节目制作过程中，摄像师一般采用斜侧拍摄的手法来体现主持人与嘉宾之间的关系以及演播室的整体环境。

（2）斜侧拍摄能够消除平行线条，产生线条汇聚，从而形成较强的空间感。在电视节目拍摄过程中，斜侧拍摄有多机位选择，可形成不同的斜向画面。

（3）斜侧拍摄具有一定的目的性与方向性，因此在使用时，一定要明确使用斜侧的目的是什么。

4. 反向拍摄

反向拍摄是指摄像机镜头的轴线垂直于被拍摄主体的背面。反向拍摄是一种非常含蓄的拍摄手法，通过表现背面轮廓来表达画面内容，引导观众

注意，但是反向拍摄缺乏正面特征的表现，因此有时会产生误会。

（1）在电视节目制作中，为了制造节目悬念，摄像师通常会采用反向拍摄的手法对摄像主体进行展示。

（2）摄像师在拍摄作品时，会采用反向拍摄的方式形成"跟拍"的效果，引起观众的思考。

三　辅助设备

在多讯道节目制作中，很多拍摄内容是普通固定机位无法完成的，这就需要借由设备来辅助摄像师完成拍摄。如斯坦尼康适合在道路狭窄或拥挤的拍摄现场拍摄画面稳定的运动镜头；电兔子适用于拍摄高速移动的镜头，常用于竞技体育运动的拍摄；轨道摄影平台相比前两者，更适合在地势平坦的地方拍摄运动镜头；而升降臂则适用于在开阔的环境里拍摄大场面的镜头。这些功能各异、不断更新的辅助设备，可为导播设计画面提供更多的可能性。

下面就一些较为常用的辅助设备进行简单介绍。

（一）斯坦尼康（Steadicam）

斯坦尼康，即摄像机稳定器，也称摄像机减震器，是一种可以手提的轻便摄像机机座，由美国人 Garrett Brown 发明，自 20 世纪 70 年代开始逐渐为业内普遍使用。一般分为摄像机运动拍摄稳定器和单反视频拍摄稳定器两种。

斯坦尼康的一般配置为"一只具有关节的等弹性弹簧合金减震臂＋一个专门设计的用于支持摄相机设备的平衡组件＋一件辅助背心"。斯坦尼康通过伸缩钢丝来保持平衡及控制摄像机的升降，恰似绑在身上的小型升降臂。摄像机承重背心的胸架适合操作者使用，胸架上的承座可以左右安装以改变习惯于左右手的操作者。稳定器平衡支柱重量轻、承重高、可伸缩。

虽然在一定程度上轨道与摇臂的使用功能与斯坦尼康相比并无差别，但斯坦尼康具有着独特的优势，主要表现在以下几点：

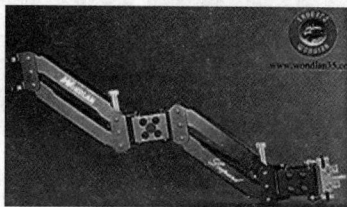

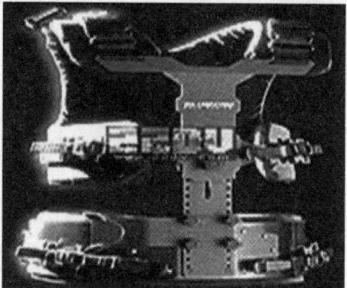

1.灵活性强： 斯坦尼康是一种可以穿在摄影师身上的摄像机座架，当摄像师带着摄像机跑动时，设备中的各种弹簧便吸收了因跑步而产生的晃动与振动，斯坦尼康相较于轨道和摇臂来看，更加灵活与方便。

2.便利性高： 由于斯坦尼康的制作材质是碳素纤维，重量轻、承重高，因此它可直接固定在身上且不需要身体作支架，只需要一只手就可以抓住整个设备并带动它跑动。

3.环境要求低： 斯坦尼康与轨道、摇臂相比，对环境的要求也较低，轨道需要平坦的地面才能完成拍摄，而斯坦尼康却可以适应山地、台阶等更多的环境，还可以完成较为复杂的移动镜头的拍摄。例如在拍摄 2008 年北京奥运会开幕式时，当需要穿梭在演员队伍中拍摄平视小景别画面时，便可使用斯坦尼康完成拍摄。

但是，斯坦尼康是人机高度结合为一体的设备，它对摄像师的走路姿势、腰肩角度、手臂的随和度、手指的分配都有着极高的要求，这就要求使用斯坦尼康的摄像师，一定要在前期反复练习对该设备的使用，掌握其操作要领，否则在拍摄现场，斯塔尼康不仅不能帮助摄像师完成对特殊画面的拍摄，反而会成为摄像师的负担。

【知识拓展】——斯坦尼康的分类

为适应影视拍摄中的多元化需求，斯坦尼康不断发展和完善其功能，如今主要有五大分类：

1.大型斯坦尼康：承重背心＋减震力臂＋稳定平衡杆

2.陀螺仪斯坦尼康：承重背心＋减震力臂＋稳定平衡杆＋陀螺仪滚筒

3.低拍版斯坦尼康：承重背心＋减震力臂＋稳定平衡杆＋低拍C型架＋角度调解器

4.监视器斯坦尼康：承重背心＋减震力臂＋稳定平衡杆＋监视器＋角度调解器

5.手持版斯坦尼康：稳定平衡杆

（二）电兔子

"电兔子"即高速电动轨道车摄像系统，主要被放置于轨道上来完成各种拍摄任务。作为特殊摄像领域的产品，电兔子运动敏捷，具有极强的捕捉精彩运动镜头的能力，因此被广泛应用于大型活动、体育赛事、电影电视和广告拍摄中。

"电兔子"摄像机机车可携带两个开放型的稳定挂载平台：一个可挂载高清摄像机，用来等速度精准拍摄运动的主体；另一个可挂载超慢镜头摄像机，用来提供终点直线部分的慢镜头回放。电兔子内部的陀螺仪不仅能很好地保障摄像机的减震效果，实现稳定拍摄，而且还配备了电子光学的稳定装置和巧妙的信号传输装置，使摄像机装上了"飞毛腿"，因此在大型体育赛事过程中，"电兔子"能以优越的性能为电视观众展现出高速清晰的视觉画面。不管是游泳项目，还是百米短跑，通过"电兔子"稳定准确的跟拍，观众可以近乎"伴随"的状态感受运动员的速度，从而营造出一种身临其境的现场感，而这些视觉效果则是常规镜头无法实现的。

（三）飞猫

飞猫索道摄像系统是一种先进的电视摄像装置系统，它主要被放置于高空进行拍摄，并利用微波信号传达精彩镜头至地面转播系统。飞猫系统在空中总共有四条绳索，其中两根导向绳，两根牵引绳。与之相配套，地面上则配备了驱动系统和操控系统。每一套飞猫系统都有两个支点，支点通常选用吊车、建筑物或雷亚架，每个支点的自重通常为六七十吨。

飞猫系统的拍摄高度落差可从几十米到几百米，该系统自身的高空拍

摄性能，有效克服了摇臂摄像机、直升机航拍系统、曲臂升降车摄像系统等设备在空中拍摄时来自拍摄角度以及区域地面环境对机位架设的限制。同时，在视野上的开阔性和角度上的广泛选择性也使该系统可提供很多远景和全景镜头，尤其是对展现队列队形变化的运动镜头，则能从更为全面宏大的角度去展现。例如：2009 年的国庆庆典，为了能让全国观众看到更多国庆庆典的精彩画面，北京市长安街长达 40 米的铁臂支撑起央视"飞猫"摄像机系统，该系统从高空全面展示了大阅兵气势恢宏的全景和一些需要从高空才能完美展现的运动镜头和队列队形变化，极大地丰富了可供导播选择的画面内容。

（四）轨道摄影平台

轨道摄像平台又称"摄像机轨道车"，摄像机轨道车由铺设在地面上的运动轨道和自由灵活的轨道手推车构成。它是一种拍摄慢速且匀速的运动镜头的辅助设备。在使用时，仅需将摄像机平稳架设在事先铺设好的轨道摄影手推车上，摄像师在其上站稳，再由另一位工作人员，根据拍摄任务的速度需求，来回推动手推车完成拍摄任务。

轨道拍摄所提供的画面，通常为运动画面，在一些人物处于运动状态的画面中，轨道车所提供的运动画面则能更加突出动感，而在一些人物处于相对静止状态的画面中，利用轨道拍摄则能因为角度等多重因素的移动变化而增强画面表现力。在实际拍摄中，轨道上的摄像机并不只能拍摄运动画面，很多时候导播还会将轨道上的机位在特殊时段拟定为固定机位，可供拍摄不同角度的固定画面。

轨道摄影平台体积小、重量轻、安装快捷、便于携带，能使拍摄画面平稳流

畅，在晚会庆典、MV 制作、广告拍摄，尤其在影视剧外景现场的使用率极高。其快捷的安装、拆卸和转场，给工作组节省了人力、物力和财力。在高校的多讯道节目制作中，轨道摄影平台是最为常见的运动镜头辅助设备，特别是在多讯道演播室空间比较有限的

学校，轨道的架设能使节目画面更具动感。

（五）升降臂

升降臂（摇臂）是一种大型辅助器材，它的功能与三脚架基本相似，但升降臂在此基础上增加了升降功能，它能提供长线的复杂运动，带来特殊的画面美感，借此可以拍摄出宏伟、大气的场面。升降臂特殊的观察角度本身就是一种独特的叙事方式，代表着导播对节目内容的理解，升降臂所提供的画面能在起幅和落幅之间很好地建立起个体与整体的关系，可将情感的表达诉诸具体的镜头之中，更全面地展现制作人员对于整台节目的理解。利用升降臂可使摄像机镜头在三维空间中自由运动，完成各种特殊的运动摄像，使画面造型效果极富视觉冲击力，给观众以新奇独特的感受，它常用于拍摄大型室外 EFP 和演播室空间相对较大的画面。

升降臂主要由四部分组成：

摇臂臂体——主要用来控制摄像机整体移动。

电控云台——主要用来控制摄像机水平旋转、垂直俯仰，它的原理主要是模仿人的肩膀，用来控制摄像机的方向和角度等。

伺服系统——主要用来控制摄像机镜头变焦（推拉）、聚焦、光圈、摄像机摄录控制，该部分主要模仿人的手指完成一些细节的操作。

中控箱——所有控制信号、视频信号、电信号在这里进行集中滤波、放大、处理后输入输出。

在使用摇臂拍摄时，具体操控人员的多少应视具体问题具体分析。在操作摇臂时，既要控制摇臂臂杆的运动，又要控制摄像机镜头的指向，尤其是遇到拍摄环境相对较复杂时，则更需要摄像助理辅助摇臂操作人员完成对摇臂的使用。

在使用摇臂进行拍摄时，则需要摄像师与导播、其他机位的摄像师进行仔细沟通，若拍

摄运动速度较缓慢的大场面，应加以广角镜头来配合拍摄。如果遇到一些特殊的需求，如摇臂臂杆运动速度加快，拍摄时起幅落幅加速度提高、拍摄画面需精确定位、使用变焦镜头往上推时，就需要两人配合拍摄，这就出现了双方配合是否默契的问题。因此，在正式拍摄前，摄像师需要与导播商定讨论，预先设计运动轨迹，训练默契度，以及兼顾与其他机位的配合。例如一个摇臂的来回，通常包括它的起幅和落幅的过程，但在完成这些动作的过程中，就会影响到其他机位的画面，这时就需要事先沟通调度好，切不可只为了拍摄一个摇臂画面，而导致其他机位的画面频繁穿帮。

【知识拓展】大型电视晚会《中部崛起》机位图及辅助设备

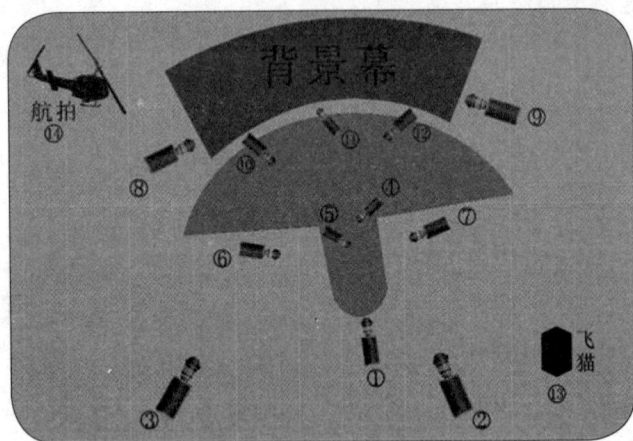

序号	类型	机位	拍摄范围
1	固定摄像机	T型舞台正前方	T型舞台与观众席
2	大型座机摄像机	看台高处，舞台中心位置	舞台大全景
3	固定摄像机	舞台左前方，观众席中	舞台左侧与观众席
4	摇臂	T型舞台右侧方	演员近景与观众
5	摇臂	T型舞台左侧方	演员近景与观众
6	轨道	舞台的左侧方	左侧舞台的演员运行轨迹
7	轨道	舞台的右侧方	右侧舞台的演员运行轨迹
8	固定摄像机	大屏幕的左下方	大屏幕的左侧近景
9	固定摄像机	大屏幕的右侧	大屏幕的右侧近景

续表

10	大摇臂	舞台的左后方	舞台左侧与中心的演员近景
11	固定机位	舞台的正下方	大屏幕的仰拍近景与舞台演员的后面
12	大摇臂	舞台的右后方	舞台左侧与中心的演员近景
13	飞猫	舞台的上方	舞台上方全景与近景
14	航拍	体育馆外空上方	整个体育馆的大全景

　　在上表格中我们可以看到，针对每一个机器，导播都有其非常细致的分工，但大部分特殊功能的实现则来自辅助设备。

【知识拓展】——游机

　　游机位置的游动性，往往容易使工作人员忽视对游机的合理分工，在很多电视转播当中，观众常常会看到"游机满场跑"的现象。游机在现场的工作任务有时是比较盲目的，这不仅会导致导播对游机有效使用的缺乏，还会因为游机在演出区内的随意择位致使穿帮现象比较严重。事实上，研究游机在多讯道制作现场如何布设分工是一个非常有价值的问题，游机在现场的工作性质通常是先接近某个对象进行拍摄，再撤出表演区到一个相对隐蔽的地点，游机的调度路线越短越精，就越不易在其他的机位中穿帮。因此，导播在对游机提出明确分工的同时，还需要对游机的"纪律性"作出规范，这种规范既体现在调度它们何时何地拍摄哪个对象，也体现在调度它们撤离对象的时机和路线。

四　镜头性质

　　在多讯道节目制作中，实现电视化的重要手段之一即运用摄像机拍摄画面来完成对既有主题的表达，不同性质的镜头，能够满足导播对多元画面内容的需求。通常，电视摄像机会采用变焦镜头完成拍摄，但为了更加清晰地了解变焦位置对所拍内容的影响，可将变焦镜头当作焦距固定的镜头来描述长焦、标准和短焦三种不同性质的变焦位置。随着科技进步，摄像机同焦距不同型号的镜头日益增多，光学镜头的性能也愈加优越，但再丰富的镜头性质唯有与节目内涵相结合，方能达到镜头表达的最大化。在本节中，我们把固定焦距镜头分为窄角镜头或长焦距镜头、广角镜头或短焦距镜头、标准镜头或中焦距镜头三类分别进行讲解。

（一）长焦镜头（窄角镜头）

长焦镜头一般指视场角小于 40°、焦距大于 25mm 的镜头。对于摄像机的变焦距镜头而言，是指焦距调至大于 25mm 的状态下的镜头。长焦镜头又被称为窄角镜头或远摄镜头。

1. 视野

长焦镜头又叫窄角镜头，它不但可以缩小视野，而且还能放大背景中的被拍摄对象，在摄像师使用推摄时，变焦镜头所作的一切就是放大图像，长焦镜头的作用实际上就相当于一只望远镜。因此，在多讯道机位设置中，导播通常会将距离舞台较远的机位镜头设置为长焦镜头，这样导播就可通过变焦来完成对一些舞台细节的拍摄。

2. 被拍摄对象与距离的感知失真

推摄导致背景中的拍摄对象被放大，造成了前景、中景和背景之间距离缩短的错觉，即窄角镜头将被拍摄的对象挤塞在屏幕上。假如，你想表现舞台上演员之间错综复杂的拥挤感，便可以将变焦镜头调至到远摄位置来缩小人与人之间的距离。

3. 运动

窄角镜头相对于广角镜头而言，窄角镜头改变靠近或离开摄像机物体的速度更慢，因此，被拍摄主体的移动看起来比实际中的速度要慢。但是，如果导播想表现被摄主体奔跑但又达不到目的地时的沮丧镜头时，窄角镜头的表现效果会更加好。

4. 景深

长焦镜头一般拍摄的画面为浅景深。变焦镜头处于远摄位置，在很大程度上缩小了景深，使背景完全虚化以免分散观众注意力。这种技术叫作选择性变焦。借助选择性变焦，摄影师可以轻松地强调拍摄的重点对象。

需要特别提醒的是，在自然灾害的新闻事件报道中，不能用长焦镜头进行移动拍摄，因为在事件报道中强劲的风等各种不可控因素会使摄像机抖动，造成的颤动效果在电视屏幕上会被明显放大。

（二）广角镜头（短焦镜头）

广角镜头，又称为"短焦镜头"，是视场角大于 60° 的镜头。对于摄像机上的变焦距镜头而言，是指焦距小于 25mm 以下的那一段镜头。

1. 视野

广角镜头的透视空间广阔，如果摄像机距离场景非常近，那么通过广角镜头就能看到场景的很大部分，它所拍到的画面远远大于其他性质的镜头，在一些大型晚会中常会用广角镜头来拍摄大全景。在同学们的演播室实操练习中，摄像师需要在寻像器中看到小组六位成员，而演播室面积又较小，这时就需要一个较大的透视空间（全景），此时导播就必须调用广角镜头来完成此拍摄任务。同时，广角镜头特别适合 16∶9 高清晰度电视的宽高比。

广角镜头会给人一种前景对象大、中景对象小、背景对象更小的深度上的错觉。同时，广角镜头还会影响人的透视感，因为透过广角镜头，平行线的汇聚速度比正常情况下更快，因此，它会给观众造成一种物体被压扁的视觉错觉，能够形成夸张的距离与深度。

2. 运动

广角镜头可用来完成对移动镜头的拍摄，由于广角镜头视野宽广，可以有效降低摄像机移动、台架滑动以及摄像机做弧形运动时所产生的画面晃动。在报道新闻事件中，如果摄像师想要表现大量的运动因素或要求摄像师速度移动，这时，摄像师就应该将变焦镜头调到最大的广角位置，同时保证摄像机聚焦。当被拍摄主体移近或离开摄像机时，

广角镜头能使他们的速度看起来大大加快。另外，广角的不利之处在于，如果摄像师想让画面显得更近，就必须贴近动作发生的地点。

3. 景深

一般而言，广角镜头的景深大，因此，摄像师在运用广角镜头时，要随时注意聚焦问题。

（三）中焦距镜头（标准镜头）

中焦距镜头又称"标准镜头"，是视场角大约等于 50° 的镜头。对于摄像机上的变焦距镜头而言，是指焦距等于 25mm 的那一段镜头。

1. 视野

标准镜头产生的视野相当于人眼所看到的景象，因此，它也是最接近人眼正常可视范围的镜头，在电视节目制作中，它常常被视作最稳定的镜头来完成拍摄。

2. 被拍摄对象的距离感知

中焦距镜头会使被摄主体与空间关系似乎更接近我们正常的视觉感知。例如，当摄影师需要拍摄绘图桌上的图表时，就应使用中焦距镜头。首先，使用中焦距镜头只需要略微推拉镜头即可正确构图而不至于导致焦距的过度变化；其次，利用中焦距镜头拍摄绘图桌上的图表，只需将绘图桌摆放在距离摄像机的某个标准位置，从而减少构图时间。

3. 运动

由于中焦距镜头会使被拍摄对象与摄像机之间的距离更接近我们正常的视觉，因此移动拍摄的速度与物体移向或离开摄像机的速度看起来也就显得正常。但这种运动同样会产生焦距问题，因此，摄像师在拍摄过程中一定要随时对焦。

4. 景深

在相似的条件情况下，常规镜头的景深远比广角镜头的景深要浅。在演播室和 EFP 制作中，中焦距镜头往往更受欢迎，聚焦的物体在虚焦的背景衬托下会更加得显眼。在这种情况下，杂乱的背景与电视布景上无法去除的污渍就不会引起观众的注意，更加重要的是，前景、中景、背景的层次会更加鲜明。

五　摄像师

摄像师是机位设置的效果执行者，是导播的眼睛，他的发挥正常与否直接影响着预期效果的呈现，摄像师拍摄出来的画面符号传递给观众后，观众通过摄像元素可以解读出某种思想和感情。在机位设置中，作为执行者的摄像师，其工作内容贯穿着机位设置从前期策划到最终实现的整个过程，不同的摄像师会对导播的具体工作产生不同的影响。因此，将摄像师算作机位构成的核心要素是十分有必要的。

摄像师在专业技术、熟练程度、默契程度和视听语言等方面所体现出的综合能力，都会直接影响到导播调度切换的画面。经验丰富、配合默契、技术娴熟的摄像师，可为导播提供很多有用的镜头，同时还能减少导播的主观调度。同样，倘若摄像师毫无配合可言，那即便是再优秀的导播，也极有可能无法切出令大家满意的画面组合。因此，作为一名在多讯道节目制作模式中担任摄像任务的摄像师，应从以下几个方面完成其具体工作。

1. **参与前期策划**

为了保证在现场录制时摄像师和导播能更为高效有序的配合，摄像师本人务必要非常熟悉节目的内容，在前期策划节目时，摄像师需要仔细了解机位的设置情况，并结合自身经验向导演组提出意见和建议；在撰写分镜头脚本时，不仅导播要参与其中，摄像师也必须要参与此项工作，以便提前预判具体拍摄中可能会出现的问题。

2. **参与彩排**

在节目彩排过程中，除在节目前期的不带机彩排阶段摄像师可不参与外，进入具体的带机彩排阶段，就需要摄像师仔细参与其中。在确定机位和分镜头脚本后，摄像师已经熟悉了脚本中的内容，在彩排阶段就需要摄像师熟练运用摄像技术配合导播将脚本中的预期效果用镜头呈现出来。在彩排过程中必然会出现很多需要调整和修改的地方，这时就需要摄像师及时与导播沟通，解决遇到的问题，争取将录制所需的一切准备调至最佳状态。

3. 正式录制／直播过程中

在正式录制时，摄像师需要按照原有拍摄脚本完成对现场内容的拍摄。在导播没有给出明确指令的情况下，摄像师不可随意更改原有脚本计划。同时，由于在拍摄时摄像师是以团队的形式集体作业，这也就要求摄像师们不仅需要跟导播配合默契，摄像团队成员彼此之间也要形成关照与配合。例如，在导播试图使用摇臂来完成对舞蹈队列队形变化的高空拍摄时，就需要其他机位提前做好准备，一方面要在摇臂起幅落幅时提供可供导播使用的画面，另一方面还要避免摇臂出现在导播正在使用的其他机位的画面里。

不论是央视春晚直播，还是室外真人秀录制，多讯道节目的制作时间通常较长，这对摄像师的个人精力与体力都是极大的挑战，很多时候摄像师可能需要长时间站立以完成拍摄任务，工作难度与强度可想而知。为此，导演在前期准备阶段，就应考虑在节目现场给予每位摄像师优质且舒适的工作环境。在一些时间相对较长的拍摄中，导播在前期也要考虑到可能会出现的突发状况，并做好应急预案，建议为每个重要岗位的摄像配备助理。例如在拍摄大型晚会时，摇臂可能会被架设在观众席中，摄像师在拍摄过程中经常会在一定区域内自由移动拍摄，且其在工作时注意力只能集中在听取导播调度和专心监看画面，根本无暇顾及周围的环境，这时就需要摄像助理为其提供一个便利安全且易于操作的工作环境，避免周围观众对其拍摄造成干扰。

第二节　机位设置的基本依据

在利用多讯道方式录制节目的过程中，会有相对统一的机位设置依据，但在面对不同类型的电视节目时，也需要导播从共性的法则出发，依据节目自身特点，设计出符合不同类型节目个性需求的机位设置方案。

一　视节目类型所做的特殊关照

在设置机位的过程中，导播首先需要明确节目内容，只有明确了节目内容，才可能准确有效地设置机位。节目内容具体包括节目形态、节目时长、主题确定、话题选择、嘉宾选择和舞美设计等，这些因素会成为影响机位设置的主要因素。哪怕是在同一个演播室内，由于节目内容的不同，机位设置也会发生变化。

在大部分节目中，嘉宾本身的人数及角色划分会成为影响导播机位设置的要素之一。首先，导播需要确定清楚参与节目的人数，人数较少时就可使用相对较少的机器完成拍摄，人物较多时，则有可能需要设置更多的机位。同时，导播还需要考虑节目中参与人员的角色类型，如果是同一性质的多位嘉宾，因其在节目中扮演的角色近乎相似，那么就可使用一个机位来完成对他们的拍摄。在如图所示的情景剧中，扮演嘉宾的三位演员，在该谈话环节其身份都是不支持房屋搬迁的老住户，且发表的观点近乎一致，这时就没有必要为各位嘉宾单独设置机位，导播只需要用 1 号机一台机器，就可完成对演员们在该场景所有表演的拍摄。但如果几位嘉宾各自扮演的角色不同，尤其是在节

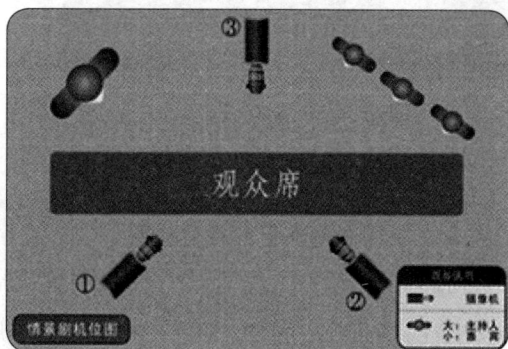

目中所持的观点几乎相悖，那么，这样的嘉宾在节目推进过程中自然会出现两方相互讨论的环节，这时就需要安排不同的机位分别拍摄两组嘉宾。

无论何种节目类型，都有其自身的故事架构与节目特点，只有在多讯道节目录制中坚持机位架设的基本原则，并能针对不同节目形态制订有效的转播方案，才可能将不同形态节目的风格与特点展现给观众，使观众观有所想，观有所感。根据不同节目内容的要求，本节主要就新闻类节目、谈话类节目和情景剧的机位布局分别进行讲解。

（一）新闻类节目的机位设置

新闻类节目一般会使用 3—4 台摄像机，其机位布置则习惯于采用由 1 号机和 3 号机分别给两位播音员中近景，2 号机负责拍摄全景，如果有 4 号机，4 号机可用上小摇臂，做片头或片尾字幕的背景。在有些比较正规的电视台新闻演播厅，还会使用大摇臂摄像机作为大全景，用于新闻开始或结束时字幕的背景画面。在高校实训练习过程中，新闻类节目的练习是最常见也是最易操作的，对其机位设置的具体方法在后面的章节中会有细致讲解。

（二）谈话类节目的机位设置

　　谈话类节目一般是由主持人、谈话嘉宾两种角色类型组成，在某些大型的谈话类节目中还会设有观众席，便会使用3—5台摄像机。导播通常会采用1号机和3号机提供主持人和嘉宾单人镜头，以及二者之间的关系镜头；2号机主要负责主持人、嘉宾和大屏幕的全景；4号机摇臂主要负责提供全景和大全景。谈话类节目与新闻类节目的不同之处在于，人与人之间形成了交流场，尤其是一些细节的表现成为导播需要捕捉的重点，这就需要导播在设置机位的过程中，要考虑到怎样才能不让这些精彩的瞬间被忽略。

（三）情景剧节目的机位设置

　　情景剧相较于之前两种节目类型，在机位设置上就有了更高的要求，无论是交流感的营造，还是场面调度，都较之前的类型复杂了许多。在情景剧机位设置中，机位可根据人物关系以及情节的变化而变化。

　　在情景剧现场制作的机位布局中，由于情景剧的表演方式限制了拍摄的角度，几乎所有的机位都位于场景敞开面的一侧，这样的场景特点就决定了电视机前观众观看的角度会类似于在剧场里观看舞台剧的观众视角。这就要求导播在布局机位的位置时要根据这种特点来合理布局，避免造成机位彼此穿帮和影响"看戏"的效果。有时候导播和导演也会设计一些丰富的镜头来表现角度和画面的提升，但这些镜头的拍摄很难做到一气呵成，可能需要事先多次排练才能完成。

二　现场场景对机位设置的影响

　　多讯道节目的制作，重点要考虑的是电视机前观众的感受，而电视观众是通过电视画面了解节目内容的，因此，导播需要清晰立体地呈现出整个节目现场的场景，而这一任务的实现，同样也影响着现场机位的架设。在现场，导播需要根据场景实际，以及各个工作区的相互关系来考虑机位架设的可行性。

（一）"全貌"概念的建立

不管是场景相对简单的新闻类节目，还是舞美复杂多变的综艺晚会，对于场景的展现，首先要建立其场景全貌的概念。场景全貌主要包括节目的现场环境、舞美设计和布景特点等，在任何一档多讯道节目中，导播之后所有镜头的切换，之所以能够被观众所理解，皆因为在观众脑海中已通过导播镜头的展现，建立起对该场景全貌的认识。对于场景全貌的展现，最常用的手段便是通过全景镜头来展现。全景是最具概括力的景别，它能很好地还原场景特点，而全景拍摄则是电视手段实现叙事功能的基础，电视机前的观众可通过全景辨识空间环境。

目前，电视节目场景设计的风格越来越趋于多样化，导播要根据节目内容选择相匹配的场景。新型的节目场景既能给观众留下奇特的视觉印象，又能顺应其收视心理。而对于长期固定播出的节目来说，电视节目的场景特点会转化为一系列具有强化识别作用的视觉符号留在受众记忆中，因此，场景特点就成了品牌形象的重要表征之一。

（二）"交流场"的有意营造

电视节目制作现场一般会被分为表演区、机位工作区、导播操作区、服化道准备区、观众区等主要区域，这些区域的位置关系常以对接的形式呈现，但如果设置不当出现重叠，则会在拍摄上带来很多不必要的麻烦，除非是导演组有意而为之。

在多讯道节目制作过程中，观众与舞台一般为半围合位置关系，而半围合式的机位布局形式则有效对应了场景中交流场的半围合式特征，可以清晰地表现各种（真实的和假想的）视线之间的交流关系。遵照这样的视线交流关系，将所有的机位布设在演播室的一侧，这种位置关系使舞台与现场观众的交流场是一面敞开的，这样可以为现场观众与表演者提供一块假想的交流区域。可能在有些节目中并没有现场观众，但所有的表演者同样会在脑海中通过假想建立起"交流场"的概念。这种机位布局形式上与之前谈到的情景剧的机位设置方式（倒三角形机位布局形式）相似，它们都是把拍摄对象当作"舞台上的演员"来看待的，此布局形式决定了各机位工作区与现场表演呈现为对接的形式，这种对接将工作区与表演区划分开来，给各机位的工作提供了便利，也有效避免了各摄像机彼此穿帮的问题。

　　但如果在架设机位时，将机位设在交流场之内，就极有可能破坏交流场的完整性，也会造成机器穿帮。如果想要强行回避穿帮问题，就只能重复选用单一人物的中近景画面，这样的画面组合则难以让观众对现场全貌形成一个完整印象。而如果只是将机位布设在交流场之外的一侧，又会造成部分演员无法得到正面展示的镜头。因此，在架设机位时，一般不建议选用此布局形式，除非导演有意选用重叠布局。如曾经有一组同学在舞台上制作剧场版《密室逃脱》时，就特意安排一台机器在舞台上以游机的形式拍摄演员的面部特写等细节镜头，尽管在 2 号机所拍的画面中，会时常出现游机的穿帮画面，但由于观众已经将其视为节目设计的一部分，游机的出现不仅没有破坏节目本身所要打造的"交流场"，相反摄像师表现出来的慌张与不确定性，恰恰增强了节目有意想要营造的交流效果。

　　（三）场景设计的便利性

　　大多数情况下，场景设计与置景部门会优先考虑场景的实用性与装饰效果，使其看上去既符合节目内容需要又兼具视觉美感，但在多讯道节目制作中，场景设计还要兼顾为各个机位的拍摄工作提供便利条件。通常的做法，可遵循以下原则：

　　1. 充裕的操作空间。在之前讲解摄像工种时，已提到要为摄像师提供富裕的操作空间，尤其是针对一些需要配备特殊辅助设备的机位，场景设计要为其留有充裕的操作空间。

　　2. 相对安全距离的测量与划定。相对安全距离是指可保证摄像机自由操作且不会出现穿帮等问题的距离范围。在划分区域时，场景设计可事先测量好拍摄的安全位置，将机位设置在此区域内，这样就会尽可能的避免摄像机暴露在场景之内。

　　3. 光线效果的有效利用。在大部分多讯道节目场景中，表演者所在区域会集中在明亮区域，其余部分则会分布在暗部，而场景设计就可借助光线的明暗实现隐藏机位的效果。

　　三　"先加后减"的最少化原则

　　在学习机位设置的早期，很多导播会误认为只有设置数目繁多的机位，才能保证所有的画面不被遗漏，才能更全面地记录现场。但事实上，冗杂的机位设置只会给导播带来更多负担，一些没有必要的机位不仅会增加导播在选择调度上的难度，还会增加节目制作成本。因此，以"先加后减"的机位最少化原则确定现场所需机位，则能实现优化机位设置的目的。

　　机位数目的确定会经历一个先增加再减少的过程。一开始，导播可遵循内容划分原则和场景原则尽可能全面地设置一定数量的机位，并对各个机位的任务进行仔细分工。在此之后，导播就可根据场景展现、特殊拍摄角度、运动形式等需要，以及调机的可能性来为机位数量"做减法"，力求保证机位数目达到有效适用的最少量，具体做法如下。

（一）通过调机减少机位

　　首先，导播可通过调度机位来减少机位的架设。多讯道节目制作中，导播可通过通话系统及时完成对摄像的调度，甚至很多时候二者之间仅凭长期建立起来的默契，就可完成对画面的拍摄与捕捉。当面对很多特殊任务时，导播可通过实时调度机位来完成拍摄，而不需要设置过于繁杂的机位来拍摄。

　　如图所示，在情景剧《家有一宝》的拍摄中，舞台右侧共有三位演员，从常规思路出发，既然有三个嘉宾，那么用一个机位来拍摄三个人固然太少，设置两个机位拍摄嘉宾似乎更保险，如果有条件设置三个嘉宾机位就可以做到"滴水不漏"。但实际操作中却并不需要如此繁多的机位。节目中三位演员的位置相对固定，只是人物关系略有差异。A、B身份相同，均为老租房住户，只有C的身份为新来的住户，三人之间的关系实际上可分为新、老住户两层。

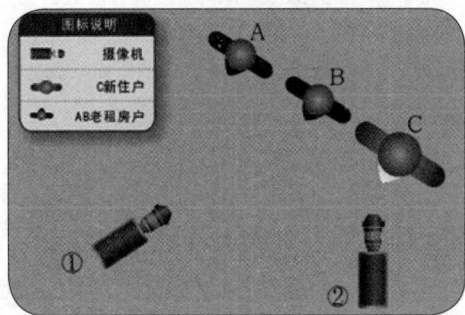

　　首先，三位演员几乎不可能同时发言，也就是说不可能同时需要三人分别的近景镜头，所以如果设置三个嘉宾机位就显得供大于求。

　　其次，如果三位中的任意两位要对话，或者A、B以成组的形式要和C进行对话，这时只需要用一个机位拍摄某一个或某一组的近景，再将负责场面全景的机位调度成另一个嘉宾的近景或者双人关系的中景，就可完成双人交流的展现。

　　如果确实出现三名演员同时说话的场景且需要集中表现，这时就可用嘉宾机位随时调整抓拍最主要的说话人，全景机位拍摄三人小全景作为过渡镜头和关系展现。

所以，尽管在场景同一个方向轴上出现了三名演员，且身份关系略显复杂、各自交流对话重点也不同，但导播可通过灵活调度机位来巧妙完成对同时出现的多名演员的拍摄任务。

（二）部署分工减少机位

在多讯道节目制作过程中，有很多特殊的需求只会在某一阶段使用，为减少机位数目，导播可在不同阶段为单个机位设置不同的任务，这样机位功能的灵活多变就可相应减少机位的数目。例如，在拍摄西北民族大学 2016 年迎新晚会过程中，导演组事先为所有观众发放了号码牌，在晚会中主持人会通过现场随机抽取幸运观众的方式与观众互动。设置机位时，因互动地点位于舞台下方，则无法使用已有机位完成拍摄，但又因该环节全程只出现一次，单独设置机位会略显浪费，最终导播团队选择用阶段分工的方式解决这一问题，具体思路如下：

第一步：在距离上一个节目（舞蹈）即将结束 1 分钟左右时，使用与 4 号轨道同方向轴的 3 号机画面，同时迅速撤下 4 号轨道上的摄像机，并将其移至舞台下方，成为拍摄互动的固定机位。

第二步：在该时间段内，不使用 4 号轨道画面，导播通过调度其他机位来予以 4 号机调试的时间。

第三步：在互动环节使用 4 号机完成拍摄，其他机位待命做好下一步准备。

第四步：待互动任务拍摄完毕后，再次使用与原 4 号机轨道同方向轴的 3 号机画面，同时迅速还原 4 号机至轨道车上，重新恢复其原始功能。

可见，导播对各机位的任务分工不能局限于一种方案，而是要根据节目不同阶段的表现重点进行变通，这样才能有效设置机位。

四 单个机位的功能优化

在多讯道节目制作中，每一个机位的任务量轻重有别，合理发挥每个机位的功能，使其产生更多的拍摄可能性，则是导播在设置机位时要掌握的通则，将单个机位功能最大化，也是实现机位数目最少化的有效途径。

【学生案例分析】

《斑斓赛场之走进米勒》

一、案例呈现

（一）策划整体阐述（虚构）

1. 本期节目话题：走进米勒。

2. 本期节目嘉宾：国际篮球巨星米勒。

3. 嘉宾背景：米勒（学生扮演），男，1985 年 8 月 23 日出生在美国加利福尼亚州的洛杉矶，祖籍在北京，是一名高产的三分得手，其职业生涯三分球命中率惊人，2012 年迎来了自己职业生涯的巅峰，27 岁的他随队夺下 2012 NBA 季后赛总冠军，拿下总冠军戒指并入选 NBA 名人堂，书写了美籍华人的篮球乐章。

4. 特邀嘉宾：

吕　龙——米勒教练（学生扮演），08 年担任热火队教练，执教经验丰富，不仅是米勒职业生涯上的导师，也是他生活中亲密的朋友。

李天霞——米勒未婚妻（学生扮演），著名节目《天天有理》的主持人，主持风格独特，和米勒相恋三年，将于年底结婚。

5. 栏目流程：

（1）播放节目片头，大屏幕为《斑斓赛场》背景图，现场不设桌椅。

（2）主持人上台与观众问好，并致开场白：

"观众朋友们大家好，欢迎收看本期的《斑斓赛场之走进米勒》，我是主持人卢胜南。一位受伤病困扰的年轻人，一名高产的三分得手，其职业生涯三分球命中率惊人，2012 年他终于赢来了自己职业生涯的巅峰：27 岁的他随队夺下 2012NBA 季后赛总冠军，拿下总冠军戒指并成功入选 NBA 名人堂，书写了美籍华人的篮球乐章。他就是国际篮球巨星米勒先生，现在，先让我们通过一段 VCR 来认识一下米勒。"

（3）嘉宾视频资料播放。

（4）主持人邀请嘉宾上场。

（5）嘉宾上场，与主持人、观众问好。

（6）主持人与嘉宾进行对话，大屏幕背景图穿插嘉宾生活照。

（7）主持人邀请嘉宾表演。

"你看啊，既然观众这么热情，那你要不要给观众们带来点才艺展示，回馈一下大家的热情呢？"

（8）嘉宾才艺展示（音乐、舞美、灯光起，时长为一分钟）。

（9）嘉宾才艺展示完，主持人上场，答谢嘉宾表演，插播广告语。

（10）插播广告。

（11）主持人致开场白："欢迎回来！"（舞台设两张沙发，主持人、嘉宾分坐两边）

（12）主持人与嘉宾对话。（内容为嘉宾的个人人生经历及职业训练）

（13）主持人、嘉宾与观众互动。（观众提问环节，大屏幕为相应的背景图）

（14）主持人引出下一位特邀嘉宾和插播广告语。

"今天我们也有幸邀请到了米勒的教练吕龙先生来到我们的节目现场，广告之后，精彩继续。"

（15）插播广告。

（16）主持人致开场白，邀请特约嘉宾教练上场。（大屏幕为教练图文介绍）

（17）教练上场，与主持人、嘉宾、观众问好，入座。

（18）主持人、嘉宾、教练三人对话。（教练与嘉宾工作及生活中的琐事）

（19）主持人引出嘉宾朋友评价视频。

（20）朋友评价视频播放。

（21）主持人引出下一位特约嘉宾未婚妻李天霞上场和插播广告语。

"都说啊'成功男人的背后都有一个默默付出的女人'，那站在米勒背后的那个女人又是谁呢？广告之后为你揭晓。"

（22）插播广告。

（23）主持人致开场白，邀请特约嘉宾未婚妻上场。（加设一张沙发）

（24）未婚妻上场，与主持人、教练、观众问好，坐米勒身边，教练坐主持人旁边。（大屏幕背景为李天霞图文介绍）

（25）主持人送新婚祝福，引出嘉宾朋友的祝福视频。（大屏幕背景图为米勒、李天霞结婚照）

（26）播放嘉宾朋友祝福视频。

（27）主持人、嘉宾及特邀嘉宾四人对话。（内容为感情生活）

（28）主持人设悬念及插播广告词。

"最近网上还曝出了两位亲密结婚照，很甜蜜啊，那今天呢，天天还带来了其他更甜蜜的婚纱照，大家想不想看？广告之后，带给大家不一样的惊喜。"

（29）插播广告。

（30）主持人致开场白。

（31）主持人与嘉宾对话，共同评价婚纱照。（大屏幕为米勒和李天霞婚纱照）

（32）主持人提问米勒。

"对于这个最体谅你的人，你有什么想对她说的吗？"

（33）米勒和李天霞真情对白。

（34）主持人提问教练。

"教练有什么想对这对新人说的吗？"

（35）教练送祝福。

（36）访谈尾声。（主持人致总结，感谢嘉宾及特邀嘉宾的到场）

（37）片尾播放。

6. 访谈所涉及的问题：

（1）嘉宾职业生涯的个人经历及平时是如何训练的。

（2）嘉宾要感谢的人。

（3）嘉宾与教练的相处方式及训练方式。

（4）教练对嘉宾的评价。

（5）嘉宾的私人情感问题。

（6）嘉宾对未来和婚姻的期望。

（二）前期准备

1. LED 大屏幕节目背景图（3 张）。

2. 节目片头、片尾制作。

3. 嘉宾介绍视频、嘉宾朋友评价视频、祝福视频（各 1 个）。

4. 嘉宾照片，特邀嘉宾图文介绍，嘉宾结婚照（4 张）。

5. 嘉宾才艺展示期间的舞美：LED 大屏幕背景，音乐《绝对无敌》。

6. 节目现场布置。

（三）舞美和灯光设置

1. 在嘉宾谈话时使用面光灯，从而使观众能够清晰地看到舞台上人物的面部表情和动作细节等，随着交谈的发展，变换舞台灯光的柔和度，烘托人物情绪，营造氛围。

2.在嘉宾展示才艺时，利用LED灯等其余灯光引导观众视线，增强表演的动感和美感。

3.红色沙发一组。红色符合节目定位，给人以愉悦、温馨的感觉，既增强了现场温馨的交流氛围，又有利于嘉宾们进行轻松的交谈。

二、机位图（见右）

三、导播阐述

（一）机位设置与调机思路

《斑斓赛场之走进米勒》将采用2号机居中，1号机、3号机左右交叉取景的倒三角机位设置方案（机位设置参见"机位图设计"）。

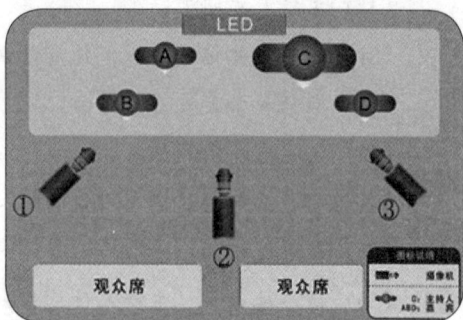

（二）单个机位功能细分

1.将1号机设置为主要负责拍摄主持人（C）、嘉宾3（D）和现场观众。1号机除了可以拍摄主持人和嘉宾3的近景，互动环节中提问观众的中景、中近景，谈话过程中观众的反应镜头外，还可配合3号机提供场上嘉宾3与主持人对话时的细节表情镜头。

2.2号机主要负责拍摄舞台全景，交代人物关系以及新出场人物的位置关系。2号机既可以拍摄舞台中主持人和嘉宾的全景、中景、中近景，还可以配合1号机、3号机反打提供观众席全景。

3.3号机主要负责拍摄嘉宾1（A）和嘉宾2（B）的中景、中近景，以及他们对话时的细节表情镜头。

（三）镜头切换依据

1.关照说话者：镜头切换的主要依据为关照说话者，即谁说话镜头给谁，重点关照说话者的表情、神态和动作。

2.关照听者反应：1号机和3号机的交叉取景剪切中，画面应兼顾听者反应，重点关照听者的表情、神态和动作，2号机也可以大全景展示所有在场人物动作以及大的反应。

3.关照场景环境及演员空间关系：镜头切换要关照现场的场景环境和演员空间关系，尤其是有新的人物出场时，要注意交代清楚。

4.关照谈话气氛：本场谈话中，谈话双方的气氛变化为重点把握部分，尤其是几次人物出场后，气氛变化很大，镜头切换应体现谈话过程中的气氛变化。

5. 关照人物之间的心理活动：心理活动都会通过对话和表情表现出来，因此，镜头切换应该注意到把握人物之间的矛盾。

（一）机器位置的合理布局

在机位设置过程中，首先需要依据现场实际，为每一个机位选择一个最佳的位置，当一个机位占据了合理的位置，它就有可能具备多机位的使用可能，从而实现机位功能的最大化。以《斑斓赛场之走进米勒》为例，在节目中有 1 名主持人、1 位嘉宾、2 位特邀嘉宾以及众多现场观众，节目谈话的"交流场"主要是由主持人、嘉宾和特邀嘉宾构成，现场的机位设置则呈现出 2 号机全景居后、左右各一机位交叉对称，并向观众敞开的半闭合的布局形式。此机位布局方式合理准确的为每一个机器找到了各自合适的位置，也简明表现了 1 号机、3 号机具有拍摄主持人与嘉宾的双重功能，2 号机具有拍摄主持人、嘉宾和现场全景的多重功能。尤其是 1 号机所处位置，还可在必要时调转方向拍摄现场观众。可见，选择一个好的位置，则能保证单个机位发挥更大的功能。

（二）机位属性的全面优化

对一个机位而言，拥有一个正确的位置是发挥其功能最大化的基础，而机位的属性则直接关乎其能否实现机位多功能化。在日常的拍摄中，导播会习惯于用固定机位完成对大量画面的拍摄，但固定机位却无法迅速完成多样化的现场拍摄任务，这时，导播就需要为一些机位设置更加多元的属性来扩展它的使用功能。例如，导播在拍摄舞蹈表演时，可在舞台前侧设置一个轨道机位，轨道的架设不仅可以拍摄到与舞蹈演员同步的移动表演，同时还可将轨道上的机位随时变换为固定机位，以此来完成不同角度的拍摄，从而更好的丰富画面内容。

（三）机位之间的高效配合

多讯道节目制作中的每一个机位都不是孤立存在的，而是作为整体机位布局构成中的一个重要组成部分，和其他摄像机所处的位置相互关联、相互影响。虽然机位之间的配合大都产生在导播调机的过程中，但设置机位时仍需考虑每个机位与其他机位可能出现的配合关系，只有这样，才能将每一个机位的功能设想周全得当，也不会出现因为单个机位设置不当而影响其他机位功能的发挥。

在《斑斓赛场之走进米勒》的现场制作中，1 号机是主要负责拍摄主持人和嘉宾 3 的机位，2 号机主要负责拍摄舞台全景和观众，3 号机主要负责拍摄嘉宾 1 和嘉宾 2 的机位。但是，当主持人需要与现场观众交流时，就需要在场的机位形成新的组合关系。在主持人与观众互动时，由于 1 号机、2 号机不能按照原定的分工来拍摄正面交流镜头，这时可调度 2 号机负责拍摄提问观众，1 号机跟随主持人移动，3 号机则负责拍摄舞台上的嘉宾及舞台的全景、中景和近景。各个机位的功能部署相较于之前的常规功能有了很大的变化，但这种新的配合关系，则能很好地完成导播所布置的任务。

电视节目制作本身就是一个动态发展的过程，机位的设置也会因制作理念的不断变化、操作技术的日新月异和硬件设备的更新换代而不断演进。从认知到实践，从形式到内涵，将多讯道节目制作流程进一步具化到机位的设置中，探究机位设置的内在规律，不仅能够为节目制作方案的设计提供更多元的思路，还能促进电视节目的优化升级，从而为受众提供更多优质且多样的电视节目。

【复习思考题】

1. 什么叫机位？它与场面调度的关系是什么？

2. 倒三角机位布局是什么，这种布局适用于哪些类型的电视节目？

3. 如何理解机位设置中的角度因素？

4. 斯坦尼康、电兔子、飞猫、轨道摄影平台和升降臂分别适用于什么场合？

5. 机位设置的原则有哪些？

第四章

多讯道综合实验教学

【 重点内容提要 】

1. 明确多讯道实验教学目的及意义；

2. 了解多讯道实验教学在我国的发展现状及其常用的教学模式；

3. 掌握多讯道实践教学开展的具体步骤；

4. 明确各工种分类及其主要任务；

5. 掌握各工种在具体操作时所需注意的事项。

    随着制作设备的不断更新换代、节目制作理念的求新求变，传统的电视节目制作理念被不断更新，单一的制作模式已不能满足现代观众越来越高的收视需求。在此背景之下，原本只在演播室内完成的内容，现在会加上内容精彩的外拍 VCR；原本只在户外进行的大型室外演出，导演会有意安排第二演播室，将 ESP 与 EFP 结合起来，利用多讯道为观众提供更多的信息；原本只使用多机拍摄的大型户外真人秀节目，也在熟练地使用 EFP 完成节目制作。制作模式上的创新，带来的不仅仅是技术上的融合与突变，更重要的是在节目生产的理念上，打破因为模式不同所带来的壁垒。为了能够更好的将高校人才培养与社会需求形成有效对接，开设有传媒相关专业的高等院校，也越发重视对多讯道节目制作相关课程的开设，如何能够合理地完成本课程的教学，如何使学生能够全面掌握多讯道节目制作的核心技能，则是本章内容的重点。

第一节　多讯道综合实验教学的目的及意义

实践动手能力的培养对于传媒专业而言是十分重要的，除对于理论知识的学习外，通过学校科学合理的课程体系完成对专业技能的全面掌握，对于学生而言是十分重要的。随着多讯道节目制作模式在越来越多的电视节目中被广泛运用，在高校中开展行之有效的实验教学便显得十分有必要。

第一，使学生掌握多讯道节目制作的基本概念和分类，准确区分各类型节目制作的特点。

第二，使学生了解多讯道节目制作的具体流程，熟悉各个流程所需掌握的各项专业技能。

第三，熟练掌握多讯道节目制作中所需设备的具体操作方法及注意事项，能在多工种共同配合之下完成对多种类型电视节目的制作。

第四，熟悉导播这一特殊的工种，能够准确运用导播术语、导播专业技能来完成多讯道节目制作中的调度和切换等各项工作。

第五，掌握灯光、音效、舞美等要素在电视节目制作中的表现以及各要素之间的相互关系，能够将各要素灵活应用到多讯道节目的编排制作过程中。

第六，综合运用多讯道节目制作技能，将电视节目导播的概念融入多讯道节目制作的各个环节，通过前期构思创作、中期多讯道集体作业、后期剪辑完善的方式，制作出各类电视节目，能够系统化地完成多讯道节目制作。

第七，培养团队协作的意识，能够在团队有序、规范、分工合理、权责明晰的前提下完成对节目的录制。

在有相关专业的高等院校开设类似的课程，对学生而言，能够建立更加全面系统的电视思维，有助于学生从多个维度去思考电视节目的创作，通过实际操作演练不同模式，熟悉各自异同并学会如何选择合适的模式完成节目创作；对高校而言，特色鲜明的专业实践课程是学校实践教学的重要组成部分，开设多讯道综合实验教学课程，不仅丰富了专业课内容、提高了教学质量，更重要的是它使高校相关专业的课程体系更加合理科学，能够紧随时代变化完成专业教学与市场需求的有效对接；对就业单位而言，专业技术过硬、实战经验丰富的从业人员是每个单位都期望的，如果所招聘的员工上手操作快且能熟练完成各工种任务，则可以最大限度地保证节目制作的质量。因此，面对节目生产中对此类人才越来越大的需求出口，就业单位需要吸纳专业匹配度高的人才，而培养此类人才的任务则落到了各个专业院校。

尽管开展多讯道实验教学对于部分高校来说会受到办学资金、师资力量、硬件设备和建设周期等诸多客观条件的限制，但从总体和长远效益来看，无论是出于对学生专业能力的全面培养，还是对教学体系的合理建构，在高校开设多讯道综合实验课程都是十分有必要的。

第二节　中国高校多讯道实验教学现状

由于多讯道节目制作模式对设备、技术及师资等要求较高，故国内很多开设传媒专业的院校并非都有与多讯道相关的课程，很多学校即便是开设了与之相关的课程，也因为师资不足、没有配套的实验教学方案、缺乏系统的硬件设施等，很难真正系统化地开展多讯道综合实验教学，从而使多讯道教学成为纸上谈兵，学生即便学习了相关的理论知识，但对于如何具体上手操作仍未能全面掌握。

目前国内高校开设有广播电视编导等相关专业的院校中，有部分院校是从未涉及教授多讯道节目制作相关内容的，而涉及多讯道节目制作的，则大致可分为以下几类：

第一类，多讯道节目制作模式只是作为电视节目制作相关理论知识中的一部分，会被提及但不会深入讲解。在这样的教学模式下，学生对于多讯道制作模式的学习，只停留在理论层面的简单认知，没有任何涉及操作的实训练习，学生对其具体操作细则、所需设备和分工协作则完全不了解。这样的教学模式只能算作是为学生普及了基本知识，而对于培养学生的实际操作能力则几乎起不到任何作用。

第二类则主要强调理论知识的讲解，任课教师并未设计行之有效的实验教学，也就是所谓的重理论而轻实践。教师在讲授过程中，对于多讯道的分类、制作环节、操作细则和各工种的职能都进行了细致的讲解，学生对所有相关理论知识也进行了系统学习。但在具体实训环节，任课教师不会亲自带领学生分小组、分阶段、分梯度地完成实训练习，只是将制作节目的任务下发到各个小组，最终只收集成品进行打分。在此类模式之下，即便同学们细致学习了相关的理论知识，但学生们仍无法通过具体的动手实践来掌握如何完成多讯道节目的制作，一旦需要同学们动手完成操作，学生则很难运用所学知识规范的完成对各类节目的制作。

第三类，此类教学模式则是多讯道实验教学里较为全面、规范的一类，教师在教学过程中，会将理论教学与具体的实践操作结合起来，一方面，教师会细致讲解多讯道制作模式中导播的职能范畴、工作流程、制作技巧与注意事项等理论知识；另一方面教师会在实践环节，通过教学实训设计来让学生掌握如何具体操作。这样将理论与实践相结合的教学模式，才能使学生真正掌握如何利用多讯道模式完成对各类型电视节目的制作。

但在第三种教学模式中，并不是所有院校的实验教学模式都科学合理。例如，在有些院校，部分教师在完成理论课讲授后，习惯于让学生自己在课下制作节目，并未设计有针对性的实训环节来指导学生完成实验教学，任课教师只是要求学生最终上交节目成片并进行小组整体打分。再者就是教师习惯于挑选有一定导播经验的同学组成团队完成节目制作，其他同学在实训阶段只能观摩少数同学操作。此类模式只能使强者越强，而相对生疏的同学则永远无法得到提高，最终的结果便会导致学生之间的差距越拉越大。

多讯道制作模式并不像单机拍摄，可由一名或多名同学完成拍摄、剪辑，它需要团队协作完成。因此，如何能够让同学们得到行之有效的锻炼，则需要十分科学合理的模式。只有采用正确、合理的实验教学模式，才能让学生真正学会如何利用多讯道模式来制作各类型的电视节目。

【知识拓展】——高校实验演播室构造示意图解

多讯道实验教学的开展需要配备专门的实验室，例如三讯道新闻演播室、多讯道晚会剧场等，现将西北民族大学新闻传播学院多讯道小剧场设计案例复制如下，以供其他院校开展相关工作时参考。

案例：新闻传播学院多讯道小剧场设计图

作者：张辉刚　王玉婷　覃亚　张炳

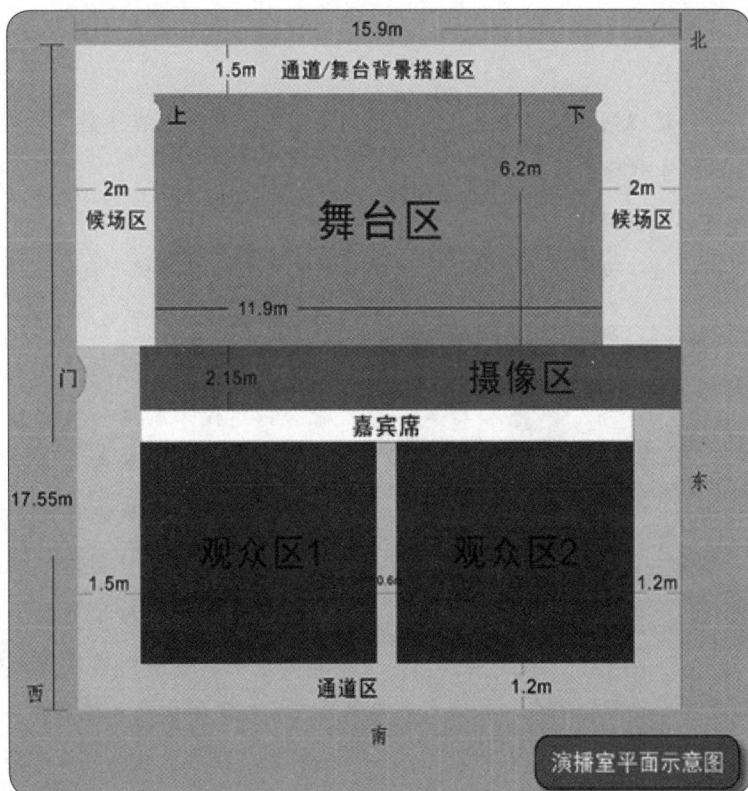

演播室平面示意图

说明

比例尺：1cm＝1m

总面积：279.045 平方米

观众区：观众 0.6×0.9 嘉宾区 0.6×0.1（每人） 共容纳 148 人

舞台总面积：73.78 平方米 观众区 1（39）＋观众区 2（42.9）＝81.9 平方米

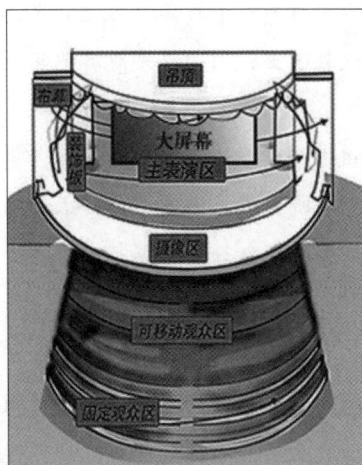

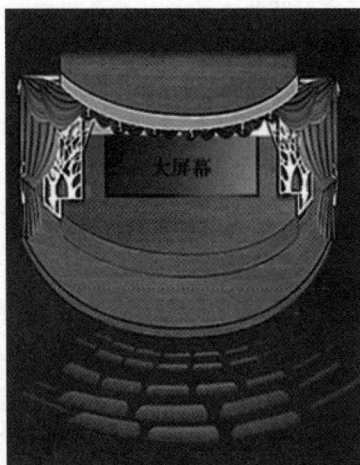

设计阐释：

1. 主体风格

整个设计是以剧场风格为主。因考虑到学院已有多讯道演播室，故计划本实验室主要以制作剧场类节目为主。

2. 设计思路及体现

该剧场的核心功能在于支撑多讯道实验教学中剧场类电视节目的制作，其设计思路体现在以下三个方面：

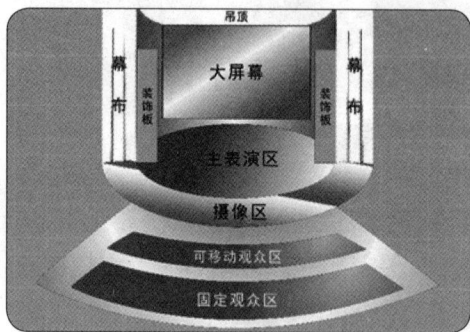

第一，多讯道制作模式的有机配合。建设本剧场的主要目的是服务于学院开设的所有与多讯道相关的实践课程，如《电视节目导播》《广播电视编辑与节目制作》《小剧场节目制作》等。舞台是剧场构成的主要部分，但本剧场设计关键是利用多讯道最核心的部分完成对舞台上各类呈现内容的现场切换。这就要求剧场须配备多讯道制作模式所有核心的设施，如切换系统、摄录系统、通话系统等，从而具备完成多讯道的硬件需求。

第二，电视化手段的充分展现。在多讯道模式下，电视化手段的充分展现也是本剧场设计中的一大要点。剧场开辟 LED 屏、舞台灯光设备，都是试图将单一的剧场舞美打造为接近专业水准的电视舞台。例如，学生在制作晚会时，就可为节目量身制作丰富多样的背景视频，可以为每一个节目设计灯光效果，这样的舞美效果更能让电视化手段充分运用在实践教学里，同时也是对其他实践课程教学成果的综合运用。

第三，节目类型的丰富多样。利用多讯道节目制作模式可制作各种类型的电视节目，如谈话类、情景剧、综艺节目和电视晚会等，因此，建设本剧场也需要其具备制作多种电视节目的可能性，因此，剧场的设计需避免过于单一，要考虑到制作多种节目的可能性。

3. 各功能区分工及其设计阐述

（1）主表演区：即主要的表演区域。采用前沿弧形设计，这样设计的理由有三点：一是弧形设计相较于矩形设计更加活泼生动，更具有美观性和可视性；二是弧形设计更有利于轨道摄像等特殊摄像需求的进行，使摄像达到更好的效果；三是此类舞台设计能适应多种节目需求，易于与现场观众进行互动。

（2）导播间：由于导播间是设置于剧场右侧的独立操作间，故未在设计图中作出明确标注，但导播间不可离现场过远，以方便学生在现场与导播间的工种轮换。导播间中包括导播工作区（切换系统、通话系统）、调音台、灯光控制区、LED 大屏控制区域、录像系统等。

（3）摄像区：即摄像师工作区域。在多讯道节目制作过程中，考虑到必须为每一个工种提供一个相对舒适且便利的工作环境，摄像区的设定是十分有必要的。不同类型的电视节目机位设计思路不同，因此，设定出固定的区域可供节目录制选择合适的机位。

（4）观众区：包括可移动观众区和固定观众区。这样的分区设计，主要是为了满足制作多种节目类型的需求。导演可根据观众人数的多少加减座椅，在不影响美观的同时又满足了节目本身的需求。例如学生需要策划一台互动较多的综艺节目，便可将可移动区的活动座椅撤走，留出宽阔的空间用来互动，而后排的固定座位则是固定的观众席。这样的设计还有利于主持人与观众之间的交流，主持人可随时深入观众区进行互动交流，在制作互动性节目时，还可考虑设计延伸台。

（5）候场区：剧场设定固定的候场区，既可以满足演员化妆、换装、休息等诸多需求，同时还可为节目的顺利录制提供催场、摆放道具的区域。因此，剧场候场区需配备有化妆台、镜子、座椅、饮水机等，以便演出时演员与导演组的各类需求。

（6）舞美装饰：其中包括 LED 大屏、灯光布控、幕布、侧幕条、地板等。

首先，采用 LED 大屏可在节目制作中发挥多种功能，例如充当固定舞美背景、播放动态 VCR、演示图形图标等。LED 大屏的使用可使多讯道节目制作与多机拍摄、平面设计进行有效结合，使学生将《电视摄像》、《非线性编辑》、《广播电视编辑与节目制作》、《影视美术》和《平面设计》等多门课程所学知识有效运用至多讯道节目制作中。

其次，灯光布控对于多讯道节目制作来说是十分重要的，不同类型的电视节目对灯光的要求是各不相同的，该剧场需要配备 LED 灯、面光、追光灯等灯光设备，以备节目制作需求。

最后，多讯道节目制作对舞台的要求远远高于多机拍摄，多机拍摄可通过多次重复拍摄、多角度拍摄等方式变换舞台的舞美设计，甚至可通过"舞美造假"

的方式来完成，但多讯道则要求舞台舞美的真实性，因此舞台上的幕布、侧幕条和地板等各类设施，都需要符合节目制作的基本需求，既能够方便演员舞台表演，更重要的是要能够服务于多讯道电视节目的现场录制。

第三节 多讯道实验教学阶段划分

在多讯道实验教学过程中，可将具体教学行为划分为三个阶段，通过每一阶段各有侧重的教授，使学生能够全面掌握多讯道节目制作的理论知识和各项技能。

第一阶段：多讯道节目制作理论知识学习

多讯道实验教学的开展，是建立在相关理论知识学习的基础之上的。在课程开展的第一阶段，需全面讲述多讯道节目制作的基础理论知识，包括多讯道节目制作历史脉络的梳理、多讯道节目制作的定义、多讯道节目制作的模式与分类、参与多讯道制作的工种及其职能划分、多讯道节目制作中的相关设备、使用多讯道模式制作节目的原理及流程、多讯道节目制作中的机位设置原则等。只有系统掌握了相关的理论知识，才能保证在操作环节更好地完成节目制作。

第二阶段：多讯道节目制作设备熟悉与掌握

多讯道节目制作模式包括诸多工种，与之相对应的则有类型不同的机器设备，如切换台、调音台、灯光控制台、演播室摄像机等。这就需要教师在演播室进行现场操作与讲解，从而使学生能在现场接触多讯道制作设备，了解各种设备的工作原理和操作方法，以便能熟练地操作各类设备。

在认识清楚各类设备后，教师需要向学生详细讲解多讯道节目制作流程中各个岗位的操作步骤和注意事项，并进行实训模拟演练，使每位同学都要牢记注意事项，尽量减少在梯度式练习阶段出错的概率。例如：摄像师站在摄像机前的第一件事便是戴上耳机，导播在开始工作前要先调试好通话系统的音量大小，录像师在开始录制前一定要仔细检查是否有足够的空间可供节目完成录制等。

在这里需要特别指出的是，尽管在实验教学中，我们会经常鼓励同学们多动手、多练习、多摸索，但由于多讯道模式所配设备大都较为精细且昂贵，极易因操作不当而被损害，且修复成本相对较高，所以不建议授课教师在同学们未学习相关技术之前，鼓励同学们自行摸索使用设备。如果课程的实践环节必须在多讯道实验室内借由多讯道模式完成拍摄，且授课教师本人也不熟悉多讯道制作模式，则需要该教师指定专门的同学在系统学习相关知识与技能之后，负责实践环节的设备操作，如果实践过程中需要全班同学轮流操作设备，则需要学院在制订专业培养方案的过程中，就将此类课程安排在多讯道节目制作课程开设之后，以保证同学们能够在系统学习了相关技术后，再就其他内容展开操作演练。

第三阶段：梯度式实训练习

具体的实训练习是多讯道实验教学的关键步骤。理论上的学习可在仔细阅读和查阅资料后掌握，但真正熟练掌握多讯道节目制作的各项技艺，则需要在大量的实际操作后才能有所提高。因此，合理的梯度式实训练习，能够帮助学生熟练多讯道节目制作的各项技能，而团队轮岗式的协作练习，也能使学生全方位参与多讯道节目制作的各个环节。

实训操作练习的节目选题，须由教师根据开课班级学生所在的年级、专业、课业压力、技能水平和该课程时间安排等方面综合考虑，分梯度设计节目类型。所选节目的实践难度可以"新闻类—谈话类—情景剧—综艺类—晚会类"呈递增趋势，在具体操作的过程中，需按照难度的梯级设置来完成教学安排，难度较大的节目类型需在难度相对较小类型练习之后再开展。当然，这里所列举的梯度，不是一一递进的关系，在实训过程中也不要求一一开展，指导教师可按照自身教学的实际来选择合适的项目自行组合，如可选择"新闻类—情景剧—晚会"，或者"新闻类—谈话类—综艺类"等，难易节目搭配的梯度化模式则有助于同学们更好地完成多讯道实训练习。

第四节　各工种主要任务及其注意事项

专业的多讯道节目制作是由诸多工种共同完成的，而在高校教学的具体过程中，受到设备、场地等因素的限制，则会对其具体参与工种作出调整，在保留核心岗位的同时，部分工种或者被简化，或者由一名同学同时担任几个工种，这些调整可由任课教师视各个学校具体情况来决定。但不管是核心工种，还是其余各类工种，都有其主要任务和各自不同的操作注意事项。

一　导播

导播是多讯道节目制作的核心工种，在高校实践教学过程中，导播也是最为重要的岗位，导播技能掌握的好与坏，是评判本课程教学质量好坏的重要指标。

（一）主要任务

1. 前期准备

（1）参与节目的编排创作，熟悉节目流程，及时与团队其他工种同学沟通，配合完成各类型节目的文案写作。

（2）组建导播团队，撰写导播工作台本（分镜头），讨论并确定导播方案，了解所需镜头和画面切换方式。

（3）熟悉导播间的切换系统设备，掌握切换台的操作技术，并协助其他工种检查所有设备是否能够正常运行。

（4）配合其他工种反复进行彩排，熟悉导播工作中的细节，预估可能出现的一切突发状况，准确计算节目时间，通过彩排反复细化分镜头细节。

2. 中期录制

（1）进入演播间，组织小组成员各就各位，自己落座导播台，佩戴耳机并检查与各路摄像师的沟通是否通畅。

（2）按节目内容及录制相关细节，在导播工作台本上注明相关导播口令，就录制中的所有细节与导播助理进行仔细核查。

（3）在开播前1分钟发出口令，停止现场所有工作，播报"现场安静，准备开始"的导播口令，并委托现场导演在现场发布相同口令。

（4）开播前10秒，应把播出画面切换到黑场，提示现场导演导播间一切就绪并可以开始10秒倒计时，准备好切换开播镜头淡入。

（5）按照台本规定和现场情况进行各工种调度，熟练运用导播口令完成现场调度，在整个录制过程中，掌握好画面切换的时间点，并根据情景选择需要的特技效果，组合播出画面。

3.录制结束

（1）待现场导演提示录制结束时，提示导播间所有工种可停止工作。

（2）录制结束后，通过对讲机和切换台通话系统答谢各个工种的配合。

（3）待所有工作结束，将导播工作台本和录像带交给指导老师进行评审。

（二）注意事项

1.在多讯道练习环节，导播即导演，也就是说在此练习环节，导播需要负责整期节目的策划与编排。

2.导播需熟练使用导播术语，用规范的导播术语完成对摄像师的调度，简洁明了的导播术语可在最短时间内准确实现导播与摄像的有效沟通。

3.导播在落座导播台后，要询问摄像师通话系统的音量是否合适，过高或过低的音量都会给录制工作带来不便。

【知识拓展】——导播与机位调度

导播在多讯道节目制作过程中，除了直接进行画面的选择和切换外，还有一项比较重要的职责即进行机位的调度，导播可根据自己对节目的构想设计出适合的画面语言，通过通话系统及时下发导播口令使摄像师完成画面的调整。具体来说导播对机位的调度可从以下几个方面入手。

（一）摄像机机位使用调度

在大型直播节目中，摄像机数量众多，若导播要下发所有具体的导播口令，很容易出现错误，因此，在多讯道节目制作中，导播首先考虑的是要使用哪号摄像机，确定后再对摄像机位下发其他口令。例如在简单的三讯道节目制作中，导播惯常使用的机位调度语言主要有"1号机，仰角，中近景；2号机，小全景；3号机，中景，匀速往前推"等等。这样的机位使用调度不仅能使调度的时间缩短，加快摄像师调整的速率，也便于其他机位的摄像师尽快作出相应的调整。不同机位的摄像师要认真听导播下发的口令，并及时作出反应。

在这里需要重点强调以下几点：

1.当导播下发口令使用某机位的画面之后，该机位应保持当前的构图画面，此状态说明当前的画面是导播比较满意的画面，并且正在使用它，无须对角度和景别作其他调整。

2. 每个机位摄像人员应仔细听导播口令，当导播不是调度自己的机位所拍摄的画面时，可对自己所拍摄的画面进行微调，这也就是摄像自我发挥的时间，往往这个时间段调整的画面会令导播比较满意，紧接着就能使用这样的画面而无须下发其他的导播口令，这样导播和摄像之间的配合就会很默契，节目的画面质量就会更高。

（二）摄像机拍摄方向调度

在机位确定后，导播根据节目内容的需要对摄像机的拍摄方向进行调度。如基本机位布局中，1号、3号打交叉——中近景；2号全场——全景。在多讯道节目制作中，不是所有的画面都是固定镜头，一定数量的动态镜头能让节目的发展更加动态流畅。因此，导播在拍摄方向上的调度是讲求多变的，如在方向调度中常用的语言"1号机，往左，近景；3号机，向上，中近景"等等，方向的调度可使画面内容更加丰富，增强节目的观赏性。

（三）摄像机机位景别调度

在摄像机机位、方向确定之后，导播还可以对摄像师提出景别的要求。景别的变化是机位调度中变化最关键的要素，景别的变化更能体现多讯道节目制作的特点，通过多个摄录系统的信号汇合，选择不同的画面来共同呈现一个节目。因此，要想在多讯道机位调度中充分利用景别调度，导播就必须熟悉景别的概念、了解景别的类别以及掌握不同景别的表现特点，最终可通过对不同机位进行景别调度来丰富画面语言，完成对节目的全方位展示。

二　导播助理

（一）主要任务

1. 前期准备

（1）跟随导播一同参与节目创作，熟悉节目流程，协助导播制定分镜头脚本，并对所有细节作出详细标注。

（2）认真参与每一次彩排，

在已有分镜头脚本的基础上撰写导播助理个人分镜头脚本，以便在录制时准确提示导播。

（3）排练时在工作台本上注明每个段落所需要的时间，并标注整个节目的时间进程，以便在录制过程中随时提醒导播和现场导演调整节目推进的速度。

（4）在彩排结束后，将彩排过程中的问题记录交予导播，以便导播及时调整节目方案。

2. 中期录制

（1）当现场导演提示倒计时至3秒时，导播助理需在导播间进行"3、2、1"的倒计时，以提示导播间所有工种做好准备。

（2）在节目录制过程中，随时监看工作台本，适时提示导播重点镜头和转场要求，随时播报节目进行的速度是否正常。

（3）监看现场状况，提示导播与现场导演的沟通，及时处理各种突发状况。

（4）协助导播完成对导播间其他工种的有效调度。

（5）对节目时长的实时监测，把握节目录制的节奏与总时长。

3. 录制结束

（1）整理节目录制的分镜头脚本，提示导播完成各项收尾工作。

（2）将本次录制存在的问题汇总出来，交由整个团队学习总结，以避免之后再次出现同样的问题。

（二）注意事项

1. 导播助理不可过多影响导播思路，在导播进行调度切换时，只可进行必要的提醒，切不可由导播助理全权指挥导播完成调度切换。

2. 及时清洁切换台，以免在工作界面上留下污垢，导致按键短路，影响切换台正常工作；禁止在切换台上放置食物和饮料，避免汁水渗漏或饮料打翻，致使切换台短路。

3. 每次使用完切换台后，用棉布覆盖切换台，定期擦拭切换台面，保持切换台的清洁卫生。

4. 导播在工作过程中无暇顾及周围的环境，导播助理要尽量为导播创造最优质的工作环境，一旦导播间出现干扰导播正常工作的其他人员或突发状况，导播助理要在第一时间出手解决，以保证导播的工作不受干扰。

三　现场导演

（一）主要任务

1. 前期准备

（1）参与节目的前期创作，熟悉整个节目的环节设计，尤其要对整场节目的所有变换熟记于心。

（2）按照节目的难易程度安排次数、时间合适的彩排，并在彩排过程中及时发现各个工种存在的问题并协调解决。

（3）协助导播完成分镜头脚本的撰写，针对现场存在的问题，建议导播有针对性地修改分镜头脚本。

（4）配合导播完成现场机位设置。

2. 中期录制

（1）现场导演是导播在演播现场的代表，应全力协助导演组织现场工作，在现场须佩戴好耳机或对讲机，以便及时协调各个工种。

（2）临近开播时完成 10 秒倒计时，应站在开播镜头的机位旁，伴随着导播的开播口令在现场进行倒计时："10、9、8、7、6、5、4"，至"3、2、1"时不发出声音，且只用手势示意现场所有工种。

（3）节目录制中，通过通话系统将导播口令及时传达给在现场的工作人员，例如及时调整表演速度的快慢、声音的高低、站位的前后疏密等，一旦遇到突发状况，尽快想办法解决，将突发状况带来的不利影响降到最低。

（4）确定节目进程，并适时地向演员出示报时卡，以便控制好节目时长，保证节目在规定的时间内完成录制。

（5）有效完成现场观众的疏导管理工作，需要领掌时要适时完成领掌等工作。在需要与观众互动的环节，事先与导演沟通好，并在准确的时间及时完成互动安排，以便导播完成镜头组接与切换。

3. 录制结束

（1）在节目结束后用手势"3、2、1"向导播间示意录制结束。

（2）检查现场设施、录音设备、舞美道具等的整理回收工作，确保重要设备的还原，以便下一组同学工作的顺利开展。

（3）组织现场观众的离开。

（二）注意事项

1.因录像师会在开播前三秒开始录制，故开播倒计时"3、2、1"时不能出声，须用手势来提示大家时间的递减，这也就要求团队相关工种需要养成一致的时间报数频率和相互之间的默契度。

2.并非所有的彩排都一定要在演播室进行，考虑到学校实验室排课紧张等问题，学生可在排练好节目环节后，再进演播室完成带机排练。这就要求现场导演要熟悉演播室实际，在演播室外排练时，一定要结合演播室的实际情况，这样在从室外转向室内时，则能使所有演员很快适应场地的变化，否则，前后差异过大的场地变化，则会为演员的走位带来很大的影响。

四 摄像

（一）主要任务

1.前期准备

（1）熟悉节目流程，明确自己在录制中所处机位和需要负责的具体内容以及所需承担的功能。

（2）协助导播完成分镜头脚本的撰写，并提出个人建议，力求使分镜头脚本能够科学合理的指导拍摄。

（3）仔细研读分镜头脚本，尽可能按照导播意图自主完成调机等工作，降低导播调度难度。

2.中期录制

（1）到达机位时首先佩戴耳机，及时向导播通报已到达岗位并等待命令。

（2）在录制前须打开操作旋钮（云台、脚轮等），以便摄像机能够活动自如地完成推、拉、摇、移等相关拍摄。

（3）录制中，按照工作台本的要求并随着导播的现场指令及时调整镜头，注意画面构图与焦点。

（4）在录制过程中，若摄像机前提示 TALLY 红灯一亮，则表示导播正在使用该机位画面，除非导播有要求，否则不可随意调整画面、移动镜头，以免造成播出画面的不稳定。

3. 录制结束

（1）待导播发布节目录制结束口令后，关闭相关旋钮，盖好镜头盖。

（2）确保机器的稳定与清洁。

（二）注意事项

1. 摄像所有自主拍摄行为须建立在导播允许的基础之上，在未经导播允许的情况下，不得按照个人意愿随意推、拉、摇、移，否则会对导播的调度造成影响，在沟通好的情况下，摄像可按照导播台本完成相关的拍摄。

2. 摄像在录制过程中不可通过通话系统向导播提出意见建议，也不可在通话系统中与其他工作人员对话，在正式录制时，建议关闭摄像的通话系统。

3. 摄像师团队需在前期反复进行练习，尤其需要和导播形成默契，这样才可能更好地协助导播完成拍摄。

五 录像

（一）主要任务

1. 前期准备

（1）检查好与录像相关的所有设备，确保录像时设备的正常运作。

（2）预估素材时间，准备好足够的存储空间，及时删除存储设备内无关的多余素材。

2. 中期录制

（1）按照导播的口令操作录像机的启动与停止。

（2）及时检查存储设备是否有足够的空间可供存储节目内容，一旦出现存储空间不足的情况，要及时更换存储卡，以保证录制的顺利进行。

（3）控制 CCU，调整好光圈等相关参数，保证画面质量。

3. 录制结束

（1）停止录制，确保录制内容存储于有效的空间，以备播出或检查。

（2）做好录像带标签，标明录像带的录制时间、班级名称、小组编号、工种负责人名称、训练作业项目、小组内轮岗顺序等。若是数字录像机，在录制完成后需及时拷贝走素材，同样需要对素材进行标记分类，以便后期剪辑。

六 录音

（一）主要任务

1.前期准备

（1）勘查现场效果，确定演出中录音设备的整体布局。

（2）确定演出中所需录音设备的类型与数量，如无线话筒、胸麦和话筒支架等，并对所有话筒的通道作出明确标示。

2.中期录制

（1）根据节目内容与演员调度来布局话筒位置与指向，并试验检测每个节目中话筒声音的大小，记录下音量的可调范围。

（2）掌握调音台的操作，随时注意音量表，控制节目的声音指标。

3.录制结束

收回所有的话筒等设备并加以保管，关闭调音台。

（二）注意事项

1.在开播前的彩排阶段，要打开导播与演播现场直接通话的麦克风，使现场都能听到导播的指令；临开播前，听到导播喊"现场安静，准备开播"后，及时将这路通话关掉，以免导播间的声音传入现场。

2.及时控制话筒的音量，以免话筒因各种原因发出的噪声影响录制效果。

七 灯光

（一）主要任务

1.前期准备

（1）熟悉整期节目的整体灯光规划，确定节目整体灯光方案。

（2）按照节目的整体要求，对灯光进行编程，在完成主要灯光程序编辑后，对节目中一些特殊细节进行准确布光。

（3）在彩排中不断调整灯光方案，使其能够呈现出最佳的舞台效果，在确定最终布光方案时，一定要同时呈现舞美、道具、LED大屏的最终效果，否则其余元素可能会影响最终的灯光效果。

2. 中期录制

（1）按照事先制定的节目流程，完成灯光的舞台表达，随时控制灯光。

（2）针对现场可能出现的各类突发状况及时调整灯光方案以解决各类问题。

3. 录制结束

检查所有灯光设备是否正常，如有问题及时汇报至实验室管理员。

（二）注意事项

1. 灯光方案的制订需在多方（导播、摄像、舞美）共同商讨之下完成，以确保灯光方案适合整个节目需求。

2. 由于负责追光的工种离灯光控制台较远，所以一方面需要前期彩排时就有固定的灯光师配合排练，另一方面还需要为追光师配备对讲设备，方便其与灯光负责人沟通。

【知识拓展】——照明设备

所有的电视照明都基于一个简单的原则：利用某些仪器照亮特定的区域，再利用另外一些仪器来控制阴影，并使整个场面的照明水平提高到一个可以接受的程度。产生直射光的照明设备叫聚光灯，产生散射光的叫泛光灯。在电视演播室内，各种类型的聚光灯和泛光灯通常吊在演播室顶棚上。演播室用的灯具一般都比较重、大，无法用于演播室外，更不能用于现场制作。绝大多数室外制作多采用便携式照明组合，通常由几个体积小、性能高、能够使用普通电源插座的照明设备组成。当然，也有针对大面积或无影灯光要求的较大荧光灯组。便携式设备既可以安装在折叠式落地支架上，也可以夹在门、窗户或家具上。这些设备通常都充当泛光灯，但经过调节之后，也可以发挥聚光灯的作用。

八 LED 屏幕控制

（一）主要任务

1. 前期准备

（1）按照导演意图准备好节目制作所需的各类图形图像资料。

（2）熟悉 LED 屏幕控制软件（如紫金播放器），掌握软件对所播内容的格式等具体指标的要求。

（3）仔细检查各类素材的格式，并逐一核对所有素材的播放质量。

（4）在彩排时，按照节目需求，排列好播放器里的素材顺序。

2. 中期录制

按照事先准备好的节目顺序，按时播出视频素材。

3. 录制结束

将所有视频素材整理完毕后拷贝给后期组，以方便后期组在剪辑时可修改成片中的视频素材。

（二）注意事项

1. 形式多样的大屏幕素材可极大地丰富现场效果，利用好大屏幕可为节目制作带来意想不到的效果，所以导演组要善于利用大屏幕来丰富节目内容，例如，可利用大屏幕实现时空转换，或是制造现场画面的叠化效果等。

2. 在选择大屏幕内容时，事先一定要确定好屏幕的规格，所做素材的格式要能够清晰地展现在屏幕上，否则会因为格式等问题影响视频清晰度。

3. 负责大屏幕的同学一定要事先做好素材的备份工作，一旦遇到意外状况，可及时完成视频素材的二次排序。

4. 在前期制作视频素材时，一定要考虑到视频素材的明暗程度对灯光效果的影响，如果大屏幕颜色太亮，可能会"吃掉"部分灯光的效果，这就要求在前期排练时，一定就要充分考虑到大屏幕对舞台效果的影响。

九　舞美

（一）主要任务

1. 前期准备

（1）在前期构思创作阶段要认真听取导演组节目策划的整体思路，把握整期节目的风格。

（2）根据导演要求，设计节目的舞美思路，结合实际进行反复论证，待导演组同意后，制作节目录制所需的所有舞美道具。

（3）需要将确定好的舞美思路详细告知导播，并听取导播意见，如果舞美思路会影响导播对镜头的组接切换，则需要按照导播意见及时调整舞美思路。

2. 中期录制

（1）在节目正式录制之前，检查所有的舞美道具是否摆放合理，是否会影响节目的正常录制。

（2）在节目录制过程中，及时按照之前的节目流程更换或摆放每一阶段所需的舞美道具，在摆放时尽量不影响节目的画面效果。

（3）将所有撤下来的道具摆放在事先规定好的位置，使其不影响演员上下场等演出任务。

（二）注意事项

1.提示包括摄像、剧务在内的所有现场工作人员尽量穿着颜色较深（黑色为宜）的衣物，以避免在录制时过于显眼，影响正常的拍摄。

2.所有制作的舞美道具一定要和整期节目的主题相符，再好看的舞美设计如果与节目主题不符，只会画蛇添足。

3.舞美设计不能影响节目的正常录制，舞美设计方案一定要经过反复论证，并确保最终的舞美方案能够实现各个机位对现场的多角度拍摄，从而有效避免出现穿帮等问题。

十　剧务

（一）主要任务

1.前期准备

（1）熟悉节目流程，清楚节目录制过程中剧务需要完成的各项工作。

（2）与其余各工种进行充分沟通，熟记各工种需要剧务配合的具体工作。

（3）制作详细的备忘录，及时发现节目录制过程出现的或者可能出现的各类问题。

2.中期录制

（1）在录制过程中，严格按照事先要求完成剧务所需完成的各项工作。

（2）配合现场导演及时处理现场发生的所有突发状况。

（3）当现场其他工种出现突发状况，不能在其工种岗位完成任务时，剧务组成员须马上至其岗位，代该岗位同学完成其任务。

3.录制结束

（1）清理拍摄现场，配合各个工种整理各自器材。

（2）配合总导演完成所有的善后工作，检查所有设备是否关闭，并将其摆调试放至合理状态。

（3）将整个实验室在节目录制中出现的所有问题整理归类后汇报至实验室管理教师，以便实验室管理员及时解决各类问题。

（二）注意事项

剧务是多讯道节目录制过程中很重要的一个工种，其工作相较而言会显得零碎且繁杂，但剧务所做各项工作是多讯道节目得以顺利录制的前提保证，因此，导演组在前期策划时要重视这一工种的人员安排，同时也需要其他工种耐心配合剧务负责的各项工作。

【复习思考题】

1. 我国开设有相关专业的高校常用的多讯道实验教学模式主要有哪些？

2. 多讯道实验教学可分为几个阶段？

3. 如何保养导播台？

4. 导播助理应如何协助导播完成录制？

5. 摄像师在使用摄像机时应注意什么？

第五章

新闻类节目实验教学步骤
与案例分析

【重点内容提要】

1. 掌握新闻类节目的概念和基本分类；

2. 明确新闻节目的选题和类型；

3. 掌握新闻节目的制作和设计流程；

4. 掌握如何撰写新闻类节目策划文案；

5. 掌握新闻节目分镜头脚本写作，撰写分镜头脚本；

6. 熟练新闻类节目制作中的机位设置依据；

7. 熟练运用多讯道技术完成对新闻类节目的录制。

在前面章节中我们提到多讯道实践教学需要有梯度化的设计，在多讯道模式下制作新闻类节目相较于其他节目类型则略显简单，因此，在学习多讯道制作模式的初期，可以以新闻类节目为实训对象展开练习。本章的学习旨在通过对制作新闻类节目相关知识与技能的讲授，使同学们能够初步掌握多讯道节目的制作流程和技术要求，为之后更为复杂的节目制作打下基础。

第一节　新闻类节目相关知识梳理

尽管新闻类节目的制作相对简单，但如果不掌握章法，盲目进行创作，则容易导致主题偏离或节目形式松散，严重的甚至会出现完全脱离多讯道制作模式等一系列问题。本节将先通过对新闻类节目的概念、分类以及现状进行理论讲述，使同学们能够在了解新闻类节目本体的前提下展开多讯道实训练习。

一　新闻类节目的概念

要明确新闻类节目的概念，首先，就需要先明确何谓"新闻"。对于新闻的定义，国内外新闻界颇有争议。德国柏林大学教授道比法特提出，新闻就是把最新的事实现象在最短的时间间距内连续地介绍给最广泛的公众。我国新闻界目前一般认同陆定一在1943年给新闻下的定义，即新闻是对新近发生的事实的报道。这个定义言简意赅，概括了新闻的本质特征，对掌握新闻写作规律起着指导作用。另外，范长江对新闻的定义是"新闻就是广大群众欲知应知而未知的重要事实"。甘惜分教授把新闻定义为"报道或评述最新的重要事实以影响舆论的特殊手段"。由此可见，新闻具有真实性、客观性、新鲜性、时效性和价值性等特点。

新闻节目是指媒体以新闻事实材料为基础加工制作而成的，用来及时报道、发表看法的电台或电视节目。新闻节目的板块可包括演播室内容播报、现场报道、预先录制的访问、专家的分析、民意调查结果等，偶尔也会包含社论内容。简单来说，新闻节目是面向最广泛的受众群体，用最先进的传媒技术和最丰富的编辑手段，传达最新的事实现象。明确了这一概念，我们在进行新闻类节目的制作时，就能够更好地把握制作的精髓所在。

二　新闻类节目的分类

新闻类节目的分类历来不统一，随着新闻业务改革的持续深入和记者创新意识的不断加强，再加上电子传播手段在新闻报道中的广泛运用，新闻节目的分类更是多种多样。常见新闻节目可按照栏目类型大致分为以下四类。

（一）消息类新闻节目（新闻资讯类节目）

消息类新闻节目又称动态性综合新闻，是新闻消息汇集到一起，由新闻播报员连续播报的节目。消息类新闻是观众了解国内外大事的信息窗，被称为电视新闻报道的"尖兵"，此类新闻节目充分体现了新闻节目时效性与真实性的特点。中央电视台新闻频道的《新闻直播间》为这类节目的典型代表。

（二）评论类新闻节目

评论类电视新闻节目是指电视新闻评论员、评论集体或电视机构对当前具有较高新闻价值的事件、问题或社会现象表达意见和态度，进行解释分析的节目形式。中央电视台新闻频道的《新闻1+1》为这类新闻节目的典型代表。

（三）专题类新闻节目

专题类新闻节目一般会在一期或几期节目中，围绕一个社会上人们关注的热点、难点或焦点问题展开深入剖析，多层次、多角度地展现、揭露事件的本质规律。此类节目对时效性的要求相较其他新闻节目类型略显偏低，其典型代表有《焦点访谈》《每周质量报告》《新闻调查》等。

（四）杂志类新闻节目

杂志类新闻节目是借助杂志综合编排的方式，由节目主持人将不同内容及不同形式的新闻报道串联成一个有机整体，形成固定时间播出的电视新闻节目。这类节目里，最著名的是美国CBS（美国哥伦比亚广播公司）创办的《60分钟》（60 Minutes）和中国老牌的杂志类新闻节目《东方时空》等。

针对四种新闻节目类型，在具体的实训环节同学们可根据每一类型的特点进行模拟训练。例如消息类新闻节目，同学们就可参照央视《新闻直播间》模拟一个校园新闻直播间，并将播报内容分为校园内新闻和社会热点新闻两个板块（在时长把握上短消息一般可在1分钟左右，长消息则不超过3分钟）。导演组还可安排校园记者提前搜集整理资料，将没有视频或者图片的新闻整理成文字消息，做成口播新闻。对专题类新闻节目的操作，同学们可就校园发生的热点事件策划制作一期专题性报道。例如，最有影响力的微博人物、多次参加抗震救灾的志愿者、大学生就业前景、考证热等话题，都可进行专题报道。

制作新闻类节目要求学生具有新闻敏感性，能善于发现新闻、解读新闻。当然，在节目制作过程中，导演组也可邀请一些老师、专家学者，或者社会其他各行各业相关人士作为代表发表观点来增加深度，使之更加全面系统地呈现新闻的真实性。

三　新闻类节目的现状

纵观电视荧屏不难发现，当下新闻类节目的形态早已不同于以往，越来越多新的节目样式和制作理念出现在新闻类节目中。对新闻类节目发展现状的观察与分析，能够帮助同学们在制作节目时以更加多元、前卫的视角去完成创作。

（一）新闻类节目比例增加

自 20 世纪 90 年代初《东方时空》《焦点访谈》等新闻类节目热播后，我国的新闻节目便呈现出持续稳定发展的态势。在经济飞速发展的 21 世纪，各级电视台有能力自己创办节目之后，新闻节目更是成为首选，这使中国电视新闻节目的数量明显增多。下表列举了国内一些电视台的代表性新闻节目。

电视台	新闻节目
中央电视台	《新闻联播》《晚间新闻》《朝闻天下》《焦点访谈》《共同关注》《世界周刊》《东方时空》《新闻 30 分》《国际资讯》《新闻直播间》《新闻周刊》《新闻 1+1》《午夜新闻》《24 小时》《新闻调查》《面对面》
湖南卫视	《新闻当事人》《经视新闻》
浙江卫视	《1818 黄金眼》《新闻直通车》《新闻深一度》《今日聚焦》《今日评说》
江苏卫视	《零距离》《新闻眼》《江苏新时空》
东方卫视	《东方大头条》《看东方》《东方新闻》《东方夜新闻》
北京卫视	《法治进行时》《北京您早》《晚间新闻报道》
安徽卫视	《每日新闻报》《超级新闻场》《新安夜空》
深圳卫视	《直播港澳台》《深视新闻》《正午 30 分》《关键洞察力》《军情直播间》《决胜制高点》
广东卫视	《广东新闻联播》《直播全球》《全球零距离》《社会纵横》《今日关注》（粤语）
凤凰卫视	《凤凰午间特快》《凤凰正点播报》《军情观察室》《今日看世界》《一虎一席谈》《华闻大直播》《新闻今日谈》《时事直通车》《有报天天读》《凤凰早班车》《环球直播室》《周末子夜播报》
山东卫视	《调查》《道德与法治》《早安山东》《此时此刻》
甘肃卫视	《午间 20 分》《今日聚焦》
四川卫视	《今日视点》《汇说天下》

【知识拓展】——央视新闻频道发展脉络梳理

1. 成立初期

2003 年 7 月 1 日，中央电视台新闻频道正式播出。开播伊始，新闻频道实现了每天 24 小时不间断播出，建立了"整点新闻＋现场直播＋字幕新闻"的播报模式，实现了"今天的新闻今天报道"向"现在的新闻现在报道"的转变。央视新闻频道以"第一时间，第一现场，第一需要"为频道理念。新闻频道开播不久，便相继直播了美国总统布什驾战机飞临"林肯号"、伊拉克战事基本结束、土耳其地震等重大事件，特别是在"非典"疫情期间连续不断地大篇幅直播，为观众及时获知最新消息发挥了重要作用。

2. 快速成长阶段

随着新闻频道的不断发展，一些问题也逐渐暴露出来。2004 年，央视新闻频道裁撤了《亚洲报道》等反响不高、收视不好的栏目。经过三年的市场培育，新闻频道于 2006 年进行了第四次改版。改版后的新闻频道设有大量的专题栏目，包括新闻评论、新闻调查、舆论监督和民意调查等各种节目形态。

3. 提升专业化阶段

随着新闻竞争的白热化、媒体声音的多元化和报道角度的多维化，新闻解读和新闻评论深度化成为央视新闻频道改版的重点和主线。以白岩松担任主持人的《新闻1+1》直播栏目为核心的晚间新闻评论板块获得高度重视。央视新闻频道在经历了 2008 年暴雪灾害、汶川地震、奥运会等重大事件的洗礼后，节目制作日趋常态化、规范化。在此之后，新闻频道的发展有了一个成熟的框架和发展目标，形成了三大类型新闻节目（新闻直播类、专题新闻类和新闻评论类节目）三足鼎立的局面。

（二）民生新闻的地方特色

20 世纪 90 年代以来，市场经济的发展打破了传统的一体化文化主流，人类生存世俗趣味及物质欲望要求的合理性得到肯定，由此促成了大众文化的迅速发展。民生新闻正是大众文化在 21 世纪的一个新的诉求形态，它把大众文化的理念嫁接在新闻的形式之上，掀起了"我国电视发展的第三次革命浪潮"。在传统走向现代的现实语境下，作为一种具有中国特色的新闻传播方式，民生新闻"根植在民众日常生活世界"的理性操作，毫无疑问会对主体行为产生最为直接和深远的影响。

民生新闻是指关注老百姓衣食住行等生活问题的新闻栏目。民生新闻的出现不仅丰富了节目内容，还拉进了节目与观众的距离。因此，各个电视台都推出了以关注民生为宗旨的新闻节目，由此来加强对民生问题的关注。民生新闻是与百姓生活衣食住行息息相关的，不同地区的民生新闻侧重点也有所不同，因此，当下的电视民生新闻在努力结合地方特色的同时不断创新，力求从地方性、接近性出发，满足观众的实际需求。同学们在进行新闻类节目的模拟训练时，也可选择所在城市、所在区域、所在校区的各类民生话题制作新闻节目。

（三）方言类新闻节目的发展瓶颈

各地方言由于地域亲切感明显，一直受到各种类型节目的追捧。方言类新闻节目是指新闻播报员使用当地方言进行新闻播报。2004 年元旦，杭州电视台西湖明珠频道开播的方言新闻节目《阿六头说新闻》是方言化新闻节目出现的标志，随后出现的《新闻日日睇》（广州电视新闻频道）、《经济麻辣烫》（四川电视台）等方言新闻节目，均获得了较高的收视率。方言类新闻节目受欢迎绝非偶然，新颖的节目形式、未变的民生内容，再加上方言说新闻的播报形式是其成功的关键。但是，方言类新闻节目经历过 2004 年的热播潮后，节目发展便遇到了瓶颈，方言类新闻节目有其生存和发展空间的局限性，如存在"话语霸权"、"过分还原生活"、"娱乐化和同质化"等问题和局限性。

同学们在实训环节比较喜欢尝试用方言录制新闻节目。各个高校的大学生来自全国各地，有不同的文化差异、语言特色，充分利用这些语言优势制作新闻节目，不仅丰富了节目样式，还会达到很好的文化交流的效果。但在练习过程中，同学们切忌只为了夸张娱乐而使用方言，一定要确保通过方言转述的节目内容有意义，同时还要配好字幕以方便观看者理解。

第二节　新闻类节目实验教学内容

掌握了新闻类节目的概念与分类，在具体实验操作中，便可依据其自身特点来完成对新闻类节目的多讯道实训练习。本节内容将对其核心要素进行分析，并系统讲述新闻类节目工程化实训操作的方法与步骤。

一　实验操作的目的及意义

之所以将新闻类节目放在实验教学的初始环节，主要是与多讯道实训练习难易程度有关。新闻类节目相较于其他类型电视节目，无论在场面调度上，还是在环节设置上，都显得较为简单，易于学生在接触多讯道的初期进行实训练习。因此，通过对新闻类节目的实训练习，可以先培养同学们的导播意识，让同学们可以熟悉多讯道节目制作的具体模式，并且能够熟练操作多讯道相关设备，从而为之后其他节目类型的实训练习奠定基础。

尽管新闻类节目的操作相对简单，但如何让其节目呈现方式变得更为多元、丰富，也是在实训中需要重点考虑的问题。例如，在视频讯号来源中，除了现场摄像机提供的画面，同学们也可以事先制作 VCR 作为新闻素材以丰富节目内容，同时还可设计节目 LOGO、图形图表等。因此，对新闻类节目的多讯道制作，不能仅仅停留在现场与演播室之间简单的切换与调度。

二　新闻类节目实训制作要素分析

（一）话题

新闻类节目具有时效性与客观性的特征，因此，话题的选择是否紧扣时代脉搏，成为至关重要的前提。新闻类节目话题的选择应依据节目类型进行选择，例如，评论类或专题类新闻节目，话题的选择则需要考虑是否具有深入探讨性，是否具有一定的广度和深度，是否能够引起受众的关注与思考。下面是各类新闻节目对话题选择的一般规律，但需要强调的是这些规律并非定式。

节目类型	话题选择
消息类 新闻节目	短消息：世界新闻、实况转播； 长消息：党政工作、热点事件、焦点事件、头条新闻。
评论类 新闻节目	1. 宣传动向，如：两会专题、"最美妈妈"； 2. 网络热议（网络事件），如：直播捐赠后又收回捐赠物品； 3. 社会现象，如："校园裸贷——学生心中的阴影"； 4. 重大事件，如：动车事件、重庆公交车坠桥事件等。
杂志类 新闻节目	1. 党政工作的大局，如：长江三峡大工程、广东大亚湾核电站； 2. 群众关心的民生、经济问题，如：关于物价问题的透视； 3. 舆论监督社会热点焦点事件，如：伪劣化肥曝光记。
专题类 新闻节目	1. 事件类专题。突发事件，如：甘肃舟曲发生泥石流、汶川地震抗震救灾专题等； 2. 主题类专题。可预见的主题，如：党的十九大专题、2019年香港金像奖专题等； 3. 挖掘类专题。如：千龙网的《每日主打》等； 4. 栏目类专题。不特定的事件、人物，但围绕同一主题，很多资讯性专题，如：《出国完全手册》、《自驾车指南》等属于此类。

（二）现场呈现

新闻类节目的现场呈现因节目自身属性会有一定的局限性，呈现效果略显简单，通常由主持人演播室播报加播放 VCR 组成。主持人的工作可由一人完成，也可由两人或者两人以上组合的形式承担。在有些新闻类节目中，导演还会邀请特约评论员、嘉宾、当事人等共同参与节目的讨论，因此，在人员的呈现上可依据不同的节目类型进行设定。外景 VCR 通常是由导演组事先制作完成好的，它只需要在节目进行的过程中，在主持人播报内容最适当的时机及时切出即可。

随着科学技术的进步，新闻节目现场呈现的局限性也得到了进一步的解决，新闻节目可通过提升演播室的硬件设施为观众呈现更为丰富美观的现场效果。例如改版前央视《新闻联播》的演播室室内面积约 50 平方米，高度为 3 米，属于小型演播室。演播室主要是使用三基色冷光源灯布光，以工作环境为背景，中间采用中空玻璃隔断而成的开放演播室形式，虽然略显单一，但仍能给观众一种真实自然的感觉。而之后改版的《新闻联播》新演播室，则引进了超高分辨率的 LED 屏幕。该显示屏仅有 2.9 毫米像素点，而在此之前，最高分辨率的像素点是 4 毫米，这成为整个演播室最大的亮点。该演播室由虚拟场景和实景结合制作，更好地呈现了新闻现场和新闻直播的状态。新演播室的 LED 系统保持长期作业，不会断电。该演播室采用圆形元素敞开式设计，呈一个半开放的办公状态，演播台与办公桌交相辉映，主持人与普通员工共处一室。观众在观看《新闻联播》时透过玻璃墙能看到一个可容纳 75 人的新闻编辑部。

（三）主持人

无论是什么类型的新闻节目主持人，都应根据节目定位，形成自己的主持风格。例如，陈鲁豫在《凤凰早班车》首创的"说新闻"主持模式，使受众听起来轻松又不失干练，娓娓道来而不失明快，给受众留下非常深刻的印象。主持人通过说新闻的播报方式，与观众进行面对面的平等交流，更具说服力和感染力。目前，我国新闻类节目主持人的风格类型大致有四类：一是标准的"播音腔"主持，例如央视的《新闻联播》，规范庄重，严谨生动；二是"说"新闻的主持风格，前面提到的陈鲁豫的主持便是最好的例子；三是带有强烈感情色彩的说、评结合的主持风格，例如《有报天天读》的主持人杨锦麟；四是朴素、平民化的主持风格，例如前《焦点访谈》的主持人敬一丹。作为新闻类节目的主持人，除具备基本的主持素养之外，还应该增强自身储备知识与社会责任感，做到客观公正。通常主持人的言论一旦有一点语义上的偏差，由此引发的舆论导向就有可能会引发严重的后果。中央电视台以及各地方电视台对于主持人在播报中的失误都有明确的奖惩规定，规定之严足见新闻类节目对于主持人口语表达的要求之高。

三 操作步骤与流程

（一）实验创作教学与准备

1. 话题选择

在新闻类节目中，话题的选择关系着整个节目中所有内容的选择与走向，学生在选择话题时要慎重考虑，不仅要顾及新闻节目本身所具有的特点，如严肃性、及时性等，同时更要考虑到所选话题在实训环节的可操作性，尤其是所选话题能否在高校现有资源条件下顺利展开。

学生在确定本组的话题之后，即可开始进行相关内容的搜集和整理。如若学生所要播报的是校园新闻，那么，就要求学生在确定话题后，针对这一话题进行采访和前期的视频编辑，并撰写解说词。如若播报内容为国内外要闻大事，则需要学生进行系统的搜索和整理，使所选内容能够紧扣话题。

国内外	校园内
2017年9月，在福建厦门举办金砖国家领导人第九次会晤。	2017年9月27日，西北民族大学大学生实践创新中心开启面向2017级新生的纳新活动。
2017年是香港回归20周年，2017年3月26日，香港特别行政区将推举新一届行政长官。	西北民族大学2017年"秋季校园招聘会"于2017年10月10日在榆中校区篮球馆举行。
2017年，中国人民解放军迎来建军90周年。	全国大学生田径锦标赛于2017年7月20日在西北民族大学榆中校区举行。

续表

2017 年 8 月 8 日，四川阿坝州九寨沟发生 7.0 级地震。	2017 年 5 月 25 日，西北少数民族地区媒介生态研讨会在西北民族大学召开。
2017 年 10 月 31 日，平昌冬奥会圣火交接仪式在希腊首都雅典举行。	2018 年 6 月 29 日，大型红色经典话剧《江姐》在西北民族大学大礼堂精彩上演。
2018 年 6 月 23 日，在国际田联世界田径挑战赛马德里站的男子 100 米决赛中，中国选手苏炳添以 9 秒 91 的成绩夺得冠军。	2018 年 11 月 6 日，西北民族大学新闻传播学院举行华夏符号传播研学坊启动仪式和第一次研学沙龙。
当地时间 2019 年 4 月 15 日下午 6 点 50 分左右，法国巴黎圣母院发生火灾，火情迅速蔓延，塔尖在大火中坍塌。	2018 年 9 月 15 日，中国新闻史学会少数民族新闻传播史研究委员会 2018 年常务理事会议在兰州召开。

2. 主持人的选择

专业机构对新闻类节目主持人的选取，不仅要求主持人有足够的新闻敏感度、灵活的协调应变能力、良好的心理素质和广博的知识储备，更要考察主持人是否具有过硬的语言表达能力，从而确保主持人在节目播出时尽量减少播报失误，甚至达到零失误。同学们在高校的实训练习中，也会对新闻类节目的主持人提出过高要求，导演组更希望能够找到相对专业的同学来完成对此类型节目的实训练习。部分高校中会开设播音主持方向的专业，同学们可根据需要邀请播音主持专业的学生共同合作。当然，如果学校内没有开设此专业，同学们也可从校园活动的主持人中进行挑选。另外，主持人也可以从班级、团队中有主持经验的人中选择。新闻类节目风格严谨，节奏紧凑，对主持人的口语表达能力要求较高，但在本门课程的实训环节，主持人的专业与否并不是硬性指标，导演组更应该注重的是如何通过节目的练习实现对多讯道的熟练操作。

3. 分镜头脚本设计

分镜头脚本的写作方法是从电影分镜头剧本的创作中借鉴而来，一般按镜头号、机位、镜头运动、景别、时间长度、画面内容、声音、音乐音响、备注的顺序，画成表格分项填写。对有经验的导演，在写作格式上也能灵活掌握，不必拘泥于此。新闻类节目在进行分镜头写作时，尤其要注意导播与主持人间的互动，何时播稿、何时播放新闻短片要有准确标识，以便主持人能够及时调整状态，准确把握播报时间，更好地应对突发状况。

镜号：即镜头顺序号，按组成电视画面的镜头先后顺序，用数字标出。它可作为某一镜头的代号。

机位：导播使用哪一个机位的画面便在分镜头里标注清楚。设计机位一方面可让导播事先对镜头有所设计，另一方面摄像在仔细阅读导播所做的镜头设计后，也可做到心中有数，进而明白自己所操作的机位大致会有哪些作用。

镜头运动：包括镜头的运用——推、拉、摇、移、跟等，镜头的组合——淡出淡入、切换、叠化等。

景别：根据内容需要和情节要求，反映对象的整体或突出局部。一般有远景、全景、中景、近景和特写等。

时间长度：也就是单个镜头所用时间，通常情况下单个镜头的时长不应该超过七秒，但新闻类节目中同样也不需要快节奏的频闪镜头。

画面内容：详细写出画面里场景的内容和变化，设计出简单的构图等，用于区分节目内容如何通过镜头分隔开。

声音：按照分镜头画面的内容，以文字稿本为依据，将其撰写得更加具体、形象，对于一些特殊的现场音、同期声，要作重点标注，尤其是以主持人说话内容为切换点的地方，一定要作详细标注。

音乐：在节目中的不同时期应使用什么音乐，应标明起始位置。

音响：也称为声响效果，它可用来营造身临其境的真实感，如现场的环境声、雷声、雨声和动物叫声等。

备注：之所以设备注一栏，主要为了给导播留有可做特殊交代的地方。

【2014 年 3 月 23 日中央电视台《新闻联播》分镜头脚本分析】

镜号	机位	景别	镜头运动	画面内容	图示
1	2	中近景	固定	两位主持人开场，并介绍主要内容。	

续表

2	无	VCR 画面	导播直接切入画面	新闻片《习近平会见荷兰国王》，主持人配音。	
3	1	近景	固定	康辉播报新华社通讯。	
4	无	VCR 画面	导播直接切入画面	主持人进行画外播报。	
5	3	近景	固定	海霞播报《以先锋模范为镜》专题人物报道。	

4. 机位设置

新闻类节目的机位设置较为简单，一般的新闻类节目通常设有三台机位，1号机、3号机给主持人中近景，2号机给全景。2号机主要负责两位主持人的全景或中景，1号机主要负责左侧主持人的中近景，3号机主要负责右侧主持人的中近景。

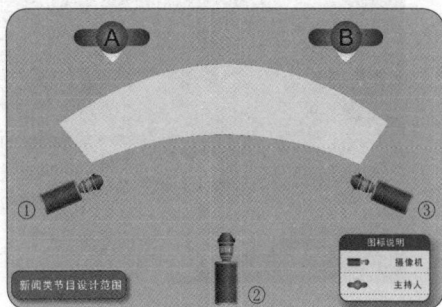

【学生实操案例的机位功能分析图】

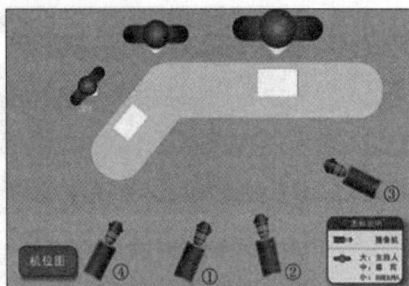

机位图

图一

1号机主要负责主持人单个中近景和近景镜头。（见图一）

2号机主要负责主持人和嘉宾的双人中近景镜头（见图二），以及嘉宾单个近景镜头（见图三），2号机还要关照到两人交流镜头。

图二

图三

3号机主要负责台上左侧的助理主持人中近景或近景镜头。（见图四）

3号机还负责助理主持人和嘉宾的关系镜头。（见图五）

1号机、3号机还要负责提供关系镜头。

图四

图五

4号机摇臂主要负责主要提供全景和大全景，同时还可为节目开始和结束提供运动镜头。（见图六）

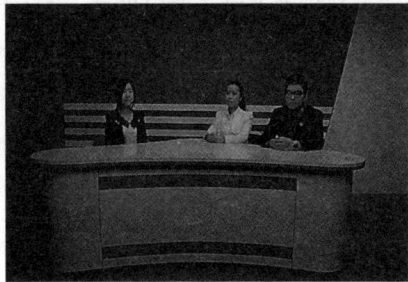

图六

5. 提词器的使用

在新闻类节目的制作中，正对主持人的摄像机会在镜头前设置提词器，提词器通过一个高亮度的显示器件显示文稿内容，并将显示器显示内容反射到摄像机镜头前一块呈45度角的专用镀膜玻璃上把台词反射出来，使主持人在看词的同时，也能面对摄像机。主持人、提词器、摄像机、三脚架支撑在同一轴线上，从而产生了主持人始终面向观众的亲切感。主持人眼睛看着提

词器，由提词器后的摄像机拍摄，从摄像机上看，即主持人在对着镜头说话。

注意事项：

（1）在安装调试环节要仔细检查设备、线路、电脑等方面是否正常，不可安装好就直接进行直播演练。

（2）将相关的文稿在控制软件中调整好，要结合主持人的实际情况设置好字体大小、颜色、速度等参数。

（3）使用前要将分光镜的角度、立杆高度调试到合适位置。

6. 彩排演练

新闻类节目的彩排更多地体现在主持人对新闻稿的熟悉程度，以及导播与主持人的配合默契程度。学生在实训练习阶段可根据需要选择彩排演练的地点、时

间和次数。彩排的目的是找出漏洞并及时改正，让正式开始的节目顺利进行并达到最佳效果。一般可将其彩排分为两个阶段。

第一阶段：可在演播室外排练，由导演组负责，让主持人和嘉宾熟悉节目流程。主持人与嘉宾需要对整期节目进行完整演练，导播助理需记录下排演中出现的问题并在与导播商议后一一解决。如果实验室条件允许，还可在演播室排练。导演此时必须想好摄像机置于场景中的什么位置、摄像机与主持人之间的位置关系应怎样安排。导播团队还应该计算出整期节目和各个段落的时间长度，为摄像机的长距离运动、播音员的引语和结束语、开头和结尾的字幕留出足够的时间。

第二阶段：带机排练。主持人通过耳机直接收听导播指令，导播告知主持人何时该播报什么信息，以及什么时候要切入新闻片，主持人可在导播切入新闻片时及时调整自己的状态，此时可录制节目以备直播时使用。在排练过程中，导演还要关照到主持人对镜头的寻找，主持人一定要清楚什么时候应该看哪个机位，这也需要在排练时多加注意。

7. 舞美布置

舞美的任务是美化播音员出镜的效果，使背景和播音员融为一体，营造主题突出的画面。新闻类节目场景布置应以简洁大方为主，设计一个既时尚又实用的

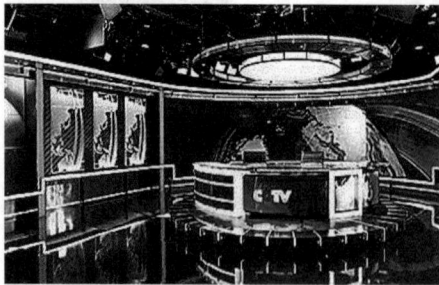

演播室，是灯光、舞美与最新设备的有机整合。在节目的 LOGO 设计、主持人的服装搭配上要求必须能够符合新闻节目的话题要求及节目特色；在演播室的墙面与天顶，应尽量使用具有吸音作用的材料进行装饰，以防止播音员的声音产生回响；在舞美背景的选择上，不能选用带有反光的材料进行装饰，色彩的过渡不宜跳跃过大，背景光、人物光、修饰光等不同角度的光不能互相干扰，要确保整体出镜的效果。

8. 视频的使用

学生在制作校园新闻时，可在传统新闻节目形式上进行创新，在新闻节目中加入一些主创人员自制的视频，以丰富节目内容。这里的视频使用主要包括两个方面的内容。一方面是新闻片的剪辑制作应以前期的采访文案为依据，与主持人现场播报文稿内容相符，整个新闻片要简明扼要，逻辑清晰。新闻片中至少要包

含新闻标题、同期声字幕、节目LOGO水印等要素。同一期新闻节目中，新闻标题、同期声的字体、大小、位置（在配同期声字幕时每段字幕字数最好不超过13个字，这样画面整体会显得更整洁，也方便观众阅读），以及LOGO的摆放位置应保持一致，这样才能保持一期节目的完整性和整体风格的一致性，从而加深观众对节目的印象。

另一方面是学生优秀视频的展播。作为校园新闻节目的创新和亮点，展播优秀学生作品不仅能够丰富新闻播报内容，同时也能够向学生展现更为多元化的校园生活，激发学生的实践创新热情，为学生如何丰富课余生活、拓展知识提供建议。因此，在进行学生优秀视频的展播时，应注意所选视频能否反映社会现实或校园生活，能否在学生的生活学习方面提供正面积极的指导意义。当然，学生也可依据当时当地的热点话题，或大学生群体较为感兴趣的领域自制视频内容。

（二）实训现场操作

在新闻类节目的录制现场，由于节目大都模仿直播的形式录制，因此，需要整个团队在现场密切配合、无缝对接。不同类型的新闻节目，在结构上都能够被总结为最简单的"开场——节目进行（分段落）——结束"的模式。但不同类型的新闻节目，也会有细微的差别，因此，学生们在具体练习过程中，要能够区分清楚节目自身存在的差别。

1. 各类型节目操作流程

新闻播报节目，如《新闻直播间》、《新闻联播》，在开场简单播报日期、时间后，通常会直接开始大量新闻消息的连续播报，中间穿插新闻短片的播放，结束方式也非常简短。新闻评论、专题节目则需要在开场时引出本期节目的话题或主题，使观众明白本期节目所要探讨的内容是什么，接着才能正式开始。不同于新闻播报节目中主持人播报与新闻短片的直接交叉，新闻评论、专题节目需要按照故事的叙述方式，有逻辑地编排短片的播放顺序。节目结尾可以根据已知事实，或评论，或提出疑问来为整个节目收尾，而此时提出的评论和观点也是与开头所讲话题形成了首尾呼应的效果。

2. 具体注意事项

第一，同学们需要熟练掌握导播间及提词器等设备的操作。尽管新闻类节目对舞美要求相对较少，但同样要细致布置，需将LOGO等辅助道具安排妥当。

第二，在录制开始前，导播应再一次与主持人完成对稿工作，此次对稿，强调主持人与导播之间应将新闻播报顺序作最终确认,确保录制过程能够流畅进行。在导播与主持人对稿期间,小组其他成员要按照机位图放好摄像机,并检查好现场所有设备,确保所有设备能够正常运行。

名称	案例	开头	内容	结尾
新闻播报节目	《新闻联播》	时间、日期	播报新闻、插播新闻片。	"以上是今天《新闻联播》的主要内容,感谢收看"结束。
新闻专题节目	《焦点访谈》	提出问题,引出话题内容。	分析问题、演播室主持人评论(1分钟左右)+ 新闻事实及陈述(10分钟左右)+ 演播室主持人评论(1分钟左右)。中间插播新闻片,有时可加入评论员评论,最后解决问题。	总结、引导舆论。
新闻杂志节目	《新闻周刊》	以热点事件历史、缘由引出话题,加入新闻回顾板块。	分为本周视点、本周人物、本周声音、本周特写四个板块,主持人播报加评论,同时配合新闻片的播放。	回归现实,以出台的最新政策,解决办法或评论、期望结束,并点出下周关注的新闻信息。
新闻评论节目	《新闻1+1》	新闻片的播放引出本期话题内容。	主持人阐述事件,插播新闻片,主持人、新闻观察员共同对重大的、热点的时事话题进行探讨,现场连线进一步深入话题。	主持人简单总结,本期话题结束。

第三,节目录制当中,导播可用耳机与主持人进行有效沟通。同时,一定要确保主持人在机位切换过程中视线始终正对镜头(Tally 灯)。

第四,做好组员分工,确保小组每位成员都能涉及各个工种的具体操作。新闻类节目相对简单,人员分工可按照以下表格进行。

导播	导播助理	一号机	二号机	三号机	现场导演	LED 操作
张晴晴	卢胜南	龙睿	成孟春	李天霞	史明铭	孙士茹

第五,在节目的开始和结尾可使用轨道、摇臂等辅助设备完成对于节目内容的引入和带出,从而丰富画面内容。

第六,导播需掌握镜头调度的频率,单个镜头时间不宜过长,以平均7—10

秒为宜。

第七，导播切换时不需要出现特写镜头，景别的变换以中近景为主，辅以全景镜头。

第八，尽量保证画面随说话主体移动，选择好过渡的画面来转换镜头。例如在新闻评论类节目中，主持人说话时间较长时，可用嘉宾聆听的镜头做过渡，从而避免长时间一个机位的单一感。

【知识拓展】——TALLY 灯

在演播室里，TALLY 系统起着非常重要的作用，它通常以字符或指示灯的形式出现在摄像机头、摄像机寻像器和电视墙上等系统节点，分别给主持人、摄像师和演播室制作人员予以提示，告之当前导播在视频切换台所切出的 PGM 和 PVW 信号是什么。通过视觉提示来协调各个岗位的工作人员，及时了解节目的进展状态。

TALLY 指示是根据发光二极管发出的不同颜色的光指示导播台当下正在切换使用的是哪一讯道的视频信号。TALLY 灯的具体表示如下：绿灯（也有橘色）表示在 PVW 模式上，即下一个切换的视频信号就是这个机位。红色表示在 PGM 模式上，表示这个机位的视频信号当下正在使用中。当前演播室系统 TALLY 信号的应用已经不再是传统意义上简单的播出提示功能的作用，动态 TALLY 技术提供了丰富灵活的演播视频信号状态信息，为系统的智能化控制提供了有力的保障，有了它，演播系统能适应更多的节目类型，发挥更大作用。

第三节　典型学生案例分析

一　案例呈现

《要闻 15 分》策划文案

（一）节目设定

1. 节目名称：《要闻 15 分》

2. 节目类型：新闻资讯类节目

3. 节目目标：《要闻15分》作为一档新闻资讯类节目，采用两位主持人轮流播报的形式，整合国际、国内的热点新闻和时事资讯，播报校园内的新闻及最新动态，并适当增加在校大学生的相关资讯和作品展映，形成严谨且不失简洁明快的节目风格。

4. 节目宗旨：新闻热点适时更新，各类要闻一览无余。链接国际、国内热点新闻事件，播报校园新闻和最新资讯、动态，彰显当代大学生的青春与风采。

5. 节目定位：

（1）内容定位：分为正常工作日版（周一至周五）和周末特别版（周六周日）两版播出。正常工作日版主要包含两大部分内容，第一为国际、国内热点新闻报道，第二为校园最新动态及新闻报道，以及与当代大学生相关的社会大事件及相关资讯等。周末特别版在相应缩减校园新闻播报比例的前提下，增设第三部分，内容为在校学生的作品展映，以视频作品的展映为主，也可根据实际情况播报其他优秀的学生作品等，将集中展示出在校大学生的实践创新成果，彰显青春、个性，凸显其学识与能力。

（2）受众定位：作为一档校园新闻节目，受众主要定位为西北民族大学在校师生，在做好受众市场调研的基础之上，合理进行板块的安排与设置，尽量满足在校师生的需求。

6. 节目特点：《要闻15分》在国际、国内新闻方面具有概括性和精练性，选取最具价值和影响力的相关新闻内容，以简要的方式进行播报。在校园新闻方面具有详尽性和深度性，播报学校一天内的最新动态、新闻及前沿讯息，并在适当时段加入与大学生息息相关的外采和深度剖析、评论等内容。在学生作品展映方面独具创新性和可视性，主要是放映优秀的学生视频作品等，展现在校大学生的青春和风采，为受众展现多元的栏目形式和多彩的校园生活。

总体来看，《要闻15分》具有时效性强，内容囊括性广，可视、可读性高等特点。

7. 学生视频作品要求：采用全校征集的方式，一般为获奖作品或是相对优秀的作品。内容要求积极向上，可以展现当代大学生的青春与风采，反映大学生校园生活，或者针对社会热点所引发的人们的思考和行动等主题，向在校师生传播社会正能量和积极有用的信息。

8．人员分工：

A．前期：文案策划、编辑、舞美设计、舞台布置

策划、编辑人员各两名；

B．中期：彩排、正式导播和拍摄录制

导播、导播助理、现场导演、灯光控制人员各一名，LED与音效控制人员两名，摄像人员三名，主持人两名；

C．后期：采集、后期制作、剪辑、正式播放

后期制作与剪辑人员共两名。

9．设备需求：切换台相关设备（一套）、摄像机（三台）、倒计时牌（一个）、话筒（五个）、提词器（一台）。

10．舞美设计：

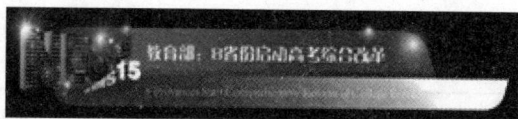

（舞台大背景）　　　　　　　　　　　　　（台标、脚标）

11．新闻的前期准备：

作为一档日播新闻资讯类栏目，国际、国内新闻都是在各官方媒体中筛选的新闻稿件，由一名编辑整理编辑好后，交由另一名编辑按新闻的要求再进行润色、编辑，并据报道的主次、详略等进行顺序的安排。校园新闻主要由两名编辑登录校园官网整理编辑好校园一天内的最新动态和新闻，还可联合校园网和校广播台的管理人员，向他们征用相关稿件，并适时从中选择热点话题做一些外采、深度剖析和评论的内容。

要提前备好所需放映的新闻图片、视频VCR、新闻背景图片和台标，并统一做好调整和编辑，如出现位置和大小等。在后期制作同期声字幕时要注意字体、字号以及统一位置，在撰写同期声字幕时，每行尽量不超过13个字。

在学生作品展映方面，需在周一至周五做好征集和整理工作，并事先调整好视频格式，计算好视频长度，安排好视频播放顺序，以供周末节目录制时正常播出。

12. 制作周期：

前期：文案策划、编辑、舞美设计、舞台布置

中期：彩排、正式导播和拍摄录制

后期：采集、后期制作、剪辑与播放

13. 节目时长：15 分钟

14. 播出时间 / 次数：日播，每晚 6:30—6:45

（注：周末推出特别版块）

（二）节目流程

内容	时间
内容提要	1—2min
"新闻世界观"（国际、国内新闻）	5—6min
校园新闻	7-9min/2—6min（周末特别版）
学生作品展映	3—5min（周末特别版）

（三）职员表

策划	编辑	导播	导播助理	现场导演	主持人	LED与音效	1号机	2号机	3号机	灯光	后期制作
卢胜南、高家霖	龙睿、李天霞	高家霖	李翠竹	龙睿	孙歌、王侃	卢胜南	李天霞	史明铭	唐煜鑫	宋育周	唐煜鑫、史明铭

（四）导播应注意问题

A. 导播要从宏观上把握节目的整体节奏

1. 在前期，要将节目的文本方案改写成为分镜头的导播工作台本，明确导播方案，并对节目的流程和内容予以充分了解。

2. 在导播间内，要先落座导播台，佩戴好耳机，与各位摄像师及现场导演确认通话设备是否畅通。

3. 应熟练掌握导播口令，达到简明有力的标准，并要适当地按节目内容及

录制的相关细节，在导播工作台本上注明相关的导播口令。

4. 新闻节目是有严格的时间限制的，因此，导播一定要把控好时长的问题，充分考虑到主持人在播报时可能出现的各种偏差，与主持人做好沟通与交流。

B. 导播在录制过程中掌控好导播流程，沉着应对突发状况

1. 对于突发状况，要和现场导演配合好，积极灵活地应对，做好应急预案。

2. 注意在切换主场和 LED 大屏、电视之间的频率和时间，并与 LED 大屏的控制人员、现场导演做好协调与沟通。

3. 事先与摄像师进行沟通，做好机位的设计和安排，最好画出简要的机位图，并对分镜头脚本进行相应的调整和优化。

4. 做好导播的录制工作，控制好录制器，在录制前应先清空存盘的全部内容，根据现场导演的倒计时牌按下录制键"REC"，并记得在节目录制结束时按下"STOP"，结束后要拷好录制素材，做好采集工作。

5. 注意保持导播台的清洁，录制结束后，检查其按键和旋钮等。

（五）分镜头脚本

1. LED 大屏播放新闻片头，先切片头；

2. 演播室内：

镜号	机位	景别	技巧	画面	解说	音乐
1	3号机	近景	固定镜头	男主持人	新闻热点→我是王侃	无
2	1号机	近景	固定镜头	女主持人	我是孙歌→新闻播报	无
3	3号机	近景	固定镜头	男主持人	今天是→计划	无
4	1号机	近景	固定镜头	女主持人	下面请收看内容提要。	无

3. 切入新闻提要（图片／视频）；

4. 演播室（周末特别版）：

镜号	机位	景别	技巧	画面	解说	音乐
1	1号机	近景	固定镜头	女主持人	首先→大事件	无
2	3号机	中景	固定镜头	男主持人	9月21日→游行	无
3		无		切入视频、图片画面	当天→30万	
4	1号机	中景	固定镜头	女主持人	联合国→响应	无

5		无		切入视频、图片画面	比利时→环保理念	
6	1 号机	近景	固定镜头	女主持人	布鲁塞尔→工具	无
7	1 号机	近景	固定镜头	女主持人	国内→IPO 诞生	无
8		无		切入视频、图片画面	而上市之后→千万富翁	
9	3 号机	近景	固定镜头	男主持人	关注→改革试点工作	无
10		无		切入视频、图片画面	9 月 21 日→每年 1 月	
11	3 号机	中景	固定镜头	男主持人	浙江高考→特长生加分	无
12	1 号机	近景	固定镜头	女主持人	下面→要闻	无
13	3 号机	近景	固定镜头	男主持人	9 月 21 日→举行	无
14		无		切入视频、图片画面	中共中央→称号	
15	1 号机	中景	固定镜头	女主持人	2014 年→举行	无
16		无		切入视频、图片画面	来自→主持	
17	1 号机	近景	固定镜头	女主持人	大学生→报道	
18		无		切入视频、图片画面	考研相关视频	
19	3 号机	中景	固定镜头	男主持人	在节目→力量	
20		无		切入视频、图片画面	学生作品展映《少了一个》	
21	1 号机	中景	固定镜头	女主持人	由我校→最佳影片奖	
22	3 号机	近景	固定镜头	男主持人	一架电子琴→花铅笔	
23		无		切入海报图片画面	一群孩子→为官之道	
24	3 号机	近景	固定镜头	男主持人	9 月 23 日→一举夺魁	无
25	1 号机	近景	固定镜头	女主持人	作品《候》→健全人	无
26		无		切入海报图片画面	全家→永远地离开了	
27	2 号机	中景	固定镜头	男女主持人	今天的节目→再见	背景音乐

二　学生自评

《要闻15分》是一档日播新闻时事资讯类（含校园动态报道）栏目，内容主体包括以下三个部分：一是国际、国内今日的要闻报道；二是校园今日的新闻报道，包括校园内各项活动的开展情况，校方最新的管理规定，以及最新的学生考研、工作等时事资讯；三是学生优秀作品展映，多为视频作品的播放。

该节目在播出形式和内容架构上皆有创新。在日常工作日时段（周一至周五），主要播报内容为国际、国内新闻和校园新闻；周末会推出一个特别板块，具体思路为在原有板块设计的基础上，相应地缩短校内新闻的播报时间，增设3—5分钟学生自创作品展映的板块，更加凸显其作为校园栏目的特性。内容分块主次分明，结构明晰，受众主要是西北民族大学的在校师生，因此，在内容筛选和素材选择上校园新闻与动态所占的比例相对较大。

作为一档新闻时事资讯类栏目，涉及国际、国内新闻和校园新闻，所容纳内容较多，素材选择也较为广泛，所以在保证新闻时效性、准确性和可读性的基础上，更要考虑到受众基础，吸引更多、更广的受众。本组所设计的栏目不是作为一档平淡严肃的新闻栏目出现的，而是在传统新闻栏目的基调上，重在体现当代在校大学生的青春与活力，使其更具贴近性和可视感。

具体各个工种对其工作总结如下。

1. 导播

（1）导播一定要熟悉节目内容，准确掌握镜头变换的切换点，在镜头切换上要配合节目自身的节奏，切忌拖泥带水，要用干净利落的切换风格配合新闻类节目自身的特点。

（2）导播要充分考虑"镜头跟随说话人"的切换依据，尤其是对于主持人变换镜头的时间点，导播一定要熟记于心。

（3）在新闻类节目实训练习的过程中，导播要多运用导播口令完成对镜头的切换与调度，不能因为主持人和嘉宾的调度较少，就不发布口令，而应该借由新闻类节目的实训完成对导播工作的反复练习。

（4）在应对现场的突发状况时，需根据具体情况沉稳冷静地应对。

2. 导播助理

（1）要对导播的切换风格有一定的了解，需事先准备好详细的工作台本。在彩排时，导播助理需在工作台本上注明节目每个节点的时间进程和流程安排，以便在录制中随时提醒导播和现场导演调整节目进程。

（2）在录制前务必检查好存储设备是否有足够的空间可供录制顺利进行。

（3）在导播切换过程中应集中注意力并保持安静，导播助理可对照之前整理好的台本，如有遗漏之处要及时提醒导播。导播助理不可过多地干涉导播，影响其调度切换的思路，只需适时的提醒即可。

3. 现场导演

（1）应及时做好导播与现场的沟通，保证节目的正常进行。若需进行现场调度，可利用中场休息时间来安排好相关事宜。

（2）在开播倒计时时，应做好倒计时的工作，并大声喊出，现场倒计时 "10、9、8、7、6、5、4⋯⋯"，最后 "3、2、1" 打手势来完成。

（3）在节目录制结束时，需向导播打手势 "3、2、1" 示意结束。

（4）要注意节目的现场衔接，提前做好应急预案，积极采取措施灵活解决现场出现的各类问题。

4. 摄像（1、2、3号机）

（1）摄像人员需在前期练习中深入了解拍摄技巧和分镜头脚本的要求，事先对拍摄有所预期。

（2）在到达机位后，立即佩戴好耳机，并在开拍前检查好摄像机是否处于开机状态，回应导播，通报已到位并待命。

（3）在录制前打开摄像机的操作旋钮，如云台等，以便摄像机在录制过程中可以轻松自如地完成推、拉、摇、移等拍摄活动。

（4）在录制中，摄像机前的提示红灯亮起，则说明导播已经开始使用该机位的画面，此时切不可随意调整机器，要保证其稳定和画面的清晰、准确。

（5）摄像师应保持和导播的适时沟通，自主拍摄的行为要在导播允许的前提下方可进行。

（6）在录制中，摄像人员不得随意指挥导播，更不可与其他工作人员随意对话，建议将通话耳机上扳，或直接关闭摄像的通话系统。

（7）录制结束后，要注意闭合所有的操作旋钮，确保机身的稳定，检查镜头盖是否盖好，摄像机是否已经处于 "OFF" 状态。

5. LED与音效

（1）提前编辑好LED所需播放的素材顺序，并做好相关的应急工作，准确并熟练掌握节目流程及进度，不得出现提前或延后播放的失误。

（2）注意细节问题，不得将 LED 的操作界面在大屏上播出。

（3）LED 画面和音效需提前做好调试，尽量在录制播放时保持大小一致，并严格按照导播指令，合理选择操作画面和特技效果发生键组合播出。

6. 灯光

（1）各工种的成员间整体协调，在符合节目需要和流程的前提下，制订合理的灯光方案，传达出最佳的节目效果。做好灯光应急预案，积极应对突发状况，随时做出调整。

（2）在录制结束后，检查好设备开关，确保灯光设备全部处于闭合状态。

7. 剧务（舞美）

（1）本组成员应合理制订舞美方案，使舞美的制作与设置不影响节目正常的拍摄进程，组员需提前准备好节目中所需的道具。

（2）本组成员要解决好演员与工作人员的餐饮及其他需求。

三　案例分析与教师点评

（一）案例亮点呈述

《要闻 15 分》作为一档日播新闻时事资讯类（含校园动态报道）栏目，其亮点呈现如下：

1. 播报形式上的创新。在传统新闻类节目平淡严肃的基调上，凸显当代青年大学生的青春与活力，尤其是以工作日的时间界限作了划分。内容结构按照播报形式上的需要也有一定的创新，在内容上既有对新闻资讯的筛选播报，同时还加入对大学生原创内容的关注，严肃与活泼共存，符合当今大学生制作节目的特点。

2. 在一些特殊选题的制作上，能够紧密契合受众需要，针对一些校内新闻与最新动态，如考研季、求职季等与大学生息息相关的社会热点和大事件中进行外采，完成深度剖析或是评论式的报道。

3. 新闻节目以简约、大气为主调，在舞美设计、舞台布置等方面遵循这一原则，主持人背后是由 KT 板制作的"要闻 15 分"背景墙，台标和脚标皆是由简单的线条勾勒出来的，可视感较强，LED 大屏的背景是以蓝色调为主的"要闻 15 分"，简约的背景符合栏目自身定位。

（二）案例不足剖析

同学们在完成《要闻15分》多讯道练习过程中，仍存在以下几方面问题。

1. 新闻素材和内容来源受限。尤其是国际、国内新闻方面，播报"新闻世界观"的新闻内容大多是已经由官方媒体播出的内容，由同学们下载原始视频在原有基础上经筛选后进行简单的重复播报而已。而且部分视频因为原始素材画质较差、转换格式使画质受损等问题，导致节目中播放的部分视频内容清晰度较差。

同学们在板块设计上可尽量缩小这一部分播报的比例，相应增加校园新闻与最新动态的播报比例。对于一些原始视频内容质量不高的国内国外新闻，可更多的采取图片新闻、播音员播报等形式完成。在周末的特别版块，学生作品展映方面，需要负责人员做好相关的征集与整理筛选工作，并保证可以有足够多的作品以供节目播出的需要，因此，除优秀的视频作品外，也可以相应地收集其他的各类优秀作品进行展映。

2. 导播调度意识薄弱。由于新闻类节目画面相对固定，演播室内的画面主要是主持人与嘉宾的固定镜头切换，而且由于人物在落座后基本是固定不动的，因此，导播不需要有太复杂的场面调度。但这并不意味着导播可以完全不调度，很多同学在实训练习环节，常常忽视了对镜头的调度，单个镜头可持续30秒以上，这样单一的画面会让观众产生乏味的视觉体验。

同学们在录制新闻类节目时，可视内容进行镜头切换。如果是单一主持人的节目，可适当变换景别，或者切入VCR；如果是多人对话场景，除变换景别外，还可在一方说话时切换听者的反应镜头，从而避免长时间单一机位的单调画面。

3. 在拟直播的练习中，团队协作便显得十分重要，直播节目难免会产生各种问题，加强团队的默契程度是规避直播问题的关键所在。在同学们练习的过程中，由于采用轮岗实操的方式，这就需要每一位同学都必须掌握好各个工种的相关技能，否则可能在其他同学担任导播的过程中，就会因个别同学的不熟练而影响整组同学的成绩。

4. 在新闻类节目中，导演组在前期应对稿件的筛选和利用予以高度重视，并非所有的新闻都适合在学生实训练习中出现，很多话题可能具有很强的新闻价值，但并不具有操作性，这时就需要导演组仔细考虑。

【附一】《要闻 15 分》策划样案（2014/9/21，周末特别版）

片头（LED 大屏）

（首先是要闻片头，不需要播音员出场和说话，直接进入，LED 大屏播放，同时配背景音乐，2 号机直接切 LED 大屏即可）

片头结束，播音员出场（灯光全部亮起）

男：新闻热点适时更新，15 分钟要闻一览无余。大家好，欢迎收看今日的《要闻 15 分》，我是王侃。

女：我是孙歌，我们现在正在西北民族大学演播室为您带来今日的新闻播报。

男：今天是 2014 年 9 月 21 日，农历的八月廿八日，即将迎来的便是"十·一"的国庆长假，外出的朋友还望注意出行安全，提前做好出行计划。

女：下面请收看内容提要。

内容提要：

（国际新闻）

9 月 21 日，联合国秘书长潘基文在纽约参加呼吁关注气候变化问题的大规模民众游行，联合国气候峰会 23 日举办在即。

（国内新闻）

9 月 21 日，中国电商巨头阿里巴巴在美国纽约证券交易所上市。这次阿里将达到 218 亿美元的融资额，同时标志着美国融资额最大的 IPO 诞生。

9 月 21 日，上海与浙江同时公布了高考改革试点的方案。两地高考改革方案都采用"3+3 模式"，统一高考招生共 6 门科目，3 门必考科目均为语文、数学和外语，并且上海明确明年起将取消特长生加分。

（民大新闻）

9 月 21 日，第五届全国杰出专业技术人才暨全国专业技术人才先进集体表彰大会在北京举行。我校"民族信息技术研究团队"荣获"全国专业技术人才先进集体"称号。

2014 年 9 月 19 日至 21 日，第九届中国英语写作教学与研究国际研讨会在甘肃省兰州市甘肃国际大酒店举行。

女：首先让我们进入"新闻世界观"，关注今日的国际、国内大事件。

男：9 月 21 日，联合国秘书长潘基文在纽约参加呼吁关注气候变化问题的大规模民众游行。当天的游行是纽约"气候"活动的一部分，也是为了呼应将于

23 日在纽约举行的联合国气候峰会。据主办方统计，当天参与游行的人数就超过了 30 万。

女：联合国气候峰会举办在即，世界各地也都积极响应。

比利时首都布鲁塞尔在 9 月 21 日开展 2014 年"无车星期日"活动，鼓励市民乘坐公共交通出行，树立绿色城市交通的环保理念。布鲁塞尔每年 9 月的一个周末都要举行"无车日"活动，期间市民可选择公共交通、骑自行车、滑轮滑或步行等方式出行，而且，市民当天可免费乘坐公交、地铁等市内公共交通工具。

女：国内新闻方面佳讯频传，这也是一个振奋国人内心的消息。

9 月 21 日，中国电商巨头阿里巴巴在美国纽约证券交易所上市，这次阿里将达到 218 亿美元的融资额，标志着美国融资额最大的 IPO 诞生。而上市之后，阿里巴巴的市场估值更是达到了 1680 亿元，这意味着马云成为了新的中国首富。而且，阿里巴巴的 11000 多名持股员工，预计每人平均可套现 422 万美元，约合人民币 2951 万元，阿里一夜之间造就了千名千万富翁。

男：关注完金融界的热点新闻，让我们把视角转向民生方面，关注中国大考——高考的改革试点工作。

9 月 21 日，作为高考改革试点的上海，与浙江同时公布了试点方案。上海试点方案的总目标是形成分类考试、综合评价、多元录取、程序透明的高等学校考试招生模式。两地高考改革方案都采用"3+3模式"，统一高考招生共 6 门科目，3 门必考科目均为语文、数学和外语。

外语考试每年都举行两次，其中选用一次成绩计入高考。在外语的考试时间上，除了都在 6 月举行一次外，浙江的另一次考试规定在 10 月和选考科目同期进行，而上海另外一次则安排在每年 1 月。

浙江高考总分保持 750 分不变，上海则减少至 660 分，其中语文、数学、外语每门满分 150 分不变，而 3 门普通高中学业水平等级性考试科目每门满分仅 70 分。并且，上海明确明年起将取消特长生加分。

女：下面一起走进大学校园，播报今日的校园动态和要闻。

男：9 月 21 日，第五届全国杰出专业技术人才暨全国专业技术人才先进集体表彰大会在北京举行。中共中央政治局常委、中央书记处书记刘云山在人民大会堂金色大厅会见与会代表并发表讲话。中共中央政治局委员、国务院副总理刘延东，中共中央政治局委员、国务院副总理马凯等参加会见。其中，我校"民族信息技术研究团队"荣获"全国专业技术人才先进集体"称号。

女：2014 年 9 月 19 日至 21 日，第九届中国英语写作教学与研究国际研讨会在甘肃省兰州市甘肃国际大酒店举行。来自全国各地高校的 140 多位从事英语写作教学与研究的专家学者围绕着"国际视野下中国高校英语写作的区域性研究"的主题展开了深入的讨论和交流。

西北民族大学副校长李正元教授、兰州城市学院副校长姜秋霞教授、甘肃省教育厅高教处张晓东处长、对外经济贸易大学英语学院院长王立非教授、上海外语教育出版社学术事业部孙静主任、高等教育出版社贾巍社长出席开幕式并致辞。研讨会开幕式由西北民族大学外国语学院院长王谋清教授主持。

女：大学生毕业的前景是社会热点话题，我们栏目组也在一直跟进，下面请看详细报道。

（考研外采视频播放）

男：在节目的最后，为您倾心呈上由大学生创作的获奖微电影作品，来感受当代大学生的青春与力量！

（学生作品展映，相关宣传片播放）

女：由我校大学生实践创新中心制作的数字电影《少了一个》获得中国（杭州）国际微电影展"金桂花"奖特别评价单元"最佳公益微电影"的提名。据悉，该影片之前已入围微明星沈阳国际微电影节 60 部最佳影片奖和首届"美丽中国梦"中国武汉微电影大赛最佳影片奖。

（作品获奖内容具体介绍）

男：一架电子琴、一颗篮球、几支花铅笔、一群孩子的别样童年、一所乡村小学、一场歌咏比赛、一双双清澈的眼神、一群人的青春年华、一所学校、一笔善款、一场交易、一群人的为官之道。

男：9 月 23 日，第 23 届中国金鸡百花电影节"创建全国文明城市公益微电影作品大赛"评选结果揭晓，由我校大学生实践创新中心选送的作品《候》，从 120 部入围作品中脱颖而出，一举夺魁。

（作品获奖内容具体介绍）

女：作品《候》讲述的是小艳和她的父亲以及妹妹一家人的生活，她的父亲是盲人，自己也身患残疾，只有妹妹小青是健全人。全家仅靠着父亲在街头拉二胡来维持生计，小艳嫉妒妹妹可以上学，却在不经意间发现了妹妹的秘密——一直在通过捡拾废弃的饮料瓶攒钱，希望能为自己的姐姐看病，当小艳对妹妹心生愧疚，焦急地等候妹妹回家吃饭的时候，妹妹却因为捡拾一个废弃的饮料瓶而出了车祸，永远地离开了。

男：今天的节目到这里就结束了，获取更多新闻资讯，请直接登录我们的官方网站，或关注《要闻 15 分》的官方微博、微信。

女：感谢您的收看，我们明天再见。

【实践练习参考】

1. 练习对新闻类节目策划文案的写作；

2. 练习制作新闻类节目的导播台本；

3. 熟练掌握新闻类节目的机位设置思路；

4. 熟练掌握新闻类节目录制的镜头切换依据；

5. 熟练操作对新闻类节目的三讯道拟直播录制。

第六章
谈话类节目实验教学步骤
与案例分析

【重点内容提要】

1. 掌握谈话类节目的概念和基本分类；

2. 明确谈话类节目的选题和类型；

3. 掌握谈话类节目的制作和设计流程，

4. 撰写谈话类节目策划文案；

5. 掌握谈话类节目分镜头脚本写作要点，撰写分镜头脚本；

6. 运用多讯道操作模式完成对谈话类节目的录制。

在多讯道实践教学梯度化设计的第二阶段，建议将谈话类节目作为对象进行实训练习。谈话类节目相较于新闻类节目，在文案脚本创作和多讯道实操练习上都增加了一定的难度，尽管同样是语言类节目，但在对话内容、对话者角色划分上的变化，都使谈话类节目的场面调度明显多于新闻类节目。因此，本章旨在通过对谈话类节目的学习和实践，帮助学生更进一步掌握多讯道制作技术。

第一节　谈话类节目相关知识梳理

谈话类节目是比较常见的一类电视节目形态，几乎所有的谈话类节目都是采用多讯道制作技术制作完成的，在学习如何利用多讯道制作技术完成对其制作之前，我们先来了解一下谈话类节目的概念、分类以及其发展现状。

一 谈话类节目的概念

谈话类节目，在西方被称为"Talk Show"，引进中国后，被港台媒体形象贴切地翻译成"脱口秀"，意思是指"脱口而出的谈话表演"，它是一种以谈话为主要表现形式的电视节目，即主持人与谈话人（包括嘉宾和现场观众）在轻松的氛围下，围绕着某一新闻事件或观众关心的话题，以讨论、谈话的方式在演播现场展开自由的、即兴的讨论，是一种人际传播和大众传播相结合的节目形态。

二 谈话类节目的分类

谈话类节目发展至今，从所关注的话题到主持人风格等各个方面，均呈现出新颖多样的类型，因此，学者们从不同角度出发，提出了谈话类节目的分类标准，如霍尔·汉麦思顿从传统与现实角度将电视谈话节目分为"文艺界的名人逸事""到名人家做客""严肃的圆桌讨论会"以及"审判式电视谈话"四类。而在我国，较受认可的是从节目内容和节目形态两方面来进行的分类。

首先，按照谈话类节目所围绕的主题或话题内容可将其分为四类。

（一）新闻时事类节目

新闻时事类节目讨论的话题就是新闻信息，它是对新闻节目的一种配合与丰富，其话题覆盖面广，信息量大，新闻事件、新闻人物、社会热点和公共事务等都可作为谈资。节目嘉宾多为政府公职人员、学界专家学者、媒体工作人员和新闻当事人等，他们往往能够发布第一手的、准确的信息和发表富有导向性的见解，从而满足观众对信息的需求。节目中主要以时效性强、对社会影响深远的新闻事件资料为背景，谈话过程多在演播室或某个特定场所进行，主要形式是主持人与嘉宾的交谈。由于此类节目具有权威性、准确性、新闻性和贴近性，因此，对主持人和嘉宾的新闻素养要求较高，其中有些节目也会有现场或场外观众参与进来，如《时事开讲》等。

（二）社会生活类节目

社会生活类节目关注的主要是社会发展过程中人们所面对的各种问题，以及被广大人民群众普遍关心的社会现象，通过谈话的形式来满足人们的"言论"需求。这类节目的话题涉及社会生活的方方面面，具有贴近生活、关注民生的特点。同时，这类节目较为注重公众的参与度，多数节目以公众参与的具有话题性的人际倾诉为主，受众群体范围比较广。如中央电视台早期的《实话实说》、凤凰卫视的《一虎一席谈》等，都是此类节目的代表。

（三）人际情感类谈话节目

人际情感类谈话节目的主题多为人与人之间的情感问题和人际交往方面的困惑，内容涉及普通百姓家长里短中的方方面面，既有社会人际交往方面的困惑，也有家庭内部成员之间的调适；既有不同生活状态的展示，也有新旧道德伦理观念的碰撞。国外的《奥普拉·温弗瑞秀》（Oprah Winfrey Show）、《艾伦·德杰尼勒斯秀》（Alan Degeneres show），还有国内的《金牌调解》《第三调解室》《谁在说》都属于此类谈话节目。

（四）明星娱乐类谈话节目

明星娱乐类谈话节目是以名人、明星作为谈话对象的节目。明星除了艺术表演技能展示外，他们自身的生活情感故事同样吸引着受众视线，明星娱乐类谈话节目其实就是打着"还原名人最真实的一面"的旗号满足观众的好奇心，明星与电视媒介之间的互相依托和支撑，使明星娱乐类谈话节目成为谈话节目中不可或缺的一部分。这类节目中最为人所知的就是《金星秀》《艺术人生》《非常静距离》和《超级访问》。此外，还有美国著名的谈话节目《深夜》（Last Night With Conan O'Brten）也是此类节目的典型代表。

电视台	谈话类节目（按话题分）			
	新闻时事类	社会生活类	人际情感类	明星娱乐类
中央电视台	《面对面》《新闻1+1》	《实话实说》《小崔说事》	《开讲啦》《朗读者》	《艺术人生》
湖南卫视	《新闻当事人》	《有话好说》	《寻情记》《背后的故事》	
浙江卫视	《新闻深一度》	《人生AB剧》《与卓越同行》	《她们的秘密》	《华少爱读书》
江苏卫视	《时代问答》《江苏新时空》	《美好时代》《知识就是力量》	《心立方》《人间真情》	《世界青年说》《有话非要说》
东方卫视	《东方直播室》		《幸福魔方》	《可凡倾听》《金星秀》
北京卫视	《现场说法》	《特别关注》《生活面对面》	《第三调解室》《非常夫妻》	《杨澜访谈录》《最佳现场》
安徽卫视	《超级新闻场》		《记者档案》《家风中华》	《谁是你的菜》《非常静距离》
凤凰卫视	《新闻今日谈》《时事辩论会》	《一虎一席谈》《鲁豫有约》	《世说新语》《冷暖人生》	《名人面对面》
天津卫视		《有问必答》	《夫妻天下》《男人世界》	《天生一对》《你看谁来了》
江西卫视	《深度观察》	《超人访问团》		
湖北卫视		《非正式会谈》《大写湖北人》	《大王小王》《调解面对面》	《纲到你身边》
重庆卫视			《大声说出来》《谢谢你来了》	《超级访问》《静距离》
甘肃卫视		《新财富夜谈》		
贵州卫视		《论道》《关键时刻》	《人生》	

其次，根据谈话节目的节目形态，又可将其划分为以下三类。

（一）叙事型谈话节目

叙事型谈话是最常见的一种谈话节目形式，节目通过叙述故事的形式来表现谈话主题，遵守着"以事托人，因人说事"的原则，紧紧围绕着"人"这个中心展开节目。《鲁豫有约》、《杨澜访谈录》、《可凡倾听》，皆是该类型的代表。

叙事型谈话节目有两个要素：一是人物，二是故事。一般节目中这两个要素至少要有其一，若能兼具二者则是最好的。平凡的人讲述不平凡的故事，与不平凡的人讲述不平凡的故事，其中的差异显而易见。所以，在此类节目的制作中，编导需考虑如何在保持内容原有真实性不变的情况下，通过挖掘细节、突出观众的兴奋点和丰满人物性格等手段来讲好故事本身。在多讯道节目现场，谈话类节目同样需要以叙述者在现场娓娓道来的方式以及着力营造的温馨氛围，将观众的目光牢牢抓住，只有这样，才可能拉近故事叙述者与观众之间的距离，从而使观众产生情感共鸣。

（二）讨论型谈话节目

讨论型电视谈话节目是主持人邀请相关的政府公职人员、权威专家或某个特定领域的代表人士，围绕某一新闻事件或社会热点话题进行的座谈式或论坛式的谈话节目。此类节目注重观点的相互交流和启发，多方位、多角度的对话题进行探讨，以便对这一话题有更深刻、更全面的认识。《实话实说》、《新闻会客厅》、《锵锵三人行》等节目都是此类型比较典型的代表。

（三）辩论型谈话节目

辩论型谈话节目与讨论型谈话节目不同，辩论要求的是对立双方观点鲜明，立场明确，在思想上有碰撞，重在突出双方的矛盾分歧。辩论型谈话节目的特点就是"辩"，双方都认为对方的观点是错误的，并为了证明己方观点的正确性，积极地攻讦对方观点中的缺陷与破绽。因此，辩论型谈话节目的氛围较为紧张，没有其他谈话类节目的轻松氛围。当然，此类节目的气氛不能一直处于紧张之中，可通过主持人对现场的把控，适当的放松和缓解气氛，从而更有益于节目整体效果的呈现。此类谈话节目，适合对社会上出现的新事物、新现象等的讨论，如北京卫视的《谁在说》、凤凰卫视的《时事辩论会》等。在网络平台爱奇艺播出的《奇葩说》，也是较为成功的辩论性网综节目。播出至今，《奇葩说》不仅用新奇的观点和独特的表达在社会层面引导着正确的价值观念，还成功打造了如黄执中、马薇薇、颜如晶、范湉湉、肖骁、姜思达等一批优秀的明星辩论选手。

三　谈话类节目的发展现状

（一）新媒体技术的融合与推动

伴随着网络新媒体和大型综合视频网站的崛起，谈话类节目在制作方式和制作方向上发生了较大转变。网络新媒体作为传播平台积攒着大批固定受众，掌握着精准的受众诉求定位，在资本注入和平台资源积累的条件下，网络平台开始由单一的影视节目产品播放平台向综合的电视节目产品制作平台转变。网络资源是对传统电视台制作谈话节目的有力补充，它可以使节目中的谈话内容、谈话对象和所选话题更加多元化与现代化，它还能够改变传统电视节目的制作模式，包括互动平台的有效搭建、节目话题的精准选择、节目效果的及时反馈等，都可以通过网络技术更快更准地得以实现。很多原本只在电视平台播出的谈话类节目，会通过与其他互联网播出平台的合作，打造更多的播出渠道供观众选择；原本无法互动讨论的话题内容，也因互联网技术的加入，可以在线上线下与受众进行更深层次的交流与对话。

（二）主持人的品牌效应

一档拥有良好观众基础的谈话节目，与一个有个性特点的主持人是密不可分的。主持人的个性常常会决定节目的个性，主持人的知名度也会影响节目的知名度。一名优秀的主持人，能把握谈话的节奏和方式，能调动嘉宾的情绪，能抛出犀利的观点，能渲染深入人心的情感，从而使现场谈话能够有很好的效果和收获。优秀的主持人往往能够使一档谈话类节目拥有极其明显的风格，甚至很多观众之所以忠实于某一档谈话类节目，除对节目形式与内容的喜欢之外，很大程度上是因为对节目主持人的忠实。如《高端访问》中的水均益、《实话实说》中的崔永元、《杨澜谈话录》中的杨澜、《金星秀》中的金星、《鲁豫有约》中的鲁豫、《奇葩说》中的马东等，都是非常成功的谈话类节目主持人。

（三）话题选择的多元化

谈话类节目在发展过程中，话题内容的选择安排一直都是节目制作的核心。传统的谈话类节目在话题选择上会有其相对固定的套路，例如习惯于邀请影视明星和成功人士做嘉宾，而在话题选择安排上也基本上是围绕着个人成长经历、遭遇困难挫折，以及如何成功出名等。这就使观众由谈话得出的感受较为相似，从而导致节目内容和节目传达的意见观点同质化严重。而当下很多谈话类节目在话题选择上则呈现出更为多元化的特点，文化名人、青年群体、企业家、运动员、网络红人、普通百姓，都可以成为谈话类节目中的嘉宾，在话题的选择上也不再单一访谈人物经历，更多的是谈论人物对于一些社会事件的看法，谈论他们的思想观点和看待世界的角度。这样的一种转变，使谈话类节目更加具有深度和文化价值，从而能够传递出更多新观念和新思想。

（四）由录播向直播的大胆尝试

直播文化的兴起，也影响到了电视节目制作和传播方式的变化。直播的概念最早来自电视直播，但伴随着电视制作技术的日趋成熟，电视节目的制作逐步转向录播。精致的拍摄和毫无瑕疵的节目流程，可以让电视节目的呈现效果更加完美，制作过程更加高效，但对于观众现场感和参与感的调动，就显得较为薄弱。随着直播平台和直播技术的迅猛发展，电视节目制作可以通过直播的形式传达出更加真实全面的现场感，有效增强观众的互动感和参与性，这些变化在越来越多的电视谈话类节目中得以体现。当然，在谈话类节目中采用直播，也有其不可规避的风险性，这就要求导演组务必要在前期做足充分的准备，因为，一旦话题的推进和嘉宾的反应出现异常，直播是很难及时挽回现场所发生的失误的。

第二节　谈话类节目实验教学内容

依据谈话类节目自身的特点，其制作难度会比新闻类节目略显复杂，在实践教学的过程中，从前期阶段开始，就需要同学们花费更多的时间去准备，在多讯道录制阶段，也会因为内容的多变而在场面调度上提出相应的要求，因此，本阶段的实践教学内容应按照以下思路展开。

一　实验操作的目的及意义

谈话类节目对比新闻类节目涉及的内容会更多，更能锻炼学生运用多讯道的能力。首先，节目的制作需要在前期完成细致且规范的策划与编排，不管是对话题的选择，还是对嘉宾及现场观众的安排，导演组发挥的空间要远远大于新闻类节目，同学们甚至可以根据自己感兴趣的话题去原创一期节目。其次，谈话类节目的现场可由单一的演播室延伸到小剧场，这样可以使各个工种的工作更加具体和明确，使学生能够从摄像、导播、灯光、音响以及舞美设计等多方面去参与具体的创作实践，尤其是在舞美设计方面，可让同学们有更大的发挥空间，从而更加直观的感受到舞美设计与多讯道节目制作之间的关系。

二　谈话类节目制作要素分析

（一）主持人

"主持"一词的含义，是"负责掌握和处理"某项具体事务的人，在谈话类节目中，主持人更是衡量节目成功与否的一个重要因素，是节目的灵魂、枢纽与核心。因此，在选择谈话类节目的主持人时，必须选择具有独特个性以及鲜明主持风格的人。在这里需要强调的是，同学们的实训练习常常倾向于邀请具有一定主持经验的同学担当主持人，而主持经验相对丰富的同学则更愿意选择在现场即兴发挥。事实上，在制作谈话类节目的过程中，担任主持的同学一定要在前期对即将进行的内容进行事先了解，要抽出一定的时间与谈话对象进行熟络，只有这样，才可能保证谈话地顺利进行，才可能在现场迸发出更多的"火花"，否则，毫无准备的谈话很有可能成为毫无情感与深度的"尴聊"。

（二）话题

话题的选择是谈话节目能否成功的又一个重要因素，谈话类节目中话题的好坏、内涵的深浅直接关系到节目的可看性。话题的选择不仅要有意义，还要有意思，哪怕是很有深度的话题，如果谈得没有意思，也很难吸引观众的注意力。对于同一话题从不同角度来讨论，将话题进一步拓展、细分和个性化，既能提高话题的精彩程度，避免话题的雷同匮乏，又可以形成自己的节目特色。谈话类节目所选择的话题，直接影响到整期节目后续的很多工作，包括环节的设计、舞美的编排和嘉宾的选择等，因此，谈话话题的选择应该是慎重思考之后的结果，应该具有时代感、贴近社会生活、贴近百姓，应该是大众所关注的热点和焦点问题。

（三）嘉宾

谈话类节目的嘉宾通常可分为两种：一种为故事当事人，这类嘉宾可作为谈话节目的真正主角，可用其故事、情感和经历支撑起话题甚至整期节目。在选择此类嘉宾时，首先要考虑他们是否适合节目的主题，其次要看嘉宾的故事能否引起观众情感上的共鸣。例如《鲁豫有约》有一期讲述了一位名叫吴胜明的老人的传奇人生。主人公2岁母亲改嫁，14岁被抢婚，16岁逃婚，中年成为千万富婆，却在辉煌时银铛入狱。被判死刑期间，丈夫背叛、女儿自杀，出狱后已73岁高龄，可她选择重新创业，再次成为千万富婆。嘉宾的经历足以打动观众，也使谈话的内容丰富且饱满，自然收获了极高的好评。但要强调的是，在选择此类嘉宾时，不能抱着一定要煽情、猎奇、与众不同的心态去挑选嘉宾，而是要先从节目自身定位出发去选择合适的嘉宾。如果仅仅是为了找到有看点的嘉宾而让其讲述自己看似"有趣"的故事，那导演组的创作就会显得极其被动，栏目自身的定位也会变得模糊不清。

另一种是有独到见解的专家学者，这类嘉宾几乎可以在所有类型的谈话类节目中出现，因为他们既可扮演提供意见建议和发布重要信息观点的角色，也可直接参与话题讨论。很多谈话类节目在节目的最后，都试图通过近似平等的对话给观众提供一种更加全面准确地看待问题的视角，同样，观众在观看谈话类节目时，也会因为话题上的相似性和身份上的认同感，期待节目能对此类问题的解决提供权威且可行的意见和建议，此类嘉宾恰恰很好地扮演了这一角色。例如，节目《对话》所邀请的嘉宾，大多数是某一领域的领军人物，包括制定国家政策的政府要员、经济热点中的新闻人物，他们所谈的话题大都是各自领域最核心且前沿的话题，而他们的观点通常也会具有极强的说服力，容易得到观众的认可。

（四）现场呈现

节目的现场呈现，同样需要导演组进行策划，包括节目的舞美设计、VCR 制作、灯光音效等。在环境的布置上，整体的环境风格、舞台设计或演播室的布局都要与节目的定位相符。如《艺术人生》的红色演播平台比较蜿蜒，暗示着名人曾经走过的辉煌路程；《上班这点事》的演播室被设计成一个舒适的起居室，色调以黄白为主，明快轻松，具有生活气息；《非常静距离》的谈话环境，更像是主持人李静的私人会客厅，老友聚会时的轻松、愉悦和互诉衷肠，在这样的氛围里自然可以很好地进行。在 VCR 的制作上，包括预告片、片头、片尾、片花，还有场外录像，也要形成自己统一且有特色的风格样式，从而加强节目的可视效果。如同学们在制作自己谈话类节目的导视时，习惯于依据节目定位的不同，选择风格样式不同的 AE 模板，这些模板的视觉特征，则能从可视化的层面较好地展现节目自身的特点。另外，依据节目进程中的不同需要以及可能出现的情况，有必要事先准备好各种音响效果，如适合的背景音乐、现场演奏的乐谱等，这些适时播放的音响音乐，则能起到烘托谈话气氛的效果。

三　操作步骤与流程

（一）实验创作与准备

1.话题选择

学生需要在前期准备阶段确定好自己所要谈论的话题。所选话题要能起到激发学生兴趣、贴合嘉宾和观众的心理的作用。学生们在进行实际操作时，可先对校园内比较热点的话题进行筛选和整理，但必须要注意话题人本身的影响力，要求所选择的话题不仅能够充分调动受众情绪，还能很好地与主持人进行互动，营造良好的谈话氛围。这里为同学们提供几种话题以供参考。

2.主持人及嘉宾的选择

首先，主持人要具有良好的交谈能力，能够深入了解话题和节目内涵，要能够撑起节目话题；其次，主持人要有良好的组织协调能力，能够引导嘉宾的表述方向；再其次，主持人要具有良好的倾听能力和总结能力，不能反客为主；最后，从角色设置上来说，女生更容易担当好谈话类主持人这一角色，如果话题娱乐性强，男女主持搭配会更合适。

在谈话节目中，尽管主持人是谈话节奏的把握者，但真正的主角应该是嘉宾，因此，在选择嘉宾时，嘉宾要符合节目话题要求，能够带来话题性，并且要能引起观众的兴趣，进行良好的互动，带动节目气氛。所以，同学们在嘉宾的选择上，要选择能够彰显节目特色、体现话题性的嘉宾。建议同学们在具体操作时可从校园风云人物、热点事件的新闻人物中进行选择。

3.彩排演练

彩排演练，一方面可以保证导播团队对谈话内容有一定了解，既能使表演者熟悉谈话内容，又能让所有操作者掌握谈话的内容与节奏；另一方面，提前的彩排演练也能够充分暴露出策划中的不足，可在正式录制前及时进行调整修改，从而使节目在正式录制时更加流畅。

4.分镜头脚本设计

由于谈话节目中主持人和嘉宾的现场调度比较少，导播及摄像的工作相对来说比较轻松，因此，在分镜头脚本的设计上，更多的是要注意对一些程序设置的提醒和对一些特殊环节的关照，比如在几分几秒时会出现标有问题等内容的题板，此时导播助理就需要提醒导播准备切题板的特写镜头；在谈话进行的中后段如果有神秘礼物的出现，就需要导播事先安排好机位予以关照。当然，谈话类节目不

序号	话题	话题类型	话题说明
1	《中国好室友》	人际关系	大学里，室友是与我们最为亲近、朝夕相处的人，个性迥异的各类室友给我们的人生增添了一段又一段精彩。面对这个话题，相信不少学生都有很多话要说。
2	《大学生是否该参加选秀节目》	社会热点	关于大学生参加选秀节目来说，有人认为这只是为了一夜成名、寻求捷径，但也有人认为这是通往成功的另一条道路。那么，大学生到底应不应该参加选秀？如果参加时又该注意哪些问题呢？
3	《大学"国考热"》	社会热点	近年来，考公务员成为越来越多大学生的选择，而针对公务员这个职业的争议也一直不断，那么，大学生该如何看待这一问题？
4	《大学生兼职与自主创业》	社会热点	大学生课外兼职现象屡见不鲜，更有不少兼职学生从中求取商业经，进行自主创业，围绕这一现象展开话题讨论。
5	《毕业季等于分手季？》	情感	每年的毕业季，对部分大学生来说几乎就等同于分手季，这样的现象还是一种集体的表现，隐藏在这一现象背后的原因又是什么？
6	《大学生考证热》	社会热点	当下很多大学生毕业时不再仅仅满足于那一张薄薄的毕业证书，各种证件考证现象泛滥成灾，造成这种考证热现象的深层原因在哪里？
7	《艺考路，成功路？》	社会热点	不少人认为艺考是上大学的一条捷径，但事实并非如此，艺考给学生的成长和未来带来的究竟是成功还是其他不可言说的东西。
8	《新媒体与大学生人际交往》	人际关系	媒体的发展究竟是拉近了人与人的距离，还是使人与人之间的距离越来越远。
9	《传统文化的保护》	公共事务	随着中外文化越来越多地占据中国市场，年青一代对西方文化的热衷也愈演愈烈，这也使我们不得不将传统文化保护的话题提上日程。
10	《新生季衍生攀比热》	社会热点	每年新生季都是大学校人员最庞杂的时候，新生开学、家人扶老携幼相送，互相攀比的现象也越来越热，针对这一现象争议尚未断。

可能完全按照脚本进行，这就需要导播及摄像师要根据现场状况合理应对。

凤凰卫视《鲁豫有约》脚本分析

镜号	机位	景别	技巧	画面内容	图示
1	5号摇臂	大全景	摇	嘉宾就座	
2	2	全景	定	鲁豫："把你爸爸妈妈介绍给大家。"	
3	3	近景	定	明明："电视前的观众朋友们。"	
4	2	全景	定	明明："这是我的爸爸张经华。"	

续表

5	3	中近景	定	张爸："好小子。"	
6	4	近景	定	观众反应镜头	
7	2	全景	定	鲁豫："我觉得这孩子现在讲话讲得很好。"	
8	1	近景	定	鲁豫："谁能想到，"	
9	2	全景	定	鲁豫："这个小孩儿当年刚生下来。"	

续表

10	5号摇臂	大全景	定	张妈："我怀孕他七个月的时候。"	
11	3	近景	定	张妈："让人家给撞了一下车。"	
12	1	近景	定	鲁豫反应镜头	
13	3	近景	定	张妈："开始诊断大夫还说什么呢。"	
14	2	全景	定	张妈："后来他就直到我到最后。"	

5. 机位设置

一般在我们收看的谈话类节目中，摄像机的布局为：2号机拍摄全景，1、3

号机交叉拍摄主持人和嘉宾，4号机负责拍摄观众反应镜头。而在具体实操中，由于条件所限，一般以三个机位为宜，1号机拍摄主持人，2号机给全景，3号机拍摄嘉宾，同时，在需要拍摄观众反应镜头时，可由导播灵活调控三台机位来拍摄不同区域的观众，没有必要设立单独的机位专门拍摄观众。

6. 舞美设置

舞美的布置要符合谈话类节目话题的性质，娱乐性强一点的话题可以加上绚丽的灯光和舞台布置，而严肃性话题的布置整体大方简洁即可。在准备过程中，细节性设计同样重要，包括主持人的服装、节目中所使用的题板等，都应符合话题性质，彰显节目特色。学生在实训环节，可以根据学校演播室的环境进行布置，按照谈话节目的选题、嘉宾和团队自身的实际能力完成舞美布置。

（二）实训现场操作

在现场实操之前，可按照以下步骤做好准备工作。

首先，学生在考察现场之后，要依据演播室情况绘制机位图，并依据所选择的话题类型以及现场情况设计出舞美效果，并在正式录制前布置好整个现场，准备好节目中所需的服装道具等。

其次，需要组长做好所有组员的分工，按照各工种制定出操作表。如：

导播	导播助理	LED与音效	灯光	1号机	2号机	3号机	现场导演
熊晨鹏	陆虹倩	殷朝昕	毕文苑	陈麟艳	陈斯	虎青琚	王侃
毕文苑	熊晨鹏	陆虹倩	殷朝昕	王侃	陈麟艳	陈斯	虎青琚
殷朝昕	毕文苑	熊晨鹏	陆虹倩	虎青琚	王侃	陈麟艳	陈斯
陆虹倩	殷朝昕	毕文苑	熊晨鹏	陈斯	虎青琚	王侃	陈麟艳
陈麟艳	陈斯	虎青琚	王侃	熊晨鹏	陆虹倩	殷朝昕	毕文苑
王侃	陈麟艳	陈斯	虎青琚	毕文苑	熊晨鹏	陆虹倩	殷朝昕
虎青琚	王侃	陈麟艳	陈斯	殷朝昕	毕文苑	熊晨鹏	陆虹倩
陈斯	虎青琚	王侃	陈麟艳	陆虹倩	殷朝昕	毕文苑	熊晨鹏

再次，摄像师在现场需依据事先绘制的机位图调整好机位，明确各机位所负责的内容，在前期排练时，如有发现机位需要调整的状况，应及时提出，以便于对机位进行微调。

最后，在开始录制前保证好各个设备运行良好，各工种准备就绪。

在具体实施阶段，就由全组同学按照事先分好的组，按照谈话的内容进行切换，但在具体内容安排上有如下建议：

第一，将一场完整的谈话节目根据谈话内容进行分段，每场可以设置一个谈话的高潮点，这样的编排一方面可以使表演的同学不会因过于漫长的表演而没有热情；另一方面由于每一段谈话内容的不同，也会给承担切换工作的同学增加一定难度，从而使学生能够得到实质性的锻炼。

第二，在主持人开场、演员上下场、中间高潮部分，都应设计演员有上下、左右等调度的动作，这样既可以丰富画面内容，又可以让导播和摄像有更多的配合，同时不会因为静止不动的谈话，让导播和摄像固定不动地录制完所有内容。所以，即使是在谈话类节目中，指导教师也应该有意要求学生在前期准备时多做有调度的设计，否则过于静止的谈话内容会造成画面的单一，并且导致学生没有太多的操作空间。

第三，在景别要求上，可以在人物表情、动作手势、特殊物品出现时，要求学生用小景别抓拍，而在具体谈话内容上，景别的变化要有规律，同一景别最多不得超过 7 秒钟（特殊情况除外），景别的变化规律要遵循视听语言的一般规律。

第四，在镜头切换过程中，当人物说话时，镜头要跟随说话人的变化及时调整，当说话人说话时间过长时，可选择切全景或者其他演员的反应镜头作为过渡，固定不变的长镜头往往会略显拖沓。

在后期收尾阶段，由每组组长带领小组成员完成对节目的后期制作，如添加字幕、特效等，并按照组员的操作顺序完成光盘的刻录工作，在收齐后交于指导教师进行审核考评工作。

第三节　　典型学生案例分析

一　案例呈现

第一期《精彩人生》策划案

一、策划整体阐述

（一）本期节目话题：音符里的故事

（二）本期节目嘉宾：满杰　朱媛

（三）嘉宾背景：

1. 满杰：湖南怀化人，西北民族大学 2012 级民族学与社会学学生，2013 年快乐男生西安赛区 60 强，西北民族大学音乐制作工作室负责人，布娃娃乐队主唱兼队长。

2. 朱媛：甘肃甘南人，藏族，2014 级民族学与社会学学院学生，自幼喜爱舞蹈，擅长民族舞、爵士、popping 等舞种。习舞时间长，舞台表演经验丰富。

二、前期准备

1. 确定节目主题。

2. 邀请嘉宾，与嘉宾沟通谈话中所出现的问题。

3. 制定节目流程。

4. 制作节目片头。

5. 嘉宾出场 VCR 的拍摄与制作。

6. 制作节目背景海报。

7. 设计嘉宾表演的背景舞美。

8. 中场广告的搜集。

9. 舞台布置（"精彩人生"和"聆听你的精彩"字样和装饰图案布置在舞台两侧）。

10. 追光灯的使用（嘉宾才艺表演时）。

三、舞美和灯光设置

1. LED 大屏海报设计：共设计四款"精彩人生"海报，随着节目的进行随时变换。

2. LED 灯光设计：在嘉宾表演才艺时打开 LED 灯效，并随着嘉宾表演的进行而不停变换，营造一种动感的舞台氛围。

3. 特效台控制：在嘉宾演唱和跳舞时，运用特效台进行舞美的切换，（例如：在朱媛跳舞时，"星星"舞美背景的叠化效果与舞台表演的结合）使嘉宾表演的画面更加美轮美奂。

4. 红色沙发一组：红色给人以温馨，沙发可营造家的气氛，以此实现嘉宾与主持人的轻松谈话。

5. 沙发的摆放：以观众的角度看舞台，舞台左侧是长沙发，舞台右侧是短沙发。长沙发为嘉宾准备，短沙发为主持人准备。

6.灯光：现场灯光以背景光、逆光、顶光、侧光和面光为主。背景光可以让录制出的画面更加清晰；逆光可以使人物轮廓明显；顶光使人物质感增加；侧光柔化人物阴影；面光使人物面部光照均匀。

四、各工种注意事项

（一）摄像师

1.首先戴好耳机，打开摄像机上下左右的固定栓，调整好摄像机画面。

2.在拍摄过程中听导播指令，在导播使用画面时不能随意移动摄像机。

3.结束拍摄后检查设备，关好摄像机。

（二）现场导演

1.调度全场，及时调节现场氛围，与导播、摄像师保持良好沟通。

2.检查机位设置是否合理，检查现场设备、主持人及嘉宾话筒，上下摆放道具。

3.在开始录制前，询问各工种是否准备完毕，倒计时"3、2、1"打手势。

4.随时观看视频画面，发现问题马上与导播沟通，及时解决问题。

（三）导播

1.统筹导播间的所有工作，检查设备，进行语音测试。

2.检查画面质量。

3.现场切换画面时，保证单个画面时间不能大于15秒，避免画面单一。

（四）导播助理

1.查看录像机的存储卡，录制前删掉其他内容。

2.听现场导演口令，倒计时"3"时按下录制键。

3.配合导播工作，观察各机位画面，提醒导播切换。

（五）灯光师

1.在主持人、嘉宾出场时，需要特殊效果灯。

2.嘉宾与主持人谈话环节用基本光即可。

3.嘉宾表演需要人物光、追光。

4.观众互动环节注意打开观众席的灯光。

五、栏目流程（分为四个环节）

第一环节：

1.开场视频为《精彩人生》片头。

2. 主持人开场词（亮起舞台前中灯，主持人坐在舞台右侧沙发，大屏幕显示节目背景图）

"舞动绚丽青春，演奏华丽人生！"欢迎收看本期《精彩人生》，我是主持人张晴晴。本期节目的主题是"音符里的故事"，我们请到了两位嘉宾。歌与舞的世界总是如此美妙，我们先来看第一位嘉宾，他，是一位歌者；他，是《快乐男声》西安赛区六十强；他，是金鸡百花电影节获奖微电影《候》的配乐者，他在追求音乐的道路上从未止步！下面，让我们欣赏一段 VCR。

3. 播放嘉宾满杰 VCR。

4. VCR 结束，嘉宾满杰上场（1 号机跟拍满杰从右边上场，落座左边椅子）。

5. 主持人与嘉宾交谈，探讨满杰人生经历，以及在追寻音乐的道路上所发生的感人故事。

6. 主持人邀请满杰表演才艺。

第二环节：

1. 满杰吉他弹唱（满杰坐于舞台靠前三分之一处）

（1）满杰演唱前示意现场导演，各工种准备，演出开始。

（2）播放背景视频：音符跳动；追光打在满杰弹唱处，开启 LED 灯效，关闭舞台大灯。

（3）演唱结束时一号机拍摄观众反映镜头，导播切一号机画面，现场导演撤道具，背景换回"精彩人生"海报。

2. 主持人再次上场（从右边上，1 号机跟拍）。

主持人与满杰稍作交谈，交谈完毕，满杰退场。

第三环节：

1. 主持人切入话题引出第二位嘉宾朱媛。

2. 播放朱媛的 VCR。

3. 嘉宾上场（朱媛从右边上场，1 号机跟拍，2 号机全景，三号机主持人）。

4. 主持人与朱媛交谈，背景图片为"精彩人生"海报。

5. 邀请朱媛表演才艺。

第四环节：

1. 朱媛表演才艺（舞蹈）。关闭舞台大灯，开启 LED 灯效，追光灯与舞美配合，营造炫动的氛围。

2. 主持人再次上场（从右边上，1 号机跟拍），主持人与朱媛稍作交谈。

3. 主持人切入话题，再次请出满杰（右边出场，1 号机跟拍）。

4. 谈话尾声（主持人总结寄语，感谢嘉宾，并做下期预告）。

（六）谈话所涉及的问题

满杰：

1. 你是从什么时候开始学习音乐的？

2. 在追求音乐的道路上，有没有想过要放弃？

3. 在学习音乐的过程中，有没有遇到什么困难？你是如何克服这些困难的？

4. 据我们了解，你比较执着于音乐，这对你的生活学习有没有产生什么影响？

5. 在 2013 年的时候，你参加了《快乐男声》西安赛区的比赛，同时也挺进了 60 强，在参赛过程中，见到或认识了很多来自全国的歌手，那么你最大的感触是什么？

6. 不久之前，中国金鸡百花电影节如期在兰州开幕，由我校大学生实践基地创新中心选送的微电影《候》，在 120 部入围作品中脱颖而出，一举夺魁，在创作过程中，作为配乐者，其中有没有什么故事能和我们分享呢？

朱媛：

1. 你是从什么时候开始跳舞的？

2. 让你学习舞蹈的动力是什么？

3. 为什么没有选择报考舞蹈专业？

4. 在学习舞蹈的过程中有没有特别的故事？

5. 我有一个朋友，酷爱舞蹈，空余时间基本都给了练功房，同样作为一名舞蹈爱好者，对此你有什么感想？

六、分镜头脚本

镜号	机位	景别	拍摄手法	画面内容	灯光	音乐	说明
1	2	全景	固定	LED屏幕：开场片头	无	片头音乐	1分钟
2	2	全景	固定	主持人坐于舞台中线右侧	基本光	无	
3	1	中景	固定	主持人开场词	基本光	无	
4	3	近景	固定	主持人介绍嘉宾满杰	基本光		
5	2	小全景	固定	播放满杰VCR	基本光		
6	1	小全景	跟拍	满杰上场	效果灯	无	
7	3	近景	固定	讲话时的面部表情	基本光	无	
8	2	小全景	固定	满杰与主持人交谈	基本光	无	
9	1	中景	固定	满杰讲述自己的故事	基本光	无	
10	3	小全景	摇镜头	观众的掌声以及表情	观众席灯	无	3号机转向观众
11	2	中景	固定	满杰讲述自己学习音乐时的故事	舞台大灯	无	
12	1	中景	固定	主持人问题一	基本光	无	
13	3	近景	固定	满杰讲述过程中的表情变化	基本光	无	
14	1	近景	固定	主持人继续提问问题二	基本光	无	
15	3	中景	固定	满杰讲述，主持人认真聆听	基本光	无	
16	2	小全景	固定	满杰与主持人交谈的状况	基本光	无	
17	1	中景	固定	主持人问问题三	基本光	无	
18	3	中景	固定	满杰发言	基本光	无	
19	1	中景	固定	主持人问问题四	基本光	无	
20	2	全景	固定	满杰与主持人交谈	基本光	无	
21	1	中景	固定	主持人反应镜头	基本光	无	
22	3	近景	固定	满杰单人镜头	基本光	无	
23	2	全景	固定	满杰与主持人交谈	基本光	无	
24	1	中景	固定	主持人问问题五	基本光	无	

25	3	中景	固定	满杰继续讲述			
26	1	近景	固定	主持人问问题六	基本光	无	
27	3	中景	固定	满杰继续回答	基本光	无	
28	2	中景	固定	主持人邀请嘉宾表演节目	基本光	无	
29	3	中景	固定	满杰弹唱	追光	《不会改变的事》	LED 舞美背景
30	2	全景	固定	满杰弹唱	LED 灯光特效	《不会改变的事》	LED 舞美背景
31	3	特写	固定	满杰弹吉他手部特写	LED 灯光特效	《不会改变的事》	LED 舞美背景
32	2	近景	固定	满杰演唱时的面部表情	LED 灯光特效	《不会改变的事》	LED 舞美背景
33	1	中景	固定	满杰弹唱	LED 灯光特效	《不会改变的事》	LED 舞美背景
34	2	中景	固定	满杰弹唱结束，向全场致谢	LED 灯光特效	《不会改变的事》	LED 舞美背景
35	1	全景	固定	主持人说主持词，引出第二位嘉宾朱媛	基本光	无	
36	2	中景	固定	播放朱媛 VCR	基本光	无	
37	1	中景	跟拍	朱媛上场	效果灯	无	
38	3	中写	固定	朱媛落座	基本光	无	
39	1	全景	固定	主持人提问一	基本光	无	
40	3	近景	固定	朱媛回答	基本光	无	
41	1	中景	固定	主持人提问二	基本光	无	
42	2	全景	固定	主持人与朱媛交谈	基本光	无	
43	1	近景	固定	主持人提问三	基本光	无	
44	3	中景	固定	朱媛讲述自己在学习舞蹈过程中的故事	基本光	无	
45	2	全景	固定	舞台全景	基本光	无	
46	1	中景	固定	主持人提问四	基本光	无	
47	3	中景	固定	嘉宾回答问题	基本光	无	
48	2	全景	固定	主持人提问五	基本光	无	

续表

49	1	中景	固定	嘉宾回答问题	基本光	无	
50	2	全景	固定	邀请朱媛表演才艺	基本光	无	
51	2	中景	固定	朱媛表演才艺	LED 灯光特效	《Ring ding dong》	LED 舞美背景
52	1	近景	固定	朱媛脚部动作特写	LED 灯光特效	《Ring ding dong》	LED 舞美背景
53	3	近景	固定	朱媛面部表情特写	LED 灯光特效	《Ring ding dong》	LED 舞美背景
54	2	全景	固定	整体动作	LED 灯光特效	《Ring ding dong》	LED 舞美背景
55	1	近景	固定	上半身特写	LED 灯光特效	《Ring ding dong》	LED 舞美背景
56	3	近景	跟拍	腿部特写	LED 灯光特效	《Ring ding dong》	LED 舞美背景
57	2	小全景	固定	整体动作	LED 灯光特效	《Ring ding dong》	LED 舞美背景
58	3	全景	固定	表演结束，主持人上场	基本光	无	
59	1	跟拍	固定	主持人邀请满杰再度登台	基本光	无	
60	2	全景	固定	三人同台，共同谈及对未来的展望	基本光	无	
61	2	大全景	拉	主持人再度感谢两位嘉宾的到来	基本光	无	

七、工种分配表

导播	导播助理	LED 与音效	灯光	1 号机	2 号机	3 号机	现场导演
熊晨鹏	陆虹倩	殷朝昕	毕文苑	陈麟艳	陈斯	虎青琚	王侃
毕文苑	熊晨鹏	陆虹倩	殷朝昕	王侃	陈麟艳	陈斯	虎青琚
殷朝昕	毕文苑	熊晨鹏	陆虹倩	虎青琚	王侃	陈麟艳	陈斯
陆虹倩	殷朝昕	毕文苑	熊晨鹏	陈斯	虎青琚	王侃	陈麟艳
陈麟艳	陈斯	虎青琚	王侃	熊晨鹏	陆虹倩	殷朝昕	毕文苑
王侃	陈麟艳	陈斯	虎青琚	毕文苑	熊晨鹏	陆虹倩	殷朝昕
虎青琚	王侃	陈麟艳	陈斯	殷朝昕	毕文苑	熊晨鹏	陆虹倩
陈斯	虎青琚	王侃	陈麟艳	陆虹倩	殷朝昕	毕文苑	熊晨鹏

二 学生自评

《精彩人生》是一档励志类的谈话节目，节目形式较为轻松。由于谈话对象是在学校里有一定知名度的同学，因此，观众的关注度相对较高。在此次节目制作的过程中，不管是前期策划、中期录制，还是后期剪辑，本组成员较好地完成了各自所需完成的工作，但在整个制作过程中还是出现了一些失误，为此，本组成员具体总结如下：

（1）**导演**。在最初的节目策划上，为了让校园的谈话节目不过于呆板，导演组邀请了两位有才艺的嘉宾，使节目除谈话之外有更多的可看性。在节目的编排中，虽然事先预想了节目在实施中可能出现的各种问题，包括机位设置、问题设计和舞美效果等，如：3号机视野的局限性、LED大屏死机的应急方案、1号电脑容易死机的问题等，但在现场中仍出现了现场导演与导播室内沟通不畅的问题，以至于当现场出现突发状况时，不能及时反馈到导播室内。

（2）**导播**。由于导播经验较少，在画面的切换上，仍旧暴露出了很多问题。比如：未能准确做到画面内容跟随说者切换、反应镜头切换生硬、单个画面停留时间过长、在摄像机镜头推拉时使用该机器画面、在导播台前忘记开启录制键等。另外，还有很多前期精心设计的镜头效果，由于个别负责导播的同学对设备操作得不熟练，其未能得到完全展现。

（3）**摄像**。摄像基本完成了对整期谈话节目形态的表现，但由于拍摄场地、设备、技术等限制因素的影响，在整个过程中对于现场的细节捕捉不够，拍摄画面设计感不强，如：在嘉宾进行才艺表演时，现场观众的反应镜头较少，没有很好地营造出现场氛围，对一些重要的反应镜头，也未能以特写的镜头予以关照。

（4）**灯光师**。本期节目中个人才艺展示的环节较多，并且是以歌舞为主，这就使灯光效果显得尤为重要。灯光组与摄像、舞美、音乐组在导播的指挥下，准确地完成了各项任务，尤其是在嘉宾表演才艺时，充分运用了灯光和舞美背景，营造了区别于谈话部分的灯光效果。但由于设备条件和技术上的限制因素，很多在现场看来达标的画面，在面光补充不足的情况下，在监视器里则略显过暗，严重的还会出现无法看清画面中表演主体的具体行为轨迹。

（5）**舞美**。对于谈话类节目来说，舞美设计不应太过烦琐与花哨，理应大方得体，并且要与整个舞台元素颜色的搭配保持一定的契合度。虽然本团队在前期设想与实际环境相结合后，反复修改完善了舞美设计方案，但在硬件设施和经费预算的限制下，整体舞美呈现效果与预想中仍有一定差距，如：主持人与嘉宾的沙发样式过于简陋，没有设计感；节目中表演环节与谈话环节除灯光的变化外，并未实现明显的舞美效果区分。

（6）主持人。虽然本期节目整体谈话的节奏较为紧凑，避免了冗长无聊的对话，但节目之后很多观众反应谈话内容过于简单，对于嘉宾形象的刻画不够深刻，话题对于观众的吸引度不高，从而导致节目的主题不够突出，没有引起观众的情感共鸣。在本组节目准备的前期，由于时间限制，嘉宾和主持人的沟通并不多，所以在正式录制时，嘉宾与主持人在衔接上也存在很大问题。另外，主持人对于两位嘉宾的出场渲染不足，未能根据两位嘉宾的个性去设计趣味独特的开场。

通过此次练习，本组同学熟练掌握了如何从话题设计、嘉宾选择、环节设置等方面策划一期谈话类节目，同时还掌握了如何在多讯道制作模式下，从机位设置、舞美设计、镜头切换等方面完成对该类型节目的录制。

三 案例分析与教师点评

（一）案例亮点呈述

1. 准确提炼关键词。谈话类节目最重要的就是话题的选择，优质的话题能够使谈者有话说，听者愿意听，具体到节目中就是关键词的提炼。关键词的提炼往往决定着整期谈话节目的情绪基调，也左右着节目的情感走向。《精彩人生》的节目定位为一期有关"青春与梦想"的谈话节目，导演组最终所提炼的关键词是"励志"。虽然最终观众反应谈话的内容比较简单，但节目的主题自始至终围绕着"励志"展开谈话，因此，整期节目对关键词的展现还是比较到位的。

2. 良好的谈话氛围。谈话氛围良好与否，并不是单指导演是否能主导和支配主持人和嘉宾，而是要从现场节奏、从细节入手进行塑造。例如《非常静距离》喜欢用微倾的镜头，从前置的植物中间穿过去拍摄主持人和嘉宾，从而使整个场面更显自然，而这些细小的设计也是成就整台谈话节目的关键要素所在。《精彩人生》营造了良好的氛围，红色沙发拉近了主持人与嘉宾的距离，背景墙上的logo 设计"聆听你的精彩"也较好地展现了节目的定位。这些细心的设计成为节目中的亮点，同时也体现出了团队成员对待任务时细心认真的工作态度。

（二）案例不足剖析

1. 镜头设计的单一性。谈话类节目的镜头切换与新闻类节目相比，最大的区别就在于谈话类节目需要小景别的镜头来展现细节。但在本期节目中，很多需要用小景别予以关照的镜头，整组同学几乎均未做任何设计，从而错过了很多精彩内容的呈现。例如，当女嘉宾讲到自己为什么没有选择舞蹈专业时，表情上的无奈和眼眶里打转的泪水，应该用小景别的画面加以强调，但这些转瞬即逝的精彩内容，并未被导播和摄像捕捉之后呈现给观众。

2. **场面调度的不可控性。**在本期节目中，同学们为了丰富节目内容，特意选择了两位有才艺的同学，这就使节目本身的演员调度较之常规的谈话类节目会复杂得多，尤其是在女嘉宾跳舞时，大幅度的调度在丰富画面内容的同时，也为负责该环节导播工作的同学带来了一定难度。从整体切换的效果来看，该同学事先并未对舞蹈内容做充分的了解，也没有提早设计分镜，以至于最终切换的画面大都为景别相似的全景镜头，对嘉宾面部、手部等细节则没有很好的展现。

3. **内容缺乏故事性。**谈话类节目需要嘉宾能够在主持人的引导下将自己的故事娓娓道来，而非没有方向地漫谈。因此，节目所选的嘉宾一定要是有故事、有情绪的鲜活人物，他可以不是明星，但必须是有故事的人，故事中心的编织、故事情绪的凝聚，甚至主人公是否善于表达情绪，都应该是在选择嘉宾时慎重考虑的问题。《精彩人生》所选的两位嘉宾虽然在校园里有一定的知名度，但其人生经历不具有很强的故事性，对观众的吸引力也只停留在好奇层面。再加上节目组对话题挖掘得不够深入，使得蜻蜓点水式的谈话并未真正吸引观众，没有故事性的谈话内容自然也成为之后观众反映不能引起情绪共鸣的原因之一。

【实践练习参考】

1. 谈话类节目的策划及文案写作；

2. 谈话类节目的分镜头脚本设计；

3. 明确不同类型的谈话类节目在整体设计上的区别；

4. 在谈话类节目中对反应镜头、特写镜头的设计与把握；

5. 谈话类节目中的机位设置思路。

第七章

情景剧实验教学步骤与案例分析

【重点内容提要】

　　1. 掌握情景剧的概念和基本分类；

　　2. 掌握情景剧的制作和流程设计；

　　3. 掌握对情景剧剧本的创作，明确剧本内容和人物关系；

　　4. 掌握情景剧分镜头脚本的写作，撰写分镜头脚本；

　　5. 熟练运用多讯道技术完成对情景剧的录制。

　　在学习多讯道节目制作模式的过程中，对节目类型的探讨应该是一个难度循序渐进的过程，将情景剧放在相对中间的环节是因为：一方面有了前面新闻类和谈话类节目的基础，同学们可以完成场面调度更为复杂的情景剧的切换；另一方面，在熟练切换情景剧内容之后，也可为后续综艺节目和电视文艺晚会的练习打下基础，尤其是对于演员调度越来越复杂的内容，同学们可以通过对情景剧的导播切换练习，学习如何应对该类型的节目内容。

第一节　情景剧相关知识梳理

　　情景剧是最适宜采用多讯道制作模式完成录制的电视节目类型之一，尤其是室内情景剧更适宜于同学们在学习阶段进行练习。在掌握制作技术之前，有必要让同学们先对情景剧的基本知识进行一定的了解和掌握。

一 情景剧的概念与特性

（一）情景剧的概念

"情景剧"也称"情境剧"，是一种起源于美国的轻喜剧。最早的情景剧是在室外表演，由一个或几个演员在舞台上表演，观众在台下观看，在观看的过程中，观众因它的幽默、诙谐而发出笑声，而这笑声就成了情景剧的一个特有标志。随着电视的出现，情景剧的表演形式随其发展由原来的室外表演改到了室内，但同时也缺少了现场观众的笑声。为了保持情景剧原有的戏剧效果，室内情景剧一般都会在后期人为地加上笑声。发展到现在，总结其自身特征，可将情景剧定义为是对在室内情景中发生的、表演某个群体内成员生活的片段进行录制，同时为达到预期效果而在后期加上观众笑声并在电视上播出的系列短剧。

20世纪90年代的国产长篇情景剧《我爱我家》，开创了我国情景剧的先河。它将美国由街头歌舞表演发端的情景喜剧形式与中国自身的相声和小品艺术结合起来，开创了情景剧的中国本土化模式。《我爱我家》颇具特色的幽默方式，形成了我国情景喜剧难以超越的高峰。

后来的情景喜剧创作者做过很大努力，比如通过描述一些特殊领域的故事，让观众在了解行业特征的同时也收获了笑声，如《编辑部的故事》、《炊事班的故事》、《卫生队的故事》等。在2005年前后播出的《家有儿女》，通过平淡的生活写照博得了观众的喜爱；在2006年播出的古装戏《武林外传》，以虚拟明代为背景，借助网络语言的幽默诙谐，获得了非常可观的收视率；到2009年出现的《爱情公寓》、2012年的《屌丝男士》，还有近年来兴起的《废柴兄弟》，也刮起了观众追剧的狂潮。

当然，无论是国产剧或是海外剧，"情景剧"大都以系列故事来编制剧情，有相对固定的主要场景和主要人物，每集也可能有客串的角色，并以电视系列剧形式播出，像《老友记》、《生活大爆炸》、《破产姐妹》、《闲人马大姐》等也都孵化出了很多经典的角色。除此之外，像《爱笑会议室》这样常态的以情景剧为主要内容的电视栏目，也因为其有创意、有笑点的情景短剧而深受观众喜爱。

（二）情景剧的特性

1. 喜剧性

情景喜剧最早的演出形式类似于中国的相声曲艺。传统曲艺节目在我国是历史悠久、影响深远的，所以在中国的情景剧中，传统曲艺的幽默是其重要的特点之一。传统曲艺元素介入情景喜剧当中，最早可寻的便是《我爱我家》，它在很大程度上依靠着语言来引发幽默笑料，由此可见语言在情景喜剧中有着不可替代的作用。情景剧通常采用风趣幽默的语言或地域方言来完成其对白，比喻、拟人、讽刺等是情景喜剧常用的修辞方式，再加上演员幽默的表演，以及最具标志性的"观众笑声"等表现手法，也就注定了它会以喜剧的方式存在。

2. 贴近性

情景剧大多数都是现实情景剧，贴近人们的日常生活，常常会在观众嬉笑之余引起观众的共鸣，引发观众对现实问题的思考。

（1）话题的贴近

多数情景剧里的内容都与百姓的生活贴近，重在演绎老百姓家长里短、柴米油盐的故事。例如《家有儿女》、《武林外传》中的剧情，都是发生在我们生活中的喜怒哀乐和社会热点，在幽默欢乐的同时，也呈现出了不少的人生哲理。如《武林外传》在每回故事的结尾都会总结出本章节所要展现给观众的哲理，这些哲理源于我们的生活，却又高于生活，让人回味无穷。

（2）人物形象的贴近

情景剧中的角色多为贴近百姓日常生活的人物，剧情多是发生在平凡人物身上的平凡故事，充满了浓郁的生活气息，观众在观看时，总能从作品中找到现实生活中"你、我、他"的影子。例如《炊事班的故事》里的新兵小毛爱唱歌，但谁都听不懂；《爱情公寓》中的热心肠曾小贤，却总是把事情搞砸；《闲人马大姐》以一位普普通通的退休女工马大姐的日常生活为素材，刻画的其实就是在我们身边热心肠的邻里邻居。每部情景剧中都会塑造出几个让观众印象深刻的角色，他们之所以能够获得观众的认可，正是因为他们让观众从心

理上获得的亲切感。

3. 地域性

地域性是情景喜剧在中国本土化改造中最为显著的特点。由于区域文化、方言特色和生活习俗的差异，不同地区的人们对"幽默"的理解和接受有着较大的差异，而根据不同地域的人文特点，创作出附着地域特色浓厚的情景喜剧，往往能受到地方观众群体的喜爱。

其一，方言的使用是情景剧里地域性的一个重要表现。从《我爱我家》中浓郁的京腔风貌、《东北一家人》采用的幽默诙谐的东北方言，到《老娘舅》采用的带有上海腔的普通话，再到后来《外来媳妇本地郎》中典型的粤式风格等，都表现出了地方语言的特色。

其二，一剧多种方言的搭配，让情景剧具有喜剧的特点。如2006年热播的《武林外传》中的几个主角里：佟湘玉讲陕西话，白展堂、李大嘴讲东北话，郭芙蓉讲闽南话，祝无双讲上海话，吕秀才则是普通话、上海话和英语混用。多种语言的使用体现了多元文化的融合，同时也拉近了与不同区域观众的距离，从而更好地展现了情景剧的喜剧特性。

其三，很多情景剧在展现不同地域的特征时，除了语言上的不同之外，还会从其他方面加以刻画，如建筑物的地域性特征、剧中食物的丰富多样、服装配饰的差别等，这些精心的设计也使作品中的地域性特征得以全面展现。

同学们在进行情景剧的多讯道练习时，也可以充分利用各自所在家乡的方言来增强情景剧的喜剧效果，同时，还可在舞美设计方面，充分考虑融入地方性的元素，以使内容更具贴近性。

二 情景剧的分类

学者曾澜在《意义是叙述生成的——对当代英国电视情景剧的一种文化解读》一文中，根据情景剧单元叙事所构建的不同世界的建构模式，将情景剧分为三类。

（一）现实情景剧

叙事所建构的世界是真实世界的逼真摹本，现实世界的原则、逻辑一样适用于情景剧中，但是人物角色被适度戏剧化。例如《家有儿女》，它用科学的教育手段去激励广大儿童、青少年努力奋发向上。同时又围绕着"成长"这个主题，将儿童、青少年在社会、学校和家庭教育中出现的各种问题，以一种巧妙的连接方式串联起来。

（二）情景闹剧

它建构的是一个高于摹本世界之上而又囿于现实世界自然因果法则的世界，描述了在一个特定的世界或特定的情景中某些未发生却可能发生的人或事，如《弗尔蒂旅馆》（Fawlty Towers）。

（三）荒诞情景剧

如荒诞喜剧一样，荒诞情景剧建构的是一个神奇的、不可思议的世界，如《年轻人》（The Young Ones）。而国内的情景剧大多是现实情景剧，情景闹剧和荒诞情景剧相对较少。

由于情景剧的剧情较为简单，地点单一，人物关系也相对清晰，因此，情景剧可根据人物关系分为四个类型：家庭情景剧、朋友情景剧、工作地点情景剧和综合情景剧。

（一）家庭情景剧

着重表现一个或两个家庭。家庭可以是一对夫妇，一对夫妇和孩子，或者更大的家庭。观众每个星期观看这些角色发生了什么，看看与自己家庭类似的问题。这类喜剧里常有道德说教的情节，特别是当目标观众为儿童时。代表作品：《辛普森一家》（The Simpsons）、《乡巴佬希尔一家的幸福生活》（King of the Hill）和《家有儿女》等。

（二）朋友情景剧

着重表现一群单身的朋友和他们交错的生活。绝大部分角色不会是亲属，但他们深厚的友谊组成了一个"家庭"。有时候这一类型情景剧通过各个角色不同的观点讨论了道德问题的各个方面。代表作品：《老友记》（Friends）、《威尔和格雷斯》（Will & Grace）和《爱情公寓》等。

（三）工作地点情景剧

这类喜剧表现了一个有趣的工作环境中同事、上司、雇员等角色之间的关系。

尽管故事经常有家庭成员参与，主要情节一般只在工作地点发生，主要演员是办公室里的成员。这类喜剧通常探讨观众在自己职业生活中能体会到的问题，代表作品有《实习医生风云》（Scrubs）、《破产姐妹》（2 Broke Girls）等。

（四）综合性情景剧

这类情景剧将家庭情景剧或朋友情景剧与工作地点情景剧结合在一起。一般有一个领衔主角，名字常为剧集的名字，几乎所有的故事围绕着主角展开。代表作品有《欢乐一家亲》（Frasier）、《闲人马大姐》和《玛丽·泰勒·摩尔秀》（Mary Tyler Moore）等。

情景剧 （按人物关系分）	国内	国外
家庭情景剧	《我爱我家》 《家有儿女》 《东北一家人》 《本地媳妇外地郎》	《辛普森一家》（The Simpsons） 《乡巴佬希尔一家的幸福生活》（King of the Hill）
朋友情景剧	《爱情公寓》 《武林外传》	《老友记》（Friends） 《威尔和格雷斯》（Will&Grace） 《宋飞正传》（Seinfeld） 《生活大爆炸》（The Big Bang Theory）
工作地点情景剧	《都市男女》 《炊事班的故事》 《候车室的故事》	《实习医生风云》（Scrubs） 《破产姐妹》（2 Broke Girls）
综合性情景剧	《闲人马大姐》	《欢乐一家亲》（Frasier） 《玛丽·泰勒·摩尔秀》（Mary Tyler Moore）

三 情景剧的现状

20 世纪 90 年代的《我爱我家》，是中国首部情景喜剧，该剧的播出让中国观众体会到了一种与以往不同的影视节目形式。在这之后的《中国餐馆》、《编辑部的故事》、《闲人马大姐》等，也给观众带来无限的欢乐。进入 21 世纪，随着改革开放的进一步深入，国内的情景剧在之前的基础上有了重要突破，主要体现在系列剧的出现和内容题材的扩大，《东北一家人》、《家有儿女》、《爱情公寓》、《武林外传》等，都是深受观众喜爱的优秀作品。独具特色的中国情景剧自开播以来，一直受到广大观众的喜爱，其发展现状大致如下。

（一）"千篇一律"中寻求突破

从模式上来看，自1993年《我爱我家》热播之后，中国电视屏幕上相继出现的情景剧都与《我爱我家》极为相似，如《东北一家人》、《炊事班的故事》等，虽然《我爱我家》在当时获得了较高的收视率，但由于缺少文化积淀，大部分剧作文本只是一味地追求娱乐消遣。从内容上来看，这一时期的情景剧大都是一些现实生活中的家长里短，虽通俗易懂，却又缺少深度。在大量相似的作品涌现之后，观众便不可避免地出现了审美疲劳。

《武林外传》的出现，则使这一窘境得以改变。《武林外传》中的所有故事都是围绕虚拟出来的关中区七侠镇"同福客栈"里的一群人展开的。从题材上看，《武林外传》将情景喜剧拓展到古装范畴，角色穿着古装演绎现代生活，这恰巧是年轻受众群熟悉和热衷的戏仿混搭审美；从故事内容上看，它具有明显的"拼贴"标签，这与以往的情景喜剧看重情节线有所不同，它最能吸引受众的是将大量不同的流行文化元素融入古装的情景中，重拾了受众对无厘头文化的记忆；从语言上看，《武林外传》和网络流行的语言方式同步并行，热衷于文字游戏本身。例如将古文与白话文混搭——"子曾经曰过"，将方言书面化——"额滴个神啊"，将语言按文气而非逻辑重新串联等，这些饶有趣味的创意，都是它能够吸引大量年轻观众的重要原因。

和以往情景剧受众平均年龄分布不同的是，《武林外传》的受众群体主要集中在30岁以下。将网络语言、时尚资讯、通俗歌曲等各种现代元素掺杂其中，创造出中国自己的情景剧，从而使《武林外传》深受广大观众的喜爱，而该作品也为我国情景剧的模式和风格创新开辟了一条新思路，进而将我国情景剧推向新的高峰。

（二）借鉴中不断成长

《老友记》（也称《六人行》）在美国热播多年，在我国也拥有一众粉丝，而同样讲述一群合租年轻人生活、情感、工作故事的国产剧《爱情公寓》，在剧情设置等很多方面与《老友记》也有着很多相似的地方。《爱情公寓》中每个主要人物的形象被描绘得淋漓尽致，诠释了现实社会中形形色色的人物形象，但它并不是完全复制翻拍美国的情景喜剧，而是在借鉴的基础之上，有其独到的创新。在题材上，《爱情公寓》打破了传统情景喜剧 25 分钟的时长限制，并尝试将青春偶像剧与情景剧结合，让受众产生强烈的共鸣；在故事上，它以喜剧的方式展现青年人群的世界观和行为方式，放弃了血缘家庭的框架设定，转而塑造以同居好友为对象的类家庭叙事。同时，它还彻底放弃了情景剧一贯使用的全阵容连贯叙事，转而采用小故事多线索模式。虽然这一表现形式直接效仿了美国情景喜剧的形式，但剧中很多故事的来源则是以我国当下青年群体的共同时代特征为创作背景，剧作中的语言显示了年轻人的幽默诙谐与生活智慧，作品营造的幽默环境也实现了可供国人轻松解读的喜剧效果。由此可以看出，国产情景剧要么是在效仿的过程中不断尝试加入本土元素，要么是在成长之后大胆鼓励原创，在这样的创作背景下，必然出现了很多全新的、特有的、令人无法忘却的且具有时代情怀的优秀情景剧作。

（三）精品剧作的匮乏

情景喜剧的人物需要相貌、语言和性格的趣味性，包括个体的喜剧天分，也包括群体喜剧差异的比较，还有集中主次衬托的搭配。淳朴憨厚的幽默面庞、灵活机敏的逗乐表情，以及含蓄内敛的装傻丑陋，都可成为情景喜剧呈现的趣味情景，从《我爱我家》到《闲人马大姐》、从《武林外传》再到《爱情公寓》，无不呈现出平民式的人物情趣。但当下我国缺少喜剧创作的原理模式，国人在内敛含蓄的意识包围中，逐渐淡化了喜剧经验的积累。情景喜剧的成功需要"笑声"的配合，而这"笑声"不仅来自自身的幽默感，更需要特定文化背景的熏陶与滋养。近几年中国的情景剧虽然在数量上有上升的趋势，但在创作质量上却难掩疲软匮乏之态，而这也正是自《武林外传》、《爱情公寓》之后，再难出现象级精品情景剧作的原因所在。

（四）网络情景剧的出现

网络情景剧在互联网时代下逐渐萌芽，并成为了当下大众娱乐文化的重要组成部分，而其之所以能够受到广大观众的喜爱，则不外乎以下几点原因：

1. 时间短。网络情景剧最主要的特点就是时间短，如《屌丝男士》每集的时长一般在 15 分钟左右。然而时间的限制并未影响作品的质量，《屌丝男士》的拍摄地点丰富但不复杂，整部作品虽然在特效与镜头使用方面较为简化，但整体情节较为丰富，笑点充足。这种短小精悍的作品，正与当下人们快节奏的现代生活不谋而合，人们可以随时随地利用碎片化的时间欣赏作品，而作品自身的趣味性也可以让人们随时得到身心的愉悦与放松。

2. 通俗性。内容的通俗性也是当下网络情景剧的一大特点。比如《屌丝男士》主要是针对现实生活中的一些现象用夸张的语言与肢体动作，以及适合当代社会的网络语言将剧情展现出来，即便在表现手法上较为夸张，但并未脱离生活实际。网络情景剧在语言表达方面大都以口语化的形式呈现，但剧作中所使用亵渎、恶搞、冒犯的语言和较为粗俗的表现方式，则不建议同学们在练习中借鉴和模仿。

【情景喜剧——剧照展示】

《我爱我家》剧照

《家有儿女》剧照

《武林外传》剧照

《爱情公寓》剧照

第二节　情景剧实验教学内容

一　实验操作的目的及意义

情景剧自身的特点决定了采用多讯道制作模式为其制作的首选，而采用多讯道模式录制情景剧，也同样会对情景剧的创作产生了一定的影响。就导播工作而言，情景剧的视觉呈现与其说是一种主动的追求，不如说是在创作与制作生产之间的一种妥协。具体原因分析如下：

第一，情景剧系列化、规模化的多集生产的产品特点，决定了它需要快速高效甚至成本低廉的制作方式。与单机拍摄的制作方式相比，多讯道制作方式将拍摄的素材单元从单个镜头扩展到场，由此大大提高了表演、拍摄、后期制作的效率。

在同学们练习的过程中，同样需要注意有关效率的问题。情景剧的表演不同于新闻类和谈话类，一旦某一个环节出错，很有可能演员的表演就会被打乱节奏，最终会导致原计划的时长也会被延长或缩短。因此，在录制情景剧的前期，需要同学们反复排演、做足准备，以便在正式录制时能够一次性通过。

第二，由于多讯道制作方式的介入，需要在情景剧的演播现场划分相对固定的场景表演区和摄制工作区。因此，情景剧的场景多是三面封闭一面敞开的半闭合式场景，导播需要在被划定的摄制工作区中架设机位。

同学们在架设机位的过程中，也需要考虑如何架设才能够满足整场录制过程中不同机位的拍摄需求。情景剧的拍摄不同于新闻类节目，它可能会在不同的时刻提出不尽相同的拍摄任务，这就需要同学们灵活设置机位，以实现单个机位的功能最大化。

第三，多讯道制作的连续性与固定场景空间的限制，使情景剧的镜头调度受到极大的限制。因此，注重人物台词与动作细节成为情景剧制作的必然选择，并决定了导播调度镜头的重点。

在情景剧表演的过程中，会有很多细微的内容需要导播予以镜头的关照，比如特殊物件的出现，它可能会是后面剧情发展的重要线索，这时就需要导播用特写镜头对其产生强调；剧中主要人物面部表情的突然变化，或许就是之后整个剧情反转的铺垫，这时同样需要导播对其进行捕捉，以帮助观众更好地理解之后的表演。

情景剧作为多讯道实操梯度化设计的中间环节，既能够对前两个环节的内容有所延续，同时在难度上的适当拔高，也能为后续的环节打下一定的基础。

二　制作步骤与流程

（一）情景剧的创作与选择

情景剧的剧本一般会由若干名编剧在剧本统筹的总领下分工写作，要写好一个剧本，除了要构思故事情节、人物关系和主题思想等外，还需考虑角色冲突和表现张力。在对剧本内容的确定和选择上，还要充分考虑系列故事的主要场景，它必须基于实验基地的大小和剧场舞台的布局。

故事的题材多种多样，只要主题鲜明、有良好的舞台表现效果（即能改编成情景剧）、有文学性和趣味性的故事，都可作为情景剧创作的参考。建议同学们实验所采用的情景剧可选取一个具有完整情节的故事，且情节设置上需要有明显的高潮和起伏，有收尾的过程，这样便可以充分锻炼学生掌控镜头和把握节奏的能力。下面推荐一些易于操作的情景剧。

情景剧	演员人数	出处
《一决高下》	6人	《爱笑会议室》
《更衣室内》	6人	《爱笑会议室》
《爸，我考上了》	4人	《爱笑会议室》
《情人节看电影》	3人	《爱笑会议室》
《炒饼的故事》	7人	《爱笑会议室》
《爷仁的幸福生活》	5人	《爱笑会议室》
《楼上楼下》	3人	《爱笑会议室》
《博士与007》	3人	《爱笑会议室》
《我的失忆儿子》	4人	《爱笑会议室》
《酒桌狂想》	6人	《爱笑会议室》

（二）演员选择

在确定好剧本后，就需要导演组根据剧中各个角色的性格和形象来确定演员人选。剧组所选的演员要能读懂剧本和理解主题思想，表演时要有表演张力且不怯场。需要强调的是，所选演员一定要有充裕的排练时间，这是因为一方面认真仔细的排练，能够确保最终录制时演员的正常发挥，另一方面摄制组各个工种也可在排练时熟悉故事剧情和演员调度，以便更好地完成对分镜的设计与撰写。所以，如果所选演员无法保证正常的排练时间，哪怕演技再好，也还是建议另选他人。

为了方便教学，建议同学们采用小组轮流的方式分配和选择演员。具体可参考如下思路：一个班在实操阶段通常会被分为6组，每组约有6—8人，在第一组同学负责导播练习时，可由第四组同学为其充当演员；在第二组同学负责导播练习时，可由第五组同学为其充当演员，以此类推。这样分配不仅是为了能够让每组的工作人员与演员有近乎一致的排练时间，从而更好地平衡组与组之间的练习进度，同时，还能让后续的小组提前学习其他小组的经验，以便及时修改完善本组的方案。再者，在为其他小组充当演员的过程中，也能很好地锻炼同学们的表演能力，提高他们对舞台的感知。

（三）分镜头脚本设计

在多讯道练习时，导播需要通过监视器的现场监控与分镜头脚本的配合来实现镜头切换，因此，分镜头脚本的设计对于情景剧的录制而言是极为重要的。在设计情景剧分镜头脚本之前，导播需要对故事剧情进行认真研读，在熟悉故事剧情的基础上，方可完成对剧情内容的分镜头设计。对于一些重要的环节，则需要引起导播足够的重视，尤其是在人物出场下场、情绪转折、故事冲突和关键道具出现等地方，都要求导播予以拍摄内容特殊的关照。

《爸，我考上了》部分分镜头示例

镜号	机位	景别	拍摄手法	画面内容	说明	画面展示
1	2	全景	固定	爸爸做饭，儿子开门走进	表现人物的手部动作与表情	
			固定	儿子："爸，你在干什么呢。"		
2	1	中近景	固定	爸爸："我在做饭呢。"	强调父亲面部表情	

续表

3	3	近景	固定	儿子："做啥啊？" 爸爸："红烧肉。"	强调儿子面部表情	
			固定	儿子："红烧肉啊，我最爱吃了。"	强调儿子面部表情	
4	2	中景	固定	爸爸："我特意给你做的。"	人物之间的对话关系	
			固定	儿子："爸，你看，录取通知书。"	注意儿子动作的变化	
5	2	中景	固定	爸:"我太高兴了。"把通知书塞到口袋里。	注意演员面无表情	
			固定	三姑进场	三人的位置关系	

续表

			固定	三姑："你儿子考上大学了，你再也不用卖豆腐了，我太为你高兴了。"	三姑讲话时，三人面部表情的变化	
6	1	近景	固定	爸爸面无表情继续炒菜	父亲单人的面部表情	
7	2	全景	固定	爸爸："我太高兴了，啊！"躺在地上	拍摄父亲摔倒在地的运动轨迹	
8	1	近景	固定	爸爸躺在地上的动作，儿子说话	注意演员的动作	
9	3	近景	固定	儿子："我爸高兴死了，我太难受了"，与三姑的画面	儿子的面部表情变化	

续表

10	2	全景	固定	导演进场说道："你们是演员吗，这戏是怎么演的。"	导演进场前说话	
			固定	三姑与儿子对话，三姑："你爸高兴死了。"		
11	3	近景	固定	导演："一点节奏感都没有。"	导演的面部表情	
12	2	全景	固定	导演继续说话，儿子与爸爸看着导演。导演继续说话："死尸不都能演吗？"	在全景画面中展现不同角色不同的表情	

（四）机位设置

由于情景剧的表演方式限制了拍摄的角度，导播通常会选择将三个机位放置到场景敞开面的一侧，这样不仅最大限度地保证了演员表演的连贯性，还充分发挥了多讯道制作模式的优势。在布局机位时，机位会根据人物关系以及情节的变化而变化，这就要求我们要根据情景剧的这种特点来合理的布局摄像机所在位置，避免造成机位彼此穿帮，从而影响了"看戏"的效果。对于情景剧中的多讯道拍摄而言，不同的位置表现力不同，所以导演在安排场面调度时也会有不同的侧重点。有时候导播和导演也会设计一些丰富的镜头来表现拍摄视角和提升画面表现力，但往往很难做到一气呵成。

在情景剧现场制作的机位布局中，几乎所有的机位都位于场景敞开面的一侧，这样的场景特点决定了我们观看的角度类似于在剧场里观看舞台剧的观众的视角。情景剧场景利用的主要区域与喜剧舞台上场面调度的主要区域非常相似，但不同的是，情景剧的场面调度最终呈现在屏幕画框中，而多讯道电视制作模式又使它有了更多的呈现角度和更大的呈现范围。因此，它比起舞台剧的场面调度具有更高的自由度。

情景剧的主要表演区习惯被放在类似舞台剧的三角形区域内，结合前面案例，我们用示意图把情景剧的主要场面总结为以下几种基础形态。

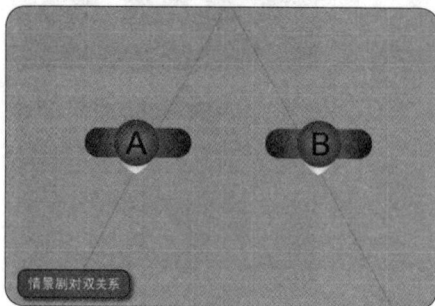
情景剧对双关系

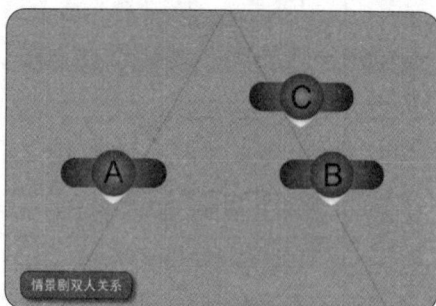
情景剧双人关系

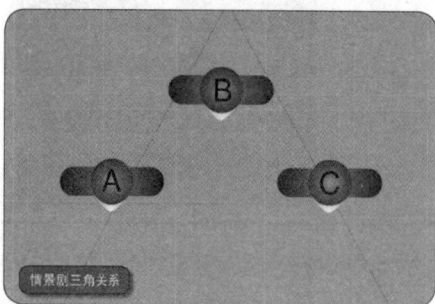
情景剧三角关系

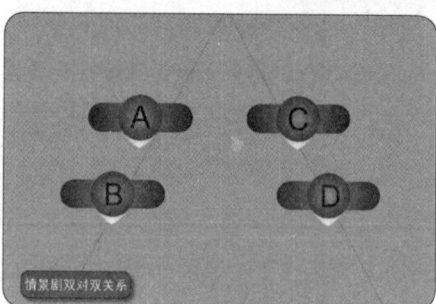
情景剧双对双关系

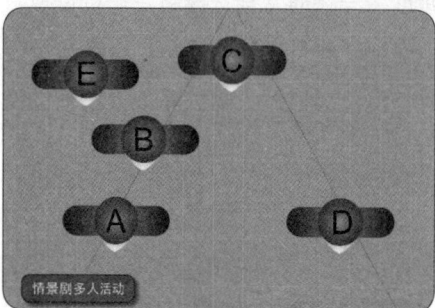
情景剧多人活动

通过上述的图示分析，我们可以看到，情景剧的场面调度通常发生在一个向观众敞开底边的三角形场景区域内。无论是双人还是多人的戏，所有人物的活动范围基本上位于场景中央的三角形区域内，而且人物在场景中左右位置的比重基本对称。这就说明，情景剧的场面调度依然本着舞台剧场面调度的关系原则，这就需要一个对齐场景中心轴线位置上的摄像机位置，考虑到镜头焦距的光学特征，此机位前后位置（接近或远离场景表演区）的确定取决于它的取景范围，在通常情况下，导播习惯于用它来表现场景的全貌，所以，它的前后位置以能获取场景的全貌为准，这就是"2号机居中后"位置的原理。

同时，我们还可以看到，在几种基本的场面形态中，人物的具体位置各不相同，但交流关系线却是相当固定的（我们在这里不使用"轴线"的概念，是因为在多讯道以场为拍摄单元的制作中，"轴线"的关系是粗略体现的）。当左右两个人或左右两方人在对话的时候，他们一般是相对而视，并且面部的朝向都偏向场景敞开面。也就是说，无论双人还是多人，场景中的人物总会呈"八"字形分布。为了尽量获得演员的正面镜头，就需要左右各摆放一台摄像机分别交叉拍摄对侧的人物，这就是"1号机、3号机左右交叉"位置的原理。

对于情景剧的三讯道制作而言，三个机位的具体位置是由它们各自所要拍摄的人物的位置决定的，而这种三角形的机位整体布局是与情景剧场面调度的主要形式和表现重点直接相关的。由于机位设置有限，调机对于导播来说可发挥的空间并不大，以至于导播要想保证还原现场的准确性，难度系数就显得很大。只有合理的机位设置，导播才能灵活地控制现场而不出现纰漏。因此，在情景剧中常使用倒三角形机位布局方案。下面是对倒三角形机位布局方案中三个机位主要任务的一些基本描述。

2号机通常主要用来拍摄场景环境的全景，所以，当需要展现环境、表现场面调度、交代人物关系时，导播通常会调度2号机用全景来完成拍摄任务。

1号机、3号机主要用来拍摄场景中的人物细节，可以说，它们拍摄人物的性质是相同的。我们举几个简单的例子来说明。

例一：如图所示，1号机主要负责场景中相对位置在右侧的人物B1，3号机主要负责场景中相对位置在左侧的人物A1。

例二：当场景中人物的原有位置关系发生左右变化的时候，即

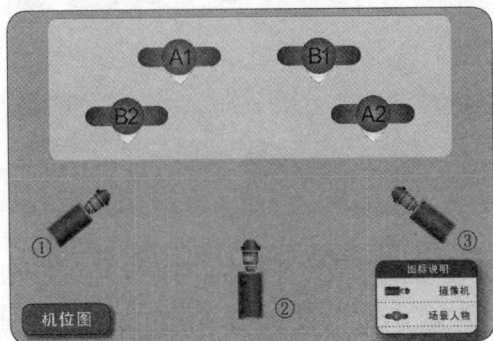

A1、B1 位置互换，变成了 A2、B2 的位置。那么，1 号机、3 号机的拍摄对象随之互换，这个场面调度的过程往往使用 2 号机来交代，同时也是为 1 号机、3 号机的拍摄人物调整留出时间。总之，1 号机、3 号机的任务基本是拍摄其场景对侧的人物，从而使用两个摄像机的拍摄轴线形成了交叉关系。

导播与摄像团队通过长期合作，对各个机位的主要任务取得了一定的共识与默契，但有时场景中的情况比较复杂，这时就需要导播采取一些有悖常规的做法，来完成对机位功能的分配。

例三：按常规来划分，2 号机的基本任务虽是场景环境的全景，但当场面中的人物较多而且每个人物都需要台词与动作细节的展现时，1 号机、3 号机显然

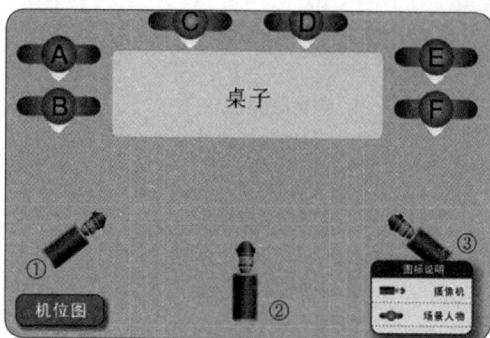

不足以应对太多的拍摄对象，这时导播就需要适时地调度 2 号机去帮助完成表现人物细节的任务。如图所示，1 号机的拍摄任务是 E、F（单人或双人），3 号机的拍摄任务是 A、B（单人或双人），2 号机就需要先承担交代场面全景的任务，再调度到表现 C、D（单人或双人）的任务上。这样既可以明确 6 个人的位置关系，又可以表现出每个人的细节。此例就是对 2 号机任务样化变通的展现。

例四：当场面中人物位置的整体布局偏向场景一侧时，用居中的 2 号机来拍

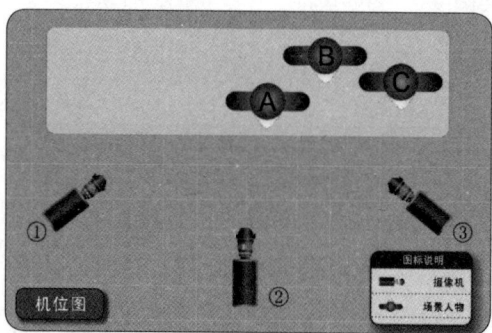

摄全景，构图看起来也许会失衡。这时，导播不妨调度两侧的机位（1 号机或 3 号机）来完成表现场面全景的任务。如图所示，由于三个人物居于场景中偏右的位置，导播可以用 1 号机来拍摄全景，交代人物关系，而通过变化 2 号机方向来拍摄 B、C，3 号机来拍摄 A。此例是表现可由除 2 号机以外的其他机位来承担场面全景任务的一种变通。

例五：1 号机、3 号机的拍摄任务交叉是情景剧调度的普遍规律，但有时候

1号机、3号机也会呈现出非交叉的状态。当导播想在一个镜头中保留场面调度的完整性，或者想打破用2号机全景来交代场面调度变化的固定做法时，就可以用1号机或3号机跟摇某人物来表现调度过程。那么，在镜头运动的过程中就会改变原有的交叉拍摄状态。开始时，1号机拍摄B，3号机拍摄A，2号机拍摄A、B双人带环境的全景；当A位置不变、B开始向A的左侧调度时，1号机跟摇B，在跟摇的过程中带出A，直至镜头落幅在B的新位置（A的左侧）。在这次镜头的调度中，既保留了B的中近景，又关照到了A的反应，还实现了在一个镜头中表现场面调度的完整性。此例是对1号机、3号机在交叉拍摄中变通的体现。

（五）导播技巧

无论何种类型的节目，导播切换画面的规律首先是符合画面剪辑的一般规律。情景剧导播画面切换的主要依据，仍然要从情景剧的种类特点出发。

情景剧的故事情节是以人物对白演绎为主要依托的，台词表现声画统一的特点是非常明显的，很少出现单纯的动作段落，因此，导播用画面来展现人物对白就成为其最主要的工作。在情景剧中，A说话时画面给A，B说话时画面给B，这就是我们所指的画面切换"关注说话人"的规律。再者，情景剧中的人物关系是较为固定的，人物心理的展现也是非常直白的，导播很少需要用声画错位的表现手法来进行叙事。当然，在表现某人一段较长的台词中，也可以灵活切入其他人的反应镜头。

在后期剪辑过程中，剪辑师在剪辑画面时可以借助画面中人物的动作、动势选择剪辑点，这样能够使上下画面的衔接流畅简洁，也更能突出画面的动感。比如转身、抬手、拿放东西、起身坐下、开关房门、上下汽车等动作，虽然它们再普通不过，但剪辑师经常在这些动作中去选择画面的剪辑点。在多讯道镜头切换中，由于情景剧连续录制的特点，每个镜头的接点基本上是导播在现场录制时一次性选择的画面切点。不同导播选出切点的精细程度是存在很大差异的。通常情况下，由于不可重复录制、不可反复推敲的性质，现场录制的画面切点并不能像单机或多机拍摄时后期剪辑的画面剪辑点那么细腻，况且，动作的展现也并不是情景剧的主要任务。即便如此，面对情景剧涉及的所有动作，导播的重视程度也应该有所区别。对于那些有推动情节发展作用的动作细节以及导演着意设计的有特殊效果的动作细节，导播一定要用相应的画面去表现，并作出准确的切点选择。

【情景剧镜头调度的景别依据】

在情景剧镜头调度的过程中，有必要就景别系列加以阐明：以画框内最大限度展现场景全貌的景别即为大全景；以带有环境并展现群体人物位置关系的景别为小全景；以表现人物膝盖以上范围的景别为中景；以表现人物腰部以上范围的景别为中近景；以表现人物胸部以上范围的景别为近景；以表现局部细节为内容的景别为特写。

首先，由于情景剧的环境多为封闭空间，比如家庭、办公室、餐厅等，如果一直出现大场景，极易让观众产生厌倦感，因此，在每一个场景中，应多用小全景来表现空间、人物关系等。其次，情景剧多以台词来推动剧情发展，演员也以台词的演绎为主要表演手段。因此，相较剧情片而言，情景剧镜头景别运用明显少了很多近景、特写。最后，在情景剧的制作过程中，镜头可能无法划分得十分准确精细，容易顾此失彼，很容易丢掉演员随机处理的动作手势和与对手戏演员之间自然的交流动作，此时，通过中景（或中近景）来保留人物关系、姿态、手势、面部表情的拍摄，成为一种很适用的制作方式。

（六）现场呈现

情景剧有剧本作为基础，每个环节都有各自严格的要求，场景的布局、灯光的改变和音乐的切换都只需按照事先完成的剧本要求执行即可，唯一可能超出预期效果的便是演员的表演。演员在具体表演时，可以有一定的发挥空间，但是所有的改动不可太过偏离剧本，尤其是演员的走位和调度，不能有太多偏离事先安排的任意发挥，否则导播很有可能无法捕捉到之前设计好的一些微小细节。因此，为了避免有过多超出预期效果的突发状况出现，在正式录制前应进行多次彩排，对每个细节都要做到反复精确的确认。

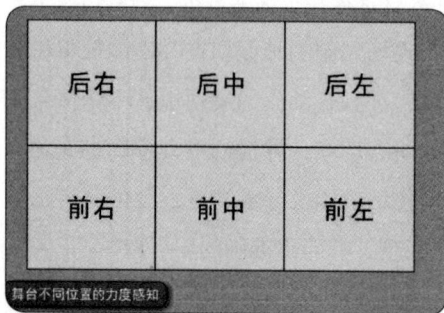

后右	后中	后左
前右	前中	前左

舞台不同位置的力度感知

【知识拓展】——舞台力度感知

前中：明显、突出、赤裸、有力，适于表演紧张的高潮、争吵和重大决定的做出；

前右：亲切、温暖和非正式的格调，适于表演家庭之乐、客人拜访、友人品茗聊天和情人谈情说爱；

前左：正式、严肃，但缺少亲切感，适于表演社交拜访、突然的爱抚、公事、阴谋、独白等，无戏演员可在此停留；

后中：正式、高贵、意味着权势，适用于表演法庭和宫廷的宣告，领袖人物的讲话和权威统治、特别强调的出场和正当的爱抚；

后右：浪漫与抒情，适用于浪漫的恋爱、梦想和沉思等；

后左：最弱区域、但也常由于违逆人们的视觉和心理习惯，反而表现出特殊的力度，例如可以在这里表演杀人、自杀和发疯等。

（七）舞美设计

情景剧的舞美设计主要是指通过塑造人物形象、创造和组织动作空间、表现环境和地点，以及营造情调气氛等多种手段来揭示剧作的主题思想。舞台道具即演出中所用的家具、器皿以及其他一切用具的通称，它在戏剧演出中往往和演员的表演有直接关系，起着帮助演员表演的作用，是演员活动的支点。根据故事情节的需要，舞美和道具有助于丰富情景剧的内容，使表演更加生动，更具观赏性。作为传媒类相关专业的同学，建议同学们能够自己动手设计完成所需的各类舞美道具，这样不仅能够变废为宝，大大节省制作节目所需的成本，同时还能提高同学们的动手能力，通过集思广益的大胆创新，设计出情景剧中所需要的各类舞美与道具。

第三节　典型学生案例分析

一　案例呈现

情景剧《一决高下》策划书

（一）剧本内容

（1）故事简介

藤田君是一名十分热爱剑术的日本剑客，他为了能感受到中华武术的博大精深，便和随从化戈君来到了中国，藤田君让化戈君为他找到中华武术中的精英，要和他们一决高下。他分别与叶问和黄飞鸿展开了搞笑的对决，但都是失败而归，最后他只好逃回自己的国家。（注：故事剧情皆为虚构）

该剧无论是言语的交涉，还是肢体的表演都极具喜剧性，让人在捧腹大笑的同时，又一次认识到了中国武术文化的魅力。剧中的主人公黄飞鸿、叶问等都是观众熟知的人物，剧情设计贴近观众、贴近生活。

（2）剧情内容

第一场：

场景：场上有一桌子，桌上有一根蜡烛和一块红色方巾。

藤田（日本人）上场（拿着短剑、身穿空手道服）走到桌前，将短剑横放在桌上，然后跪坐于桌前（保持一段距离）。

藤田：（由旁白带有日本腔讲汉语）我是一名剑客（藤田君跪坐着向前移动了一步），看我的装束，就知道我是一名日本剑客（边说边拿起短剑），我有一把锋利的剑（一边拔出短剑），十步一杀、见血封喉（一边观赏短剑，一边拿起红色方巾擦拭短剑、动作缓慢），我是人不离剑、剑不离人，江湖人称"剑人"（擦拭完毕，观赏短剑后入鞘）。

藤田拿起放于身边的短剑，将剑飞快地拔出剑鞘（想要熄灭蜡烛、但是失败了，保持着动作），开始用嘴吹蜡烛，想要熄灭它，结果远距离不行，最终只得靠近蜡烛并将其吹灭。后回到原位，把剑收回剑鞘中。

藤田：化戈君。

时隔5—6秒，化戈君上场，并跪坐。

藤田：听说中华的武术博大精深。

化戈君：嗨！

藤田：帮我从各界找出精英，我要逐一对决。

化戈君：（重重的点头）嗨！

藤田：（挥手示意）下去吧。

藤田拿着短剑，飞快起身，走到门口，穿上木屐，与化戈君一同下场。

第二场

场景：叶问坐在一旁，化戈君带领着藤田进场，化戈君见到叶问，向他鞠了一个90°的躬，并向叶问介绍藤田。

化戈君：这位就是藤田君，今日要与您一决高下（说完向叶问鞠躬）。

叶问：请坐（但旁边没有椅子），吃过饭没有？

化戈君：还没有。

叶问：要不要一起吃个饭？

化戈君：（看了一眼藤田）不要。

叶问：（左右张望）那…

藤田：（举手示意）请出手吧。

叶问：（面带微笑）哦吼，请～（做了一个"请"的动作，便起身）。

藤田脱掉了木屐，化戈君站在一边，藤田和叶问摆好准备开打的架势。

叶问：咏春，叶问。

化戈君向两人鞠躬示意，便下场了。

叶问老婆上场（身穿旗袍），叶问立马收回准备开打的架势，手背在身后，故作淡定。

叶问老婆：打打打，整天就知道打。

叶问老婆：（走到藤田面前）这位先生应该不是中国人吧，跟我先生打一定要注意点，（走向椅子，中途又看向藤田）请先生注意下我们的家具。

叶问老婆：（拿走原先叶问坐的椅子，走时看了叶问一眼）给我悠着点啊！

叶问一直看着老婆、直到老婆下场。

藤田：没想到，叶师傅是个怕老婆的人。

叶问：（指着藤田，并向其走去）这个世界上没有怕老婆的人，只有尊重老婆的人。

藤田：出手吧叶师傅。

叶问倒退到原位，两人再次摆好准备打架的架势。

叶问：咏春，叶问。

藤田：呀啊！

---------------------- 打斗过程 ----------------------

最终藤田被叶问打倒在地，叶问回到原位，摆好姿势。

叶问：咏春，叶问（说完看了躺在地上的藤田一眼，便下场了）。

藤田：（躺在地上）化戈君。

化戈君上场。

化戈君：（发现倒在地上的藤田，立马上前搀扶）藤田君！

藤田：（被扶起后，回了回神）这个中国人太剽悍了，再换一个！

化戈君：嗨！

第三场

场景：黄飞鸿戴着墨镜、拿着黑色长柄雨伞走上场，上场后四处看看，看着化戈和藤田上场。

化戈君和藤田上场。

化戈君：这位就是藤田君，今日要与您一决高下！（鞠躬）

藤田：在下藤田。

黄飞鸿：爱老虎油，在下黄飞鸿。

藤田示意化戈君下去，脱掉木屐。

化戈君下场；藤田撩起衣袖。

藤田：黄师傅跟想象中的不一样。

黄飞鸿：想象跟现实是有差别的嘛，啊哈哈哈。

藤田：出手吧，黄师傅！

黄飞鸿：请。

（背景音乐响起）

————————————— 打斗过程 —————————————

藤田：黄师傅，（指着黄飞鸿的伞）你就这把伞厉害，有种不要用这把伞（黄飞鸿听后，把伞扔到一边）。

黄飞鸿：请。

————————————— 打斗过程 —————————————

藤田：黄师傅，（指着黄飞鸿）这是什么拳？

黄飞鸿：醉拳（摆起醉拳的姿势）。

藤田：听说黄师傅拳脚双绝，拳是醉拳（黄飞鸿放下姿势）。在下见识了，让在下再见识一下，您的无影脚吧！

黄飞鸿：既然你远道而来，今天就让你开一开眼界（摆出姿势）佛山无影脚。

————————————— 打斗过程 —————————————

黄飞鸿：简直是不堪一击啊。

藤田：好快的脚法！黄师傅，收在下为徒吧！（双膝下跪）。

黄飞鸿：哎，我们中国武术博大精深，它吸取了儒家的哲理，还有武德，可是阁下并不明白这个道理，所以你们根本就不配学中国武术。我黄飞鸿虽然不能代表整个民族，但是我有一句话要奉劝阁下，中国有句俗语叫作"人不犯我、我是绝对不会动他的"，所以，请阁下好自为之吧！阿宽！

阿宽上场，拿着黄飞鸿之前扔掉的黑伞。

阿宽：师傅（撑起伞）！

黄飞鸿：咱们去找十三姨。

黄飞鸿和阿宽看了下藤田便下场了。

藤田：化戈君（原本跪着的，现在自己起身）。

化戈君上场。

化戈君：藤田君。

藤田：把刚才那句话记下。

化戈君：什么话？

藤田：人不犯我，我是绝对不会动他的！

化戈君：嗨！

藤田：对了，下一位找好了没有。

化戈君：找好了

藤田：他是谁？

化戈君：张三丰。

藤田：（轻蔑地笑了笑）回国（说完和化戈君一同下场）。

完

（3）剧本其他基本情况

场景地点	1. 藤田君房间 2. 叶问的家里 3. 与黄飞鸿决斗的街上	
道具	武士服，武士刀，小方桌，长衫，樱花花瓣，蜡烛，黑雨伞，木屐，抹布，椅子，旗袍等	
人物	演员	人物性格
藤田君（男一号）	张洪恩	是一名日本剑客，表情动作都很正派，看起来比较严肃，但是话语幽默，举止行动搞笑
叶问（男二号）	王阳阳	语言幽默，肢体语言丰富，怕老婆
黄飞鸿（男二号）	赵博华	看似体态臃肿，实则动作敏捷，爱讲大道理，幽默搞笑

续表

化戈君（男三号）	化戈	是藤田君一名贴身小兵，一切都听从藤田君指挥
叶问妻子（女一号）	王依迪	叶问的妻子，爱护家具
阿宽（男四号）	彭博	黄飞鸿的徒弟

（二）分镜头脚本展示

镜号	机位	景别	拍摄手法	画面内容	灯光	音乐	导播切换画面
1	2	全景	固定	舞台背景图，交代情景剧发生的大环境	舞台灯光	宫城道雄曲	
2	1	近景	跟拍和拉镜头	藤田君身着武士服，手拿武士剑小跑出场，交代出场人物着装和使用的道具	同上	同上	
3	2	中景	固定	藤田君跪坐在小方桌前，介绍自己的身份	同上	音乐暂停	
4	1	全景	推镜头	藤田君拿起剑，说明自己的身份，注意剑的起伏变化轨迹	同上	无	

续表

5	3	中近景	固定	藤田拿起剑介绍自己的剑术"十步一杀、见血封侯",体现出藤田剑术的高明	同上	无	
6	1	中景	固定	藤田拿起桌子上的抹布擦拭自己的剑,体现藤田对剑的爱护	同上	无	
7	2	小全景	固定	藤田放下剑,点燃桌子上的蜡烛,为下个镜头做铺垫	同上	无	

二　学生自评

在《一决高下》这部情景剧的实训练习中,本组成员的配合从整体上来说还是比较成功的,无论是前期剧本的改编、演员的选择、服装道具的筹备,中期机位的设置、舞美的布置、内容的排练,还是后期情景剧的多讯道录制,都在贴合情景剧主题思想的前提下,准确完成了对内容的多讯道录制。但在具体实操过程中,仍出现了较多问题。

1. 导播。在一部情景剧中,表情的呈现对于节目效果会起到至关重要的作用,因此,对演员表情微妙变化的捕捉则显得极为重要。但在整部作品的镜头选择上,由于导播与摄像沟通不到位,导致节目中切换画面略显单一,全剧主要以全景和中近景为主,特写镜头表现较少。剧中有些重要的镜头用中近景表现出来,并没有特写镜头表现得明显和有张力。这就要求导播在彩排时,要主动与摄像保持有效沟通,明确每个机位拍摄的任务,通过变化的镜头和角度来更进一步突出情景剧中人物情绪的起伏变化。

2. 摄像。《一决高下》整部情景剧主要采用了固定的拍摄手法，拍摄手段过于单一，拍摄角度也没有明显的变化，这就使整部情景剧对机位意义的认识较为肤浅。由于剧中打斗、交涉、对话等内容比较多，涉及的人物运动变化轨迹也相较复杂，这时，摄像就可在彩排时告知导播自己的想法，视现场实际充分挖掘每个机位可能发挥的拍摄潜能，设计一些有运动变化的镜头。例如在藤田和黄飞鸿打头之后的对峙静止画面时，就可采用轨道来拍摄二者的旋转关系，而不是一味采用固定镜头，使观众产生审美疲劳。

3. 现场导演。在正式录制时，演员精彩的表演常常会博得观众的阵阵掌声，但现场同期的喝彩却会影响节目的正常录制，这时就需要现场导演及时提出制止，并在演出间隙向现场观众做出更进一步的安排与叮嘱。但本组现场导演在录制时，并未对此现象做出及时处理，这就导致本组最终的成片，在高潮部分几乎听不清演员的台词，取而代之的则是观众的鼓掌声和欢呼声。

针对情景剧的录制，除上述问题外，本组成员还总结出以下几点注意事项：

（1）端正态度：一方面要求所有演员要像对待正式表演一样对待每一次排练，只有认真排演才能在正式表演时更加游刃有余；另一方面要求团队每个工种也要在各自的岗位上认真操作，切忌因不是正式演出而出现懈怠情绪。

（2）杜绝笑场：笑场行为是对戏剧和演职人员的不尊重，在排练过程中笑场，不仅会影响整个彩排进度，还会干扰影响其他演员的状态。因此，无论是演员队伍自身，还是现场的所有工作人员，都应杜绝笑场行为的发生。

（3）及时调整：彩排期间出现的任何错误和问题要马上记下来，及时进行沟通和解决，不可置之不理。正如本组在摆放道具时，在演出前反复进行过演练排查，针对剧务人员在上下道具时可能出现的穿帮问题制订了多种方案，最终择优选择的方案则保证了录制时左右台口的干净整洁。

通过此次实训，团队每一位成员都在练习中充分发挥了个人优势，也在承担各个工种不同任务的过程中体验了多讯道操作的难度，尤其是在分镜撰写、机位设置、镜头调度、导播切换和舞美设计等环节的具体操作中，更进一步地掌握了多讯道节目制作的知识要点。

三 案例分析与教师点评

（一）案例亮点呈述

1. 故事情节的合理设置。情景剧习惯于要求整个故事要在符合剧场式"三一律"的规则下完成对戏剧作品的呈现，设计在固定场景中的故事情节则比较适宜于通过情景剧表现。《一决高下》对故事结构有严谨的设计，演员服装、舞台装饰、道具、LED 背景都与情景剧的整体构思和情节发展相一致，这不仅有助于情景剧主题的体现，而且有助于对剧中人物形象的刻画。如剧中演员的着装特色鲜明，可让观众一眼就辨别出演员所处的历史时期和所扮演的国别身份；剧中情节的"错位"设置，也在时刻提醒观众《一决高下》这部情景剧本身就是一部轻松、愉快的喜剧，不必过分纠结于剧中演员所扮演的叶问和黄飞鸿在历史上并不处于同一时间段等问题。

2. 人物性格的成功塑造。情景剧的魅力重在塑造鲜明的人物形象，突出人物性格，剧中所有故事情节的设定都应该围绕人物性格展开。《一决高下》中的每个角色都有其鲜明的性格，且每个角色性格之间会有交集，这种角色设定就确保了众多人物之间必然会有冲突、有故事。而这些特色鲜明的角色就要求演员要尽可能地表现人物的性格，以突出角色的特点。在情景剧《一决高下》中，尽管剧中演员并非科班出身，但同学们出色地完成了对人物性格的塑造，使每个角色都有其鲜明的个人特点。

3. 舞美效果的全面呈现。情景剧中的环境较为单一，这就要求舞美要具有一目了然的视觉效果。《一决高下》中的和服、樱花等，均是典型的日本文化元素，而剧中的桌子、红色方巾、长衫等，则很好地揭示出了叶问、黄飞鸿等人物所处的时代；剧中"面光暗＋追光起＋电脑灯频闪"的灯光设计，可以是故事悬念的揭晓，也可以是主人公重点的凸显，还可以是对舞台场景的转换；而导演在剧中不同时段所做的色调处理，更是让观众迅速解读到了导演在这一阶段想要传达的情绪是怎样的。整体来说，《一决高下》这部情景剧无论是在舞台的布置、演员的服饰，还是道具的准备，都能将整部情景剧的主题完整地展现在观众眼前，因此，该剧在舞美的布置上，还是较为成功的。

4. 背景音乐的精准选择。合适的音乐往往能够配合内容较好的传达出作品所要传达的情绪和意境，在情景剧中，同样也需要选择适合的音乐来营造氛围。《一决高下》中不同阶段所选用的音乐，都能与剧中内容形成完美的契合，打斗时的紧张、批评时的严肃、嫌弃时的搞笑，都可通过不同的音乐辅以强化。

在这里需要特别强调的是，情景剧中的音乐，还会对导播的镜头切换形成一定的影响，这是因为导播切换镜头的频率常常会以音乐作为参照，导播对切换点的选择也会从音乐本身的节奏出发作出判断，尤其是当音乐自身的节奏感较为明显时，很多导播会直接选用音乐自身的节奏点作为镜头切换的点。本剧所选音乐，则较为成功地为导播镜头的切换提供了可参考的依据，没有破坏整部作品镜头切换的内在规律。

（二）案例不足剖析

1. 片段划分的随意性。 为了方便同学们轮岗操作，也为了方便指导教师打分，指导老师会要求同学们将一部完成的作品分割成几部分，完整的情景剧就变成了片段式的情景短剧。在做片段化处理时，需要同学们注意两方面的问题：一是片段式结构的情景剧应注意整体剧情的连贯性，不够科学的片段化划分容易造成情绪的不连贯。为了保证观众情绪的延续，当一个故事片段结束时，要找到一个恰当的契机作为第二段故事的衔接，否则整部作品会变成割裂的、相互之间毫无关联的个体。但该组同学在对作品进行分割时，并没有认真设计、慎重选择合适的契机点，而是单纯以时间长短作为分割的依据，这就导致整部作品不够连贯，在3分钟的调整、轮岗时间区间过后，演员与观众很难将接下来的作品与之前的表演完美地衔接起来。二是因为片段划分会导致剧情较短，所以每一个片段都要有鲜明的高潮点来保证抓人眼球，但该组同学在对剧本进行分段处理时并未考虑到为每一个片段设计高潮点，而是有的片段会比较精彩，打斗场面的调度也较为丰富，但有的片段就较为单一，人物的表演也主要以对话为主。这样的剧情设置除会使片段的情绪基调不统一外，还会让同学们最终的成绩略显不公。这是因为场面调度少的同学，切换难度自然小，摄像师也不必发挥太多的主观能动性，便可轻松完成对剧情内容的拍摄；而场面调度复杂的片段，就需要导播不断尝试与摄像进行多变的镜头设计，才能完成对内容的全面呈现，而担任这一片段导播的工作难度自然要比其他片段高很多。

2. 机位设置的保守性。 情景剧的故事情节常常被要求在一个固定的场景空间中实现，这就对如何展现场景空间提出了很大的要求，而现场机位的设置则必须充分考虑有限的场景空间，只有这样才可能合理的配置整个舞台，并且更加有效地实现画面效果的多元化。情景剧中的机位设置很大程度上是服务于故事情节的，是否有必要增设轨道、跟拍机位、游动机位、摇臂和斯坦尼康等辅助设备，全部取决于节目内容的需求。《一决高下》选择了较为保守的三机位拍摄，且均为固定机位，而固定机位所实现的画面拍摄往往比较局限，对于故事情节中经常出现的调度复杂的打斗场景，固定机位则很难立体呈现出来。保守且固定的机位设置，不仅会导致整体画面缺乏动感，也会使电视机前的观众产生审美疲劳，丧失持续观看的兴趣。

优秀的机位设置习惯于呈几何布局，几何图形可以用"关键点"来作为标示，根据各个"关键点"连成的线很容易划分出各个机位的覆盖区域，从而实现对整体场景的合理拍摄。在情景剧《一决高下》中，演员之间的打斗场景比较多，固定机位的拍摄很难实现画面的多元化效果。因此，合理运用轨道等辅助设备可增加运动镜头的使用，这样一来便可展现观众与画面内容之间的"逼近"、"远离"、"进入"和"走出"的过程，从而增强观众对现场的参与感；再者，通过加强镜头运动方向和运动速度的快慢变化，也能为观众带来心理上对内容的追随和震撼。另外，根据剧情需要，还可设计大俯大仰等能够打破平衡的视角，通过创造奇特的视觉效果，以此为观众带来紧张甚至混乱的心理感受。

3. 场景调度的无序性。由于情景剧较为局限的场景空间，在情景剧的舞台实现环节，应充分考虑演员的行动路线、定点站位等调度问题，包括道具的设置也都是为了整个剧情精确设置的，任何冗杂的设置都是多余的。情景剧《一决高下》中的场面调度大多集中在舞台中间的前左、前中和前右的位置，而舞台的后右和后左则几乎没有涉及，舞台的左右台口也未得到充分运用，致使演员上场和下场并无明显的区分，穿帮镜头较多。事实上，前后景的置换具体到情景剧中就是为了凸显故事的中心，而过于集中的舞台站位则会导致整个舞台缺乏纵深感。

由于剧场式的拍摄极易穿帮，因此演员上场、退场的走位就显得极为重要，各个台口的合理运用也比较关键。在舞台上，导演可将藤田君、化戈君和叶问进行的非正式聊天置于前右的舞台位置，以此来展现了客人来访的情节；在藤田君被黄飞鸿打败而要拜黄飞鸿为师时，黄飞鸿对藤田君进行的说教就有别于之前轻松的氛围，这时便可将对话置于舞台的前左位置，由此来突出气氛的严肃；而作为整部情景剧中最为主要的高潮——打斗过程，这种紧张刺激的部分除安排在舞台的前中位置外，还可延伸至舞台的后左和后右的位置，这样丰富的走位便可将打斗时的激烈表现得淋漓尽致。另外，对于所有演员的上下场，也应该安排好左右台口的轮流替换，如叶问的妻子完全可以从左侧后二的台口走出来，阿宽则可从右侧后二走出来，这样就可以更加灵活地调度各个台口。

【实践练习参考】

　　1. 情景剧策划文案的写作；

　　2. 情景剧录制的分镜头脚本设计；

　　3. 熟知情景剧的舞美设计思路；

　　4. 熟练掌握情景剧中的导播调度技巧；

　　5. 熟练掌握情景剧中的演员调度与场面调度。

第八章
综艺节目实验教学步骤
与案例分析

【重点内容提要】

1. 掌握综艺节目的概念与基本分类，分清各类型综艺节目的特征；

2. 掌握综艺节目的制作和设计流程，明确各个环节相关注意事项；

3. 掌握综艺节目分镜头脚本写作要领，撰写分镜头脚本；

4. 掌握综艺节目的机位设置依据；

5. 熟练运用多讯道技术录制各类型综艺节目。

综艺节目自诞生之初起，就是除新闻类节目之外，在电视节目所有内容中占有重要比重的电视节目类型，观看综艺节目是观众缓解压力、愉悦身心的有效途径之一。纵观当下的电视综艺市场，一些模仿借鉴国外节目制作理念和模式的综艺节目，在经过本土化改造后，逐渐适应了国内观众的收视喜好并备受好评，如《奔跑吧兄弟》、《中国好声音》、《花样姐姐》、《真正男子汉》等。与此同时，也有越来越多中国原创的综艺节目开始出现在观众的视野里，如《经典咏流传》、《朗读者》

《中国汉字拼写大会》、《声临其境》等，各家电视台在模仿外来综艺的同时，开始致力于积极研发推出专属于自己的原创综艺节目。在可利用多讯道模式完成制作的节目类型中，综艺节目实属操作难度较高的一种节目类型，由于节目流程繁杂、环节设置又相较复杂多变，所以切换镜头时需要关照的细节点就会大大增多，再加上涉及的演员和嘉宾相对较多，在场面调度上也会对导播团队提出更高的要求。因此，在多讯道实践教学中，选择制作综艺类节目，除过需要有前期制作其他类型节目所获得的直接经验外，更要确保学生团队有策划执行综艺节目的能力，只有结合策划能力和编导意识，才可能完成对此类型节目的多迅道录制。

第一节　综艺节目相关知识梳理

在多讯道实验操作过程中，综艺节目除对学生导播实操能力有着很高的要求外，还要求学生具备制作综艺节目的策划能力、文案写作能力和团队协作等能力。不同类型的综艺节目，会有其各自不同的特点，因此，在实践操作之前，需要先认清综艺节目的类型、特征等基本常识，在此基础上才可能有针对性地完成对其的策划与制作。

一　综艺节目的概念

综艺节目是指有固定名称、节目标识、播出时间和节目风格定位的，将音乐、舞蹈、戏剧（戏曲）、小品、曲艺、杂技、游戏、竞赛（猜）问答等艺术形式或非艺术形式融合为一体，并对各种文艺形式进行二度创作，是一种汇集各种艺术

表演形式、充分发挥电视声画优势的节目形态。像央视较早的《正大综艺》、《曲苑杂坛》、《同一首歌》，到近几年的《中国好歌曲》、《回声嘹亮》、《出彩中国人》，省级卫视较早的《快乐大本营》、《我爱记歌词》、《饭没了秀》，到近几年的《蒙面唱将猜

猜猜》、《跨界歌王》、《巅峰之夜》，
都是深受观众喜爱的综艺节目。

　　我国内地综艺节目起步相对较晚，
在其发展演进的过程中，受国外综艺
节目影响较为明显，很长一段时间，
中国内地综艺的原创能力相对较弱，
电视节目市场上大火的综艺节目，大
都是靠移植引进欧美、日本、韩国等国家优秀的节目模式和制作理念，再对其进
行所谓的"本土化"改造。而当某一种模式在国内大火之后，便会出现大量复制
模仿的节目内容，同类型的节目便会以一片"燎原"之势蔓延开来，但节目自身
的质量则存在良莠不齐的现象。

　　近年来，我国综艺节目发展迅猛，原创的综艺节目越来越多，节目类型也不
再仅仅局限于歌舞表演类节目，随着《朗读者》、《中国诗词大会》、《见字如
面》、《经典咏流传》等节目模式的出现，各类综艺节目在创造了极高收视率，
博得全民关注的同时，也使传统文化类节目呈回暖趋势。综艺节目的发展，在带
给中国电视市场机遇的同时，也带来了更新、更严峻的挑战。

二　综艺节目的分类

　　综艺节目类型众多，每一种类型都保留着综艺节目共有的属性，同时也持有
其自身所特有的个性。掌握综艺节目的分类及特点，有助于更好的完成对各类综
艺节目的制作。综艺节目按节目要素大致可分为以下几种类型：

（一）娱乐资讯类节目

　　我国的娱乐资讯类节目起源于20世纪90年代末，它是指对娱乐圈中明星的
最新动态、在他们身上发生的逸闻趣事，以及娱乐行业内相关资讯的报道，是兼
具新闻性和娱乐性的一种节目形式。娱乐资讯类节目的出现和发展，是社会发展
到一定阶段后的必然产物，当休闲娱乐开始成为人们生活的一部分，对娱乐信息
的关注度就成为了这一类节目产生的心理基础，于是，一大批电视娱乐资讯类节
目便随之产生。如东方卫视的《娱乐星天地》和东南卫视的《娱乐乐翻天》等。

（二）娱乐谈话类节目

　　娱乐谈话类节目是指借助现代传播的手段，将人们熟悉和感兴趣的娱乐话题

以亲切、真实、自然、轻松的谈话交流方式展现在人们面前，从而拉近传播者与观众之间的距离。娱乐谈话类节目的话题选择，多为娱乐界的一些热门和焦点话题，如热门电影拍摄过程中的花絮故事，当红艺人回忆自己的求学经历，获奖团队讲述创作过程的辛酸过往等。此类型谈话节目会比传统的谈话类节目更轻松一些，在具体策划编排上，可灵活设计一些互动游戏和表演环节来丰富节目内容，也可通过邀请特殊嘉宾或设置神秘道具来增加节目趣味性。如《康熙来了》和《非常静距离》等。

（三）综艺表演类节目

综艺表演类节目主要以明星或平民表演为主，侧重于欣赏性，艺术价值和文化含量较高，但相比于普通的歌舞表演，此类节目自身又带有明显的主题性。综艺表演类节目的具体内容可以是小品、歌舞、杂技、魔术，也可以是将各种文艺手段融为一体的综合形态。像央视的《综艺大观》，以"真情温馨、娱乐百姓"的主题风格，容纳了各种艺术门类，思想内涵丰富，具有一定娱乐性。此外还有东方卫视《欢乐喜剧人》，浙江卫视《演员的诞生》等节目。

（四）游戏娱乐类节目

游戏娱乐类节目是符合大众文化娱乐需求和心理发展趋势的，曾一度以宽广的群众面和较高的收视率占据了国内电视市场的至高领地。电视游戏娱乐类节目的特点是：新、奇、巧、险、简单、明快、形式感强，表现形式多样，演出场合随机组合。在游戏过程中，观众能产生极强的参与感，即便是坐在电视机前的观众，也会因参与选手的现场表现而产生身临其境的感受，尤其是对游戏结果的竞猜，更能让观众产生持续关注的兴趣。游戏类节目在其环节设置上都较为简单，不会有太强的逻辑性，也不会有太过于复杂的游戏规则，适合观众不分先后的随时观看，也适合与他人一同分享欣赏。如湖南卫视《智勇大冲关》、央视的《正大综艺·墙来啦！》等节目。

（五）益智娱乐类节目

益智娱乐类节目在国外又叫"Game Show 或 Quiz Show"，它在 50 年代兴起于西方媒体，1998 年英国戴维·布里格斯策划的《百万富翁》和罗宾逊首创的《最弱一环》把此类节目在世界范围内推向高潮。在《电视娱乐节目新论》一书中曾对益智类节目定义如下："为得到某种物质奖励或奖金，在一定规则下，由普通百姓参与或偶尔有明星参与的智力游戏节目，通常是由电视台指定游戏规则，通过主持人和选手一问一答的形式进行，选手以此来获得奖金或奖品。" 此类型节目打破了娱乐、知识竞赛的局限，将游戏与知识普及融为一体，充分调动了观众的参与热情。江苏卫视在近几年推出的益智类节目，多以其制作的精良和对知识型明星选手的打造占领了大量的市场，像《一战到底》、《最强大脑》，都是深受观众喜爱的益智类节目。

（六）"真人秀"娱乐类节目

"真人秀"娱乐类节目泛指由制作者预先制定规则，再由普通人自愿参与并全程录制的电视竞赛游戏过程或者其他娱乐类节目。选手在规定的情境里自行其是，制作方对他们进行全天候、全方位的拍摄，真实地记录他们的言行、情感、心理以及隐私，它打破了新闻、纪录片等真实电视节目与电视剧等虚拟电视节目的界限。真人秀节目在极大程度上满足了观众观察了解他人日常生活的愿望，尤其是节目中对真实生活场景的再现，让观众在电视上看到了原本不宜通过电视表现的内容，这种真实的、细节的表现方式，恰恰是真人秀的魅力所在。对明星生活的窥探，一直是观众极为感兴趣的话题，"亲子类"节目《爸爸去哪儿》、《爸爸回来了》、《妈妈是超人》的出现，使观众们的窥探心理得以满足，明星带娃的日常私生活在荧幕中被放大，平时深居简出、光鲜亮丽的明星也难免会遇到一些棘手的生活难题，观众从他们贴近生活又困于生活的景象中产生共鸣，亲切感油然而生。

（七）文化娱乐类

文化娱乐类节目是各类文学艺术形式与电视传播手段结合而成的节目类型，它的内涵较为宽泛，凡是利用电视媒介传播的文艺节目，或是利用电视塑造艺术形象来反映社会生活的电视节目，都可以归属此类。文化娱乐类节目覆盖面广、影响力大、渗透力强，是广播电视节目类型中的重要组成部分。文化类节目之所以能够得以大力推广的原因就在于，它通过有想法、有新意、有看点的策划方式，将文化的品评推广寓于轻松有趣的节目中，让观众能够在欣赏节目的同时，接受文化的熏陶，从而实现寓教于乐的效果。如《朗读者》、《见字如面》、《中国诗词大会》、《中国汉字听写大会》等节目。

（八）泛娱乐类

泛娱乐类节目是指将各种节目形式杂糅在一起的节目形态，具体包括生活娱乐类节目、旅游娱乐类节目、体育娱乐类节目、节目剧情类娱乐节目和少儿娱乐节目等。

综艺节目（按节目要素分）

电视台	娱乐资讯类	娱乐谈话类	综艺表演类	游戏娱乐类	益智娱乐类	真人秀娱乐类	文化娱乐类	泛娱乐类
中央电视台	《综艺快报》	《艺术人生》	《欢乐一家亲》《星光大道》	《墙来了》	《开心辞典》《开门大吉》	《中国好功夫》《了不起的挑战》《最野假期》	《朗读者》《中国诗词大会》《国家宝藏》	《梦想中国》《出彩中国人》
湖南卫视	《娱乐无极限》	《背后的故事》	《百变大咖秀》《我是歌手》《声临其境》	《智勇大冲关》《摇啊笑啊桥》	《疯狂的麦咭》	《爸爸去哪儿》《花儿与少年》《向往的生活》	《百心匠心》	《我是大美人》《快乐大本营》《天天向上》
东方卫视	《娱乐星天地》	《可凡倾听》	《欢乐喜剧人》《笑傲江湖》《舞林大会》	《争分夺秒》		《极限挑战》《青春旅社》《花样姐姐》	《喝彩中华》《诗书中华》	《梦想改造家》《中国式相亲》
浙江卫视	《娱乐梦工厂》		《中国梦想秀》《演员的诞生》《喜剧总动员》	《我爱记歌词》《婚姻保卫战》	《少年国学派》	《奔跑吧兄弟》《高能少年团》《爸爸回来了》	《汉字风云会》	《爽行天下》《十二道锋味》《来吧冠军》
江苏卫视		《世界青年说》	《一起来笑吧》《蒙面唱将猜猜》《金曲捞》	《笑出重围》《老公看你的》《勇者大冲关》	《一站到底》《最强大脑》	《我们相爱吧》《我们战斗吧》《三个院子》	《阅读·阅美》《一本好书》《匠心传奇》	《非诚勿扰》《新相亲时代》
北京卫视		《光荣绽放》《春妮的周末时光》《杨澜访谈录》	《跨界喜剧王》《跨界歌王》	《胜利百分百》	《SK状元榜》	《二胎时代》《非凡匠心》《长大成人》	《创意中国》《中国故事大会》《上新了，故宫》	《机会来了》《暖暖的新家》
山东卫视			《中华达人》《综艺满天星》	《闯关》《先声夺人》《超级运动会》		《美味星婆媳》《家游好儿女》	《你好！历史君》	《超强音浪》

续表

卫视								
安徽卫视		《说出你的故事》《非常静距离》	《周日我最大》《今夜欢乐颂》《势不可挡》	《男生女生向前冲》		《超级育儿师》《我们的法则》《你好菜鸟》	《中华百家姓》《远游48小时》	《黄金年代》《美丽俏佳人》《谁是你的菜》
天津卫视		《你看谁来了》《今夜有戏》	《王者归来》《跨时代战书》	《智勇双全》		《喜从天降》《同来如此》《秘境》		《综艺食八街》《冰雪奇迹》
深圳卫视		《罗辑思维》《百佬汇》	《梦想的声音》	《饭没了秀》《疯狂的丛林》	《年代秀》	《极速前进》《男左女右》《闪亮的爸爸》	《一路书香》《诗意中国》	《你有一封信》《辣妈学院》《未来之兴》
江西卫视	《杂志天下》	《金牌调解》《超人访问团》	《红星闪闪》《超级歌单》		《顶级对决》《挑战文化名人》	《带着爸妈去旅行》		《家庭幽默录像》
贵州卫视			《唱出爱火花》	《古寨传奇》《最强音事》《挑战60秒》	《爸爸请回答》	《完美邂逅》《非常完美》	《最爱是中华》	《育儿大师》《相亲相爱》
四川卫视	《中国娱乐报道》	《为爱做主》	《中国爱·大歌会》《喜剧班的春天》《围炉音乐会》	《勇往直前乐村拍》	《我知道》	《两天一夜》《咱们穿越吧》《明星家族的2天1夜》	《诗歌之王》	《中国正能量》《心动女人帮》
湖北卫视		《大王小王》《纲到你身边》	《周日狂欢夜》《综艺大满贯》			《如果爱》《一起出发》		《一起足球吧》
凤凰卫视	《娱乐新闻报道》	《鲁豫有约》《笑逐言开》					《文化大观园》	《皇牌大放送》
东南卫视	《娱乐乐翻天》《娱乐星周刊》		《天籁之声》《百姓英雄》		《同桌向前冲》	《真爱在囧途》《好运旅行团》		《食来运转》《宝贝大赢家》《约会万人迷》
重庆卫视		《超级访问》《大声说出来》	《奇迹梦工场》			《来啊，壮做吧》《带着梦想看世界》		《约会渝美人》

三 综艺节目的发展现状

我国电视综艺节目起步虽晚，但在不断学习与探寻的过程中，也逐渐摸索出了适合自身发展的模式，在国家新闻出版广电总局以"公益、文化、原创"为发展方向的政策调控下，越来越多的精品综艺节目出现在电视荧屏上。我国现有电视综艺节目在内容形式和表达方式上，主要呈现出以下特征。

（一）萃取故事，体现价值。

尽管综艺节目的核心并不在于讲故事，但近年来越来越多的综艺节目，不再只单纯的关注其娱乐属性，而是更侧重于通过讲故事的方式，完成对其主题的表达，即便是简单的歌舞表演，也会伴随故事的引入，通过感人至深的故事讲述，将观众带入节目营造的情境中去。当然，在综艺节目中讲述故事，首先要围绕节目核心理念，提炼能够引发最广泛情感共鸣的内容话题，只有这样，才能立足节目"小故事凝聚大情怀"的情感诉求本身。

例如，中央电视台《中国故事大会》就秉承着"积极萃取中国故事"的宗旨，采用星素结合方式，讲述有内容感染力的故事。"小成本、正能量、小情怀"是国家新闻出版广电总局所倡导的创新思路，是在新的媒体竞争态势下谋求"点状发力"的一个尝试，当下很多综艺节目在讲故事的过程中，都始终坚持以"核心主流价值观，展现正能量"为支点，用精雕细琢的内容和感人的故事来感染观众、贴近观众，从而获得观众的共鸣。

（二）注重原创，打造品牌。

纵观当下电视综艺节目市场，我们可以看到越来越多优质的原创综艺节目开始登陆各个频道，一些有格调、有品质的综艺节目，在内容质量"叫好"的同时，在收视数量上也实现了"叫座"的可喜局面。《汉字英雄》、《见字如面》、《中国成语大会》、《经典咏流传》，都是备受观众好评的原创综艺。这些综艺节目的出现，不仅使观众得到了身心的放松与愉悦，更让观众在欣赏之余，感受和领悟了中华文化的博大精深，从更加多元的视角展现了中华文化的内涵与魅力。

（三）核心竞争，星素结合。

综艺节目承载着传播真善美，传递正能量，弘扬主流核心价值观的媒体责任，在坚持高品格、高格调的要求下，又必须挖掘体现更多有意义的内容，从而引发观众深度的思考。"星素结合"是综艺节目自我净化的必然要求，是节目制作播出机构竞争发展的必然选择，也是广播电视媒体践行社会责任的必然要求。当下很多综艺节目，在选择明星参与的同时，也将其关注的视角延伸至平民百姓身边，湖南卫视《我们来了》，就是运用"星素结合"模式的典型代表。节目中的素人是各行各界的行业精英，他们自带属于行业背后的故事和情感，当他们不只是节目的参与者，而是节目表现主体的时候，以人民为中心的创作导向便得以实现。

（四）慢综艺，冷思考。

随着当下信息传播技术的快速发展，大众生活节奏也随之加快，近些年的电视综艺节目都带着"无快不破"的意味。文艺创作是源于生活又高于生活的，最关键的是抓住当下大众的情感诉求，人们向往美好且有品质的生活，只有慢下来才能重新定义自身真正的诉求。面对消费迭代快速的综艺市场，一系列以"慢"定位的综艺节目逆生长起来，并赢得受众的喜欢。《青春旅社》、《亲爱的客栈》都是"慢生活"中的典型代表，乡村农舍、客栈、旅社是嘉宾们寻找"安置"情感的载体，虽说是经营着客栈、旅社，但实际上经营的却是情感本身。经营者与客人们之间看起来微不足道的变化，才是人们日常生活中最平实、最鲜活的情感体验。用"慢"定位，为快节奏生活的大众展现出一种从容淡定的文化心态，将观众置身于一分一秒流逝的时光中，关注生活、体验人情冷暖，满足人们内心需求的集体释放，这正是慢综艺所体现出的真谛所在。

（五）双向传播，按需生产。

早期的综艺节目在制作手法和表现形式上都是比较传统的，观众观看节目的模式是一种由媒体向受众"单向传播"的模式。在媒介技术迅速发展的今天，新媒体在内容层面提供的精准个性的细化分类使受众更愿意忠实于这种极具针对性的点对点传播，而新媒体在技术层面所带来的便捷优质的互动分享更是实现了受众从单一的被动受传者向全能的主动传播者的角色转变。新媒体技术的发展开拓了传播者的创新思维，打破了这种"单向传播"模式，改变了"我播你看"的创作意识，取而代之的是针对受众观看需求，注重收视反馈的"双向传播"模式。综艺节目在其发展的过程中，也不断变化方式方法，加强与观众的互动交流，微信摇一摇、观众投票、微博话题互动等手段的综合运用，也在实现双向互动的同时，能够更精准地掌握观众的收视喜好，从而更好地按需生产节目内容。

（六）技术融合，多屏互动。

新媒体技术的迅速发展，在为电视媒体带来挑战的同时，也为其提供了更多新的发展思路。在内容制作方面，电视媒体可将新媒体技术运用至节目制作的各个环节，如互动、话题选择等，这样不仅可以丰富节目内容，还能使观众参与电视节目变得更为方便快捷。如湖南卫视《我想和你唱》在前期选择嘉宾时，节目组就利用网络 APP 完成对素人嘉宾的选择，而在节目编排的第一环节，也会在现场播出网络平台选手们演唱时的视频画面；在传播平台的打造上，电视媒体可将其内容通过新媒体平台多次传播，将其节目制作成更适合新媒体平台播放的内容。例如，中央电视台《经典咏流传》就将节目中的优质歌曲和令人印象深刻的片段剪辑成纯享版推广至微博、秒拍等平台发行，并实时评论互动，从而实现了对节目内容的二次发酵。

（七）类型矩阵，同质依存。

尽管我们能够看到我国电视综艺正以崛起之势迅速向前发展，但电视节目的同质化现象依旧存在，盲目跟风所造成的资源浪费也时有发生。当市场上出现一档备受观众喜爱的节目时，很快便会有与之类似的节目出现。形式上的简单模仿，只能让观众看到外壳相似的节目，但原有节目的核心理念和制作模式，却是不容易被模仿的。面对大同小异的劣质节目，不仅让观众的收视心理在"千人一面"的娱乐轰炸中达到饱和，最终造成"审美疲劳"，也严重浪费了社会资源，极其不利于我国电视事业的良性发展。

第二节　综艺节目实验教学内容

一　实验操作的目的及意义

综艺节目是一种综合性较强的节目形式，同学们通过对前几章的练习，在熟练多讯道切换的基本操作之后，应将综艺节目作为多讯道实践操作的一个难点来掌握。相对简单的综艺节目，有利于学生全方位的掌握多讯道的操作方式，而规模较大的综艺节目，则能更加全面的锻炼同学们制作节目的综合能力。通过综艺节目的多讯道教学，一方面可以提高学生对于文案策划、镜头表达、场面调度和舞美道具的综合运用，着重培养学生编导意识的形成；另一方面，通过任课教师在实践过程中带领学生及时发现和解决问题，也可为之后进行的其他环节的实践打好基础。

　　由于综艺节目涉及种类繁多，实验教学中不可能对所有的节目类型一一进行实操练习，因此，对综艺节目的多迅道实验教学，建议就同学们熟悉且能够驾驭的某一种类型展开实操。综艺节目转播的个案性很强，不同类型的节目在内容与表现形式上存在着很大的差异，普遍规律的找寻并不符合艺术表现多样性的本质，就录制而言，并没有普适性的导播规律，只有针对节目自身特点所确立的具体的导播方案，才可能完成对节目的录制。在完成此类型节目导播实训练习的过程中，建议同学们应大量观看综艺节目的导播案例，从机位设置、镜头组接、节奏变换等多个角度去分析优秀案例中的导播思路。

【知识拓展】——编导应具备哪些基本能力?

　　编导（导演）是策划和制作电视节目最核心的个体，也是组成制作团队最基础的单位。作为编导，不仅要精通业务知识，更要对电视节目的成败和艺术质量负责。在制作电视节目的过程中，团队的有序协作直接影响着节目的成功与否，但组成团队的编导个人是否具备过硬的能力，则是决定团队能否合理分工、有机组合的关键所在。在当下电视节目生产领域，不论身处哪一个岗位，作为一名编导，都应具备以下几方面的能力：

　　1. 政治素养。在当代中国社会的现实传统里，现代化目标的实现需要国家作为社会总体利益的代表，在尊重电视媒介独立性的前提下对其生产经营活动进行多种形式的协调和引导，为其创造适宜的条件与环境，而电视媒介则需要为整个政治体系服务。居于先导位置的"喉舌"功能，既是当代中国电视媒介身份的特殊性体认，也是电视媒介在中国当代社会历史发展中必须承担的一项重要使命。这就要求从事内容生产的电视编导，必须具备马克思主义的世界观和方法论，具备较强的政治敏锐性和分析能力，具备较高的社会责任感和思想品德修养，要能把握正确的舆论导向，使自己的思想意识与主流社会的价值观念和道德标准保持高度一致。

　　2. 文化素养。由于电视节目内容指向的特殊性，文化素养对于电视编导来说有着特殊的意义，要想使电视作品获得好的传播效果，编导不能仅仅只满足于把内容、信息传播给受众，还要带给受众以美的享受和熏陶。当下的电视观众会对节目本身有着更高的要求，如果编导自身不具备较高的文化水平，则很难生产出能让观众满意的电视节目。因此，电视编导必须广泛阅读各类书籍，涉猎各科知识，观赏各种门类的艺术精品，提高自身的文学艺术素养和审美鉴赏能力，凭借自身储备知识所提供的范畴、概念、方法、思维模式和特定语言，完成对各类电视节目的创作。

3. 专业技能。电视是一门视听结合的综合艺术，有着自身的发展规律和特性。作为电视编导，一方面需要具备深厚的理论知识功底，能够建构专属于编导的知识框架体系，将其与具体创作实践结合起来；另一方面，更要熟悉节目制作的各个环节（撰稿、摄像、剪辑、导播、照明等），精通和善于运用视听语言进行艺术表达，精确掌握场面调度、镜头调度、表演控制、光色调度、音响音乐以及节奏变化等一系列导演手段，熟练操作摄像机、导播台、斯坦尼康及各类后期编辑软件等，以此来实现对电视节目的视听创作。

4. 综合能力。综合能力是电视编导从事节目创作的一个重要基础，电视创作就其本性而言，属于同社会、同人、同环境打交道的工作，编导只有具备了良好的沟通表达能力、组织协调能力和社会交往能力，才可能将很多看似毫无关联的个体联系在一起，才可能将各项复杂的任务高效的完成。如果一名编导能以一种开放式的心态和行为与社会接触，那他极有可能获得很多别人无法获得的信息和资源，从而为成功开展节目创作奠定可靠的社会资源基础。

5. 身体素质。编导的日常工作是极其辛苦的，除过极强的压力之外，长时间的持续作业就需要编导拥有健康的体魄和充沛的精力以应对繁重、紧张的工作。但这里所讲的身体素质，不是提倡编导们要习惯熬夜，接受无条件的透支身体，而是需要编导能够在工作之余，养成良好的生活作息习惯，能够在强压之下，自我缓解压力，能够在辛苦之余，懂得爱惜身体。只有保持好的心态，养成好的工作与生活习惯，才可能保质保量的完成各项编导工作。

二 操作步骤与流程

（一）节目类型的选择

综艺节目中每一种艺术形式都具有不同的品种性质，表现在外部形态上的不同特征也必然需要以不同的画面表现形式来进行呈现。对导播团队而言，所有成员必须深入了解此类艺术品种的性质、掌握节目的具体需要、仔细分析演出的演绎特征，由此来设计整体的转播方案。在同学们进行实训操作之前，同样需要每个小组慎重选择自己能够驾驭且比较感兴趣的类型，待确定类型之后再完成对转播方案的制订。对类型的选择，一方面要从同学们的兴趣出发，选择大家熟悉且喜爱的节目类型，在具体创作的过程中，可借鉴模仿国内外已有成功案例的模式与经验；另一方面，还要从所在学校已有的实验室设备、经费预算等实际情况出发，去考虑现有的条件能否支撑所选类型节目的制作。如果学校实验室本身面积不大，就不宜选择场面调度较大的游戏类节目；如果演播室舞台没有 LED 屏，就不宜选择需要播放 VCR 进行互动的节目类型。

（二）明确定位

在制作综艺节目的过程中，不管选择哪一种类型，同样需要有明确的定位，确定合适的定位才能使节目的编排更具系统性和专业性。只有明确了内容定位，才能确定在节目中可以呈现哪些内容；只有找准了受众定位，才可以确保所做的节目会有人看。例如在娱乐谈话类节目中，虽然嘉宾多为娱乐明星，所聊的话题也以轻松愉悦居多，但如果定位不同，节目最终所实现的效果则会不尽相同。如果是要做励志的谈话，最终的落脚点自然要落到嘉宾所传递的信念与力量上，但如果只是要做纯粹的明星秀，那么就可在节目中多增加明星个人展示的内容，以强化观众对明星的认识与了解。

（三）主持人的选择

主持人作为综艺节目连接观众最直接、最活跃、最能沟通情感和促进双向交流的中介，在综艺节目中起着非常重要的作用，节目中节奏的推进、情绪的调动，很多时候都会依赖于主持人。主持综艺节目需要主持人的主持方式能与节目形态完整统一，主持人要随物赋形，以"新思想、新理念"去主持节目，从内容出发寻求适当的主持形式，用心去体会观众内心最真实的需求。由于综艺节目相较其他节目类型会更轻松一些，节目中即兴的内容就会增加，这就要求主持人必须具备随机应变的能力，如果只是寄希望于前期撰写好的台本，那么综艺节目自身的趣味性和参与感就会被大大削弱。一名主持人渴望遇到适合自身特点的栏目，同样一个栏目也需要一名符合栏目特色的主持人，《幸运52》与李咏，《中国好声音》与华少，《天天向上》与汪涵，《快乐大本营》与快乐家族，都是主持人与综艺节目相互成就的成功案例。

（四）嘉宾及现场观众的邀请

《歌手》中泪洒现场的台下观众，让电视机前的观众也有了身临其境的现场感；《非诚勿扰》中性格各异的女嘉宾，则让观众对每位女嘉宾都印象深刻。在综艺节目中，现场嘉宾和观众的反应，则是让电视机前观众获得参与感的主要来源，很多综艺节目是通过嘉宾的全程表演和观众的积极互动完成的，嘉宾和现场观众的选择对综艺节目而言则显得极为重要。如果在表演类节目中，所选嘉宾的才艺都是朗诵，那么观众就有可能会出现审美疲劳；如果在游戏类节目中，所有选手的性格都很相似，那么能够碰撞出火花的概率就会很小。因此，在选择嘉宾和现场观众时，一定要依照节目自身的定位和特点去选择，如果是有话题性的节目，就可以选择思想活跃、观点鲜明且善于表达的人，但如果是艺术属性较高的节目，就应该选择对该门艺术感兴趣的人，这样才有可能引起现场观众的共鸣，从而感染到电视机前的观众。

（五）节目文案的创作

节目文案包括节目形式的大致介绍、节目主题的详细描述、节目流程的具体设计和导播分镜头台本的前期撰写等。在综艺节目实训环节，优质的台本可保证节目顺利开展，所以，在开始正式录制前，一定要保证每组计划实施的文案是经过任课教师指导、全组组员仔细商讨过的，只有这样才可能将具体实施中的失误与风险降到最低。

【知识拓展】——如何撰写栏目策划
栏目策划模板
一、栏目名称

1. 名称：栏目名称的选择，需要与栏目自身的定位紧密结合，要能做到让观众一看名称就大致能清楚栏目自身的定位，如《快乐大本营》、《偶像练习生》等。同时还要考虑如何让观众在如此众多的选择之下，迅速记住该栏目的名字，切不可为了简单模仿其他栏目的名称，而使自己的栏目名称很难在同类型栏目中被准确识别。像《中国达人秀》、《中国梦想秀》、《中国梦之声》、《梦想中国》，和《极速前行》、《极速前进》、《极限挑战》、《挑战不可能》这两组节目，虽然播出平台不一样，在内容形式上也各有差异，但因为名称的相似，就很难让不熟悉节目内容的观众能够在第一时间做出准确的区分。

2. 口号：栏目的指导思想和内容变化可通过栏目口号来表现，栏目口号一般比较简短，目的性强，朗朗上口，有记忆价值。栏目口号属于鼓动性语言，有强烈的说服力，通常会产生意想不到的效果。好的栏目口号能够起到补充说明栏目定位的作用，还能在观众中引起共鸣，加强对栏目的识别。如《正大综艺》的"不看不知道，一看真奇妙"，《快乐大本营》的"快乐大本营，天天好心情"，和《超级女声》的"想唱就唱"，都是非常成功的栏目口号。

二、栏目宗旨

栏目宗旨是导演组对栏目效果的一种提前预想，从根本上来讲，就是要回答"我们的栏目想要干什么"的问题，它主要涉及栏目的目标，即栏目提供什么内容和价值观，通过该栏目所呈现的内容，栏目想要达成什么样的社会效果。在写栏目宗旨时，要明确指出该栏目预期想要达成的目标和着力体现的价值观。如《经典咏流传》就是为了向观众解读经典背后的文化内涵；《超级演说家》就是为了让观众感受说话的魅力，搭建起一个让国人学会如何表达的舞台；《声入人心》则是想通过该节目让高雅音乐和大众之间可以进行交流，消除大家对高雅音乐的误解。

三、栏目定位

1. 内容定位：是制作人员对栏目指导思想、选题方向、具体内容、节目样式和制作风格等的划定，是对栏目宗旨在内容体现上所作的事先规划。栏目定位从内容上框定了哪些内容可以出现在该栏目中，导演组可在此框架下进行内容题材的筛选与编排，也就是说，即便有些选题非常有价值，也能带来较高的收视率，但如果不符合栏目自身的内容定位，同样不能被选择。

2. 目标受众定位：不同类型的受众对节目会有各自不同的需求和看法，同一年龄段的观众喜好会不一样，同一职业的群体收视兴趣也会各有不同。受众的接受能力决定了对栏目所要表达内容的认同程度，因此，一档栏目是锁定年轻人、中年人、老年人，还是定位在知识分子、务工人员、学生群体等，都要在事先周密调查的基础上，大致了解观众的兴趣与需求，结合栏目宗旨与定位，最终确定节目的主要受众群。明确了目标受众，则需要栏目组在播出时间、播出时长等具体安排上，结合目标受众的收视习惯做出合理的分配与部署。

四、栏目概况

1. 播出形态：主要指在播出周期上栏目是选择周播还是日播；在录制形式上栏目是选择录播还是直播。这二者的选择都要从栏目自身的定位出发去选择，没有优劣之分。

2. 播出时间：每个综艺节目都应有其固定的播出时间，会定期与观众见面，合适且固定的播出时间，既能为观众收看节目提供便利，同时也极易使观众形成一种收视期待，忠实于收看各自感兴趣的电视内容。

3. 时长：节目每期播出的时间都是有限的，这就要求导演组能够在有限的时间内完成对主题的表达和内容的呈现。一目了然的时长分配更有利于把握各期节目的侧重所在，因此，导演在撰写方案时，为了更形象地展示各个环节所需的时间，建议使用扇形图来作比例划分与说明。

4. 嘉宾邀请：嘉宾的邀请要根据节目自身定位来选择，导演组要将选择嘉宾的要求详细地描述出来，让邀请双方都能明确各自是否适合，这样就可确保邀请来的嘉宾在节目中能够有话说、有事做。（此嘉宾选择为常态模式，可视单期节目内容的不同进行调整）

5. 选择现场观众：现场观众的反应是展现节目氛围最为重要的因素之一，舞台上所有演员的表演，在现场所得到的反馈都源自现场观众。因此，导演组一定要根据栏目自身定位、单期节目主题去选择适合的观众，只有这样才可能为节目气氛的打造带来帮助，也才有可能让电视机前的观众因为现场观众的反应得以带动。

五、栏目结构与设计

1. 结构划分：导演可将一期节目按照主题推进划分成各自不同的板块，从而使节目内部有了更加细致的板块划分。

2. 各板块时长：在前期策划过程中，导演组要严格计算各板块时长，保守估算录制的时间。

3. 板块设计具体思路：每个栏目都是由各个板块组接而成的，板块亮点的拼接便构成了一档精彩的栏目。每个板块可以有它自己的名称，也可是固定内容的叠加推进。在这一部分的书写上，虽然材料繁多，但只需要将最重要的部分（即内容主旨）表达清楚即可，可以让观众一目了然地明白每个环节究竟要干什么。

六、栏目包装

1. 舞美风格：舞美设计需要符合栏目自身定位，并能够在打造情绪、营造氛围、引起观众共鸣方面为栏目服务，导演组要想利用好舞美，并能使各个工种有序完成对舞美的布置与实施，就需要详细的、有条理的对灯光控制、舞台布置、LED显示屏以及道具等做出切实可行的安排。

2. LOGO 设计：一个节目的 LOGO 代表着整个栏目的宗旨和定位，也是栏目最直接可见的符号标识,因此,在前期策划文案中,就应将 LOGO 的图标在整个策划中显示出来,并标出 LOGO 各个部分的具体含义。

七、亮点陈述

亮点陈述是对整个栏目策划思路的总结,同时也是向他人推介栏目的好机会,在对栏目亮点的陈述上,切忌讲套话空话,应从栏目宗旨、栏目定位、功能实现、板块设计、舞美思路、主持人选择等方面来总结,一定要能找到栏目最突出的特色,从而实现对其亮点的总结。

八、可行性分析

撰写栏目策划,就是为了更好地指导实践、完成创作,再精美的策划,如果无法实现,那也只能是纸上谈兵,毫无实际作用。所以,对可行性的分析是每一份策划必须完成的估量测评,如观众是否对节目话题感兴趣、所有环节设置之间是否会有关联、所请嘉宾能否到位、现有设备能否支撑节目的录制、经费是否充足等,都是栏目策划前期可行性分析所要重点考虑的问题。

九、人员设置

人员的合理安排能够保证节目的录制顺利进行,同时也能使各个工种做到权责明晰。栏目主要的分工有:总导演、编导、制片、监制、现场导演、编剧、导播、摄像、剪辑、灯光师、音响师、LED 操作人员、剧务、舞美、服装、化妆、计时员、后勤人员。

十、经费预算

在日常的节目录制和活动策划中,预算超支的情况会时有发生,很多优秀的策划会因为经费的短缺而最终搁浅,因此,经费的合理预算是前期策划中极为重要的一项工作。经费的预算既要能考虑到所有大方向的支出,如场地租赁、设备购买、舞美设计和服装道具等,还要将小的细节也纳入进来,如嘉宾补助、购买纪念品、盒饭餐食、交通补助以及对突发状况的应对和救援等。

(六)舞美设计

舞美设计可以将综艺节目中的多种艺术元素和抽象主题情绪转化成一种具体的、可视觉感知的舞台艺术形式,舞台设计的任务在于组织舞台空间、安排舞台空间和计算表演空间的位置和比例,运用创意和数字化手段将声、光、电、影、音融为一体,再使其作用于整个舞台,打造出现代化、科技感、千变万化的舞台效果，让观众愉悦身心、陶冶情操，从而达到让人满意的效果。好的舞美设计能够成为栏目的标志性识别，也能为节目的编排提供很大的帮助，例如第一季《中国好声音》中四位导师在第一轮选手竞选期间所坐的转椅，就成为该节目最大的亮点，而《一站到底》在选手答错题后，趁其不备致其瞬间掉落舞台的舞美设计，也为观众带来了诸多的笑点与乐趣。

（七）彩排演练

综艺节目环节相较复杂，在前期排练时，就需要从各个角度出发反复去演练，从而确保各个段落能够有序衔接。彩排演练过程中，在排练单个节目或段落时，可从细节出发去调整，而在排练整期节目时，则需要从整体出发去考虑如何更好地完善节目。需要特别注意的是，在综艺节目带机彩排时，一定要由总导播带领导播团队模拟最终录制的节目效果完成一遍以上的1:1彩排演练，重点考察现有机位设置能否完成对导演设计的有效呈现，如果所有的场面调度不能被完整呈现出来，那就要考虑是否要调整现有机位设置的方案；如果导演需要重点表现的细节未被捕捉，那就要修改导播台本，选择用适合的景别和角度来完成对细节的呈现。

【知识拓展】——综艺节目多讯道录制技巧点拨

1. 在机器数量的确定上，可视综艺节目类型特征的不同做出选择。一般在600—800平方米的演播室，可配备6台到8台摄像机，并且至少配置一台摇臂负责拍摄推、拉、摇、移的镜头。如果场地是在相对较小的室内演播室，则可选择四机位（3固定+1摇臂或轨道）来完成对节目的录制。

2. 综艺节目镜头切换不宜太碎，要注意多给演员全景且稳定的镜头，镜头切换的节奏和推拉运动的节奏要与节目表演的节奏相一致，从而凸显节目抑扬顿挫、跌宕起伏的情绪。例如在拍摄舞蹈节目时，一般习惯于拍摄舞蹈演员的全景镜头，重点让观众看清演员的舞蹈动作，而且要尽量保持镜头的切换点和镜头运动的节奏能与舞蹈本身的节奏点相吻合。

3. 在设计镜头时，可安排一些镜头的交叉反打，适时加入一些晃动不定和歪斜不平的镜头，或者反应激烈的观众镜头作为悬念或过渡。播放节目时，也可在节目的亮点和高潮段落插播一些事先制作好的VCR，以此来加强制造节目悬念的效果。

4. 拍摄时，如果是单个主持人，镜头可从主持人全景推至中近景；如果是两名主持人，镜头可从两人全景推至两人中近景；如果舞台上演员人数众多，则可用大全景接中近景，也可用人物全景推至相较核心的人物（说话、表演才艺、与主持人互动等）的中近景。

5. 在拍摄打开包袱后观众大笑等各类观众反应镜头时，可适当切入一些观众反应镜头，但不可太多太长，应把主要镜头留给演员；在表演停顿或亮相时，可做一些镜头的运动，如推至中近景或特写；在有字幕出现时，应注意让观众有足够的时间看清字幕，并适时让字幕移出画面，方便观众欣赏节目。

第三节　典型学生案例分析

一　案例呈现

《一答到底》文案策划

（一）栏目简介

《一答到底》由一位主持人和五位参赛选手及现场观众共同完成，形式上主要参照江苏卫视《一站到底》改编而成，采用场上所有参与者轮番答题的模式，让参赛选手在限定时间内进行 PK。《一答到底》的问答题目讲求娱乐性，节目形式新颖，在挑战中挖掘个性，趣味十足并充满悬念。在录制过程中，主持人与现场观众互动明显，是一档参与性较强的栏目。

（二）栏目宗旨

"丰富课余生活，拓宽关注领域"是栏目想要达成的目的，该栏目旨在提高学生实践能力的同时，丰富学生自己的课余生活，让学生能够在趣味问答中拓宽自身关注的领域，获取更多的知识。

（三）栏目定位

1. 内容定位。由于该栏目定位为综艺娱乐性质的益智类节目，因此，在题目类型的设计上不宜过难、过专、过偏，应该按照更全面、更有趣、更有价值的选题标准进行设计。

2. 受众定位。

第一类：对益智类答题节目感兴趣的观众，喜欢各类对答、竞猜环节；

第二类：对各类不同领域课外知识感兴趣的观众；

第三类：渴望缓解自身压力、愉悦身心的观众等。

（四）栏目概况

录制地点：新闻传播学院四院部多迅道剧场

节目时长：约 80 分

（五）具体流程

第一环节：主持人及选手亮相

时长：10 分钟

1. 主持人上场

内容：主持人从后台出场，待音乐停后，讲主持词

音乐：主持人边出场边放音乐《Up all night》（放本首歌的 34 秒处，大约放 10 秒钟左右，待主持人走到舞台中央）。

舞美：（1）舞台上（主持人就位后的位置）摆放盖有桌布的桌子。

（2）大屏幕两旁的柱子用壁灯装饰。

灯光：（1）主持人刚出场时用 LED 灯。

（2）待主持人开始说主持词时，运用地板灯（舞台全亮）。

LED：播放栏目主题海报，海报突出"一答到底"四个字。

道具：桌子 桌布

注（主持人定位）：

1. 主持人要风趣、幽默、健谈。

2. 临场应变能力较强，能较好地控制整场节目，应对节目中的突发状况。

3. 感染力强，能调动选手及现场观众的气氛。

附开场白主持词：亲爱的观众朋友们大家好，欢迎收看高端大气上档次，低调奢华有内涵的《一答到底》，欢迎大家，我是主持人彭博，感谢大家来到我们节目的录制现场，希望在接下来的时间，我们可以给大家带来一场精彩的节目。首先，让我们请出今天来参赛的五位选手。

2. 选手上场

内容：主持人说完开场白后，邀请五位选手上场（选手需提前抽取好编号，

并按由小到大的序号出场），由主持人主持，让选手自我介绍，并说出自己的挑战宣言。

音乐：（1）五位参赛选手出场时放 Jk·金东旭的《You got me dacing》（从开头处放直至五位选手全部上场，站在五张桌子前方）。

舞美：（1）舞台中央摆放盖有桌布的桌子。

（2）大屏幕两旁的柱子运用壁灯。

灯光：（1）当参赛选手刚出场时，运用 LED 灯。

（2）待参赛选手开始走到舞台中央时，运用地板灯。

LED：播放栏目主题海报，海报突出"一答到底"四个字。

道具：桌子　桌布

附主持人主持词：首先，请五位选手做一下自我介绍……提醒一下大家，在本场比赛中，最后一位胜出的选手为我们本场比赛的"战神"，另外，本场的"战神"会有一份神秘大礼，所以现在为了鼓舞大家的士气，每个人来说一下自己的挑战宣言。

第二环节：规则讲解

时长：5分钟

内容：主持人宣布比赛规则，选手如有问题可在主持人宣布后提出。题目共分为：历史、政治、娱乐、生活等综合类问题。

比赛规则如下：

①每五位选手呈一组，所有参赛者按提前抽取的编号进行答题，每题答题时间为20秒。

②随机抽签决定其中1人为擂主后，其余4人均为挑战者，擂主按挑战者序号由小到大进行竞赛答题。第一个擂主有1次免答权，若挑战者使擂主用掉免答权，则送挑战者奖品，擂主用完免答权后，答题若出现失误则淘汰；反之，挑战者答题若出现失误，则淘汰。

③若擂主淘汰，则由当场挑战者为擂主，但没有免答的权利，继续按原来的比赛规则答题，直至剩下最后一位选手，节目结束。

*注：当擂主或挑战者回答的答案错误或不知道答案时，该题可由现场观众解答或选择放弃（但每个人只有一次现场求助的机会），若现场观众回答正确可获一份礼品，并助台上答题者过关。反之，答错没有礼品，台上答题者淘汰。

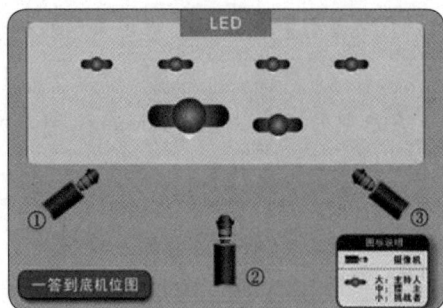

④当比赛结束后，留在挑战台的选手即为当场比赛的"战神"，并送有礼品。

音乐：运用现场声，若有需要可选择另放其他音乐。

舞美：舞台中央摆放盖有桌布的桌子。

灯光：舞台面光全亮，不需要使用 LED 灯等各类灯光效果。

LED：当主持人讲述赛制规则时，大屏幕播放与之内容同步的文字。

道具：桌子　桌布　主持人手卡

第三环节：选手现场抽签排序

时长：10 分钟

内容：开始抽签，抽出擂主。其余四位按自己的序号大小依次站到桌子后面（靠近 1 号机处为小号，依次向 3 号机方向排列），擂主站在舞台中央。

音乐：选手找位置时，放音乐 Jk·金东旭的《You Got Me Dacing》（从开头处放直至选手找好自己的位置）。

舞美：舞台中央放上盖有桌布的桌子。

灯光：（1）选手找位置时，使用 LED 灯营造氛围。

　　　（2）待参赛选手找好位置后，恢复正常面光效果。

LED：播放选手们的排序情况。

道具：桌子　桌布　主持人手卡

第四环节：比赛开始

时长：55 分钟

内容：擂主与四位挑战者中序号最小的选手对决答题，按照比赛规则，逐序进行（由主持人为两位对决选手念题）。

音乐：运用现场声，若有需要可以再放其他音乐。

舞美：（1）舞台中央放上盖有桌布的桌子。

灯光：（1）使用面光，保持舞台全亮的效果。

　　　（2）在答题时，可在关键时刻使用 LED 灯营造现场氛围。

LED：当两位对决选手答题时，每次回答的题目需出现在大屏幕上。

道具：桌子　桌布　主持人手卡

注：1.因之前比赛规则中有与现场观众的互动，因此，在与观众互动的环节，观众镜头由一号机负责拍摄。

2.擂主与挑战者在答题时要面向现场观众，主持人要与其保持同一方向，并站在两人中间。

3.现场有负责计时的工作人员，每到20秒答题时间时，立即用提示板为主持人及选手做出提示。

4.当有选手淘汰时，需从3号机方向处下场，并放音乐《We Are Young》的第53秒处，直至淘汰者完全离场。

5.所有环节都需要主持人主持，需引导下一位挑战者上舞台中央进行挑战（依旧按序号由小到大进行参与）

第五环节：比赛结束

时长：5分钟

内容：整期节目即将接近尾声，本期"战神"已经产生，并由工作人员送上礼品给主持人，由主持人为其赠送礼品，主持人宣布本期节目结束。

音乐：当"战神"选出，开始放音乐《Just The Way We Are》的52秒处，直至节目结束。

舞美：（1）舞台中央放上盖有桌布的桌子。

　　　（2）现场喷放礼花，营造氛围。

灯光：（1）LED灯营造氛围。

　　　（2）正常的面光效果。

LED：大屏幕播放本期节目的花絮，以及事先制作好的团队回顾VCR。

道具：桌子　桌布

附主持人结束语：今天我们的"战神"已经产生，让我们为他送上最热烈的掌声，也让我们的工作人员为他送上礼物。感谢今天参加我们节目的所有嘉宾，也感谢所有现场观众的到来，感谢所有参赛选手精彩的表现，感谢为本期节目付出努力的所有成员，让我们下期同一时间，相约在此，"一答到底"。

（六）节目亮点

1.此次实训操作为本团队首次尝试录制综艺类节目，对于全体组员都是一次全新的挑战，无论是整体结构与题目筛选，还是机位设置与舞美设计，都融合了整个团队的诸多创意与灵感。

2.该类型的电视节目很少在学校内举行，选手们未知可判的去留悬念，能够吸引更多的观众前来观看，而饶有趣味的竞赛问答，也能在轻松愉悦的氛围中丰富观众知识。

3.本期节目以电视节目《一站到底》为参考，选手在答题环节的偶然性，使导播团队无法事先对选手的去留作出预判，因此，整期节目充满着未知，这也对整个团队提出了更高的要求。

4.此次录制采取拟直播的形式，后期不做任何补录，因此，即便是后期可做剪辑修改，但一遍过的录制要求，同样需要各个工种密切配合，以期实现对各个环节的完整录制。

（七）节目可行性分析

1.该节目在多迅道实验剧场录制，现有设备能够满足录制中的各项要求。

2.《一答到底》操作相对容易，可借鉴参考已有精品电视节目《一站到底》。在题目内容的设计上，可事先对同学们感兴趣的话题及内容作出调研，有效控制题目的难易程度；在比赛规则的制定上，可借鉴原节目规则并做出相应改编，力求符合本次实训的实际需求。

（八）职员分工

总 导 演：马晓慧

导　　 播：郭雨

现场导演：田亚飞

摄　　 像：孙凯强（1号机）　郑煌勇（2号机）　刘晶君（3号机）

录　 制：林戴维

灯 光 师：陈宿瀚

LED 操作人员：杨诗卉

音 响 师：张馨元

剧　　 务：嘉华杰

计时人员：王淼

剪　　 辑：邴辰

后勤人员：王甜　李宛阳

主 持 人：彭博

参赛选手：刘雨农　王阳阳　王依迪　唐晓亮　王涵

（九）分镜头脚本

镜号	机位	景别	拍摄手法	音乐	画面内容	说明
1	2	全景	固定	《Up All Night》	主持人从后台走到舞台中央	
2	1	中景	固定	无	主持人在舞台中央讲开场白	
3	2	近景	固定	无	主持人在舞台中央说开场白近景	
4	3	中景	固定	无	主持人邀请参赛选手上场	
5	2	中景	跟镜头	无	参赛选手上场	
6	1	全景	摇镜头	无	现场观众镜头及其反应镜头	镜头转向观众
7	2	全景	固定	《You Got Me Dancing》	选手们走到舞台中央	
8	3	中近景	跟镜头	同上	选手在舞台中央站定	单个镜头持续2—4秒钟，让观众看清每位选手的样貌
9	1	中近景	摇镜头	无	让每位选手进行自我介绍并说出挑战宣言	确保每位选手的自我介绍能被观众看清楚
10	2	全景	固定	无	主持人宣布比赛规则	
11	1	中景	固定	无	主持人宣布比赛规则	
12	3	全景	固定	无	工作人员将抽签条拿至舞台中央	
13	1	近景	固定	无	现场观众镜头及其反应镜头	镜头转向观众
14	2	全景	固定	无	五位选手进行抽签，最后选出一位擂主	要求擂主告知所有人自己身份，并向前走一步
15	1	近景	固定	无	选手进行抽签的近景	
16	2	全景	固定	无	在大屏幕上放出擂主的号码	
17	3	中景	固定	无	主持人宣布擂主号码	

18	1	全景	固定	《You Got Me Dancing》	四位挑战者站到自己的位置上	舞台正中央只留主持人和该环节擂主
19	2	近景	固定	无	擂主的面部表情	
20	1	全景	固定	无	序号最小的挑战者走到舞台中央	
21	2	中景	固定	无	主持人讲串词	
22	3	近景	固定	无	主持人讲串词	
23	1	近景	固定	无	擂主与挑战者的表情（可以是一组镜头）	同景别快速切换
24	2	全景	固定	无	挑战者、擂主面对观众席	
25	3	中景	固定	无	挑战者和擂主各自站好位置，开始答题	
26	1	中景	固定	无	主持人诵读题目	
27	2	全景	固定	无	大屏幕放出主持人读出的题目	
28	1	中景	摇镜头	无	挑战者和擂主答题，从挑战者摇到擂主	
29	3	近景	固定	无	挑战者答题时的表情	
30	1	近景	固定	无	擂主答题时表情	
31	2	近景	摇镜头	无	运用摇镜头拍摄现场观众的表情	镜头转向观众，辅助机位用小景别捕捉有特点的观众
32	1	近景	固定	无	擂主答题时表情	
33	2	近景	固定	无	主持人面部表情	
34	1	中景	固定	无	擂主宣布自己使用免答权	
35	3	近景	固定	无	挑战者单个镜头	
36	1	全景	摇镜头	无	摇镜头拍摄现场观众的反应镜头	镜头转向观众
37	2	近景	固定	无	主持人宣布比赛继续	
38	3	中景	固定	无	大屏幕播放选手正在回答的题目	
39	1	近景	固定	无	挑战者面部表情	

40	2	中景	固定	无	双人镜头	
41	3	近景	固定	无	擂主的面部表情	
42	2	近景	固定	无	主持人动作	
43	1	中景	摇镜头	无	拍摄现场观众的反应镜头	镜头转向观众
44	2	中景	固定	无	擂主答题	
45	3	近景	固定	无	擂主答题遇到困难的面部表情	
46	1	近景	固定	无	擂主答题失败的面部表情	
47	2	中景	固定	《We Are Young》	主持人宣布擂主比赛失败	
48	3	近景	固定	同上	擂主遗憾的表情	
49	1	近景	固定	同上	挑战者面部表情	
50	2	全景	固定	同上	主持人宣布擂主淘汰，擂主离场	
51	3	中景	固定	同上	主持人宣布擂主淘汰，擂主离场	
52	1	近景	摇镜头	同上	现场观众的面部表情	镜头转向观众
53	2	中近景	固定	无	主持人宣布比赛继续并请出下一位挑战者	上一轮的挑战者成为擂主
54	1	近景	固定	无	新挑战者单个镜头	
55	3	特写	固定	无	挑战者表情	
56	2	近景	固定	无	挑战者答题	
57	3	中景	摇镜头	无	挑战者申请现场求助	
58	1	中景	固定	无	摇摄观众表情	镜头转向观众
59	3	中景	固定	无	现场观众答题正确	镜头转向观众
60	2	中近景	固定	无	主持人宣布观众回答正确并请工作人员送上礼物	
61	1	全景	固定	无	工作人员送上礼物	镜头转向观众
62	2	中景	固定	无	拍摄舞台上的答题者	
63	1	近景	固定	无	主持人的动作及表情	

64	2	特写	固定	无	台上胜利答题者表情	
65	1	中景	固定	无	主持人宣布比赛继续	
66	1	近景	固定	无	挑战者答题失败表情	
67	2	中景	固定	无	答题时间到，挑战者无求助权，挑战失败	
68	3	中近景	固定	《Just The Way We Are》	主持人宣布擂主为获胜者	获胜者为本场比赛"战神"
69	1	特写	固定	同上	获胜者面部表情	
70	2	近景	固定	同上	现场观众反应	镜头转向观众
71	1	中景	固定	同上	擂主现场反应镜头	
72	2	全景	固定	同上	舞台上所有人的动作及状态	
73	1	中景	摇镜头	同上	工作人员将奖品拿上舞台	
74	3	中近景	固定	同上	主持人将奖品赠予获胜者（即"战神"）	
75	2	全景	固定	同上	"战神"致获奖感言	
76	1	近景	固定	同上	"战神"致获奖感言	
77	3	近景	固定	同上	主持人致结束词	
78	2	全景	固定	同上	大屏幕播放节目花絮	
79	3	近景	固定	同上	主持人宣布本期节目全部结束	
80	2	全景	固定	同上	主持人说结束语时，舞台全景	

注:

1. 由于现场会存在突发状况，该分镜头脚本中只提到录制过程中可预测的必备内容与程序，导播须视现场实际完成切换；

2. 此分镜头脚本中，有些镜头选择成组出现，导播可视实际情况完成对成组镜头的切换；

3. 该分镜头脚本中主持词等在策划文案中均有体现。

二　学生自评

本组成员对《一答到底》的实操演练，从总体上来讲还是较为满意的，无论是前期构思与中期录制，还是后期小组成员的成片剪辑，都基本上达到了全组预期的设想。尽管小组成员在实操过程中反复进行了演练，但仍然出现了一些失误。

（一）**导演**。由于有成功案例《一站到底》可供借鉴，因此，本组方案在环节设计上可行性较高，在借鉴已有成品节目成熟经验的基础上，对一些难以实现的环节进行了改造，使其更适合在现有条件下进行实训练习。团队在面对"知识获取"与"轻松娱乐"的比重如何权衡时，通过对问题筛选、主持人串词修改等方法，使二者做到了相得益彰，既能够突出节目的知识性，又能够让观众在问答的氛围中收获愉悦。但在整期节目的原创性方面，则没有很好地调动全组成员去进行新的改造，在不断做"减法"的同时，几乎照抄了原版已有节目的模式，没有很好地发挥导演团队自身的主观能动性。

（二）**导播**。在节目中，由于台上演员在答题时没有太多的走位，导播在切换镜头时，多以固定镜头为主。从成片中也可以看出，尽管画面中没有太多大的失误出现，但类似的场面调度，只是在镜头数量上增加了难度，而对运动镜头的使用则并没有达到预期的效果。

（三）**摄像**。在录制本期节目时，答题时演员、主持人和现场观众的面部表情变化较多，且情绪转换非常快，导播需要捕捉他们的一些细节变化，但由于前期彩排时设计的镜头过于单一，景别大都局限于全景和中景，特写镜头较少。再加上现场演员的表现并不是前期设计好的，即兴的成分比较多，导播很难预判演员和主持人接下来会有怎样的反应。这就导致成片中对细节的拍摄严重不足，单一的镜头设计自然无法展现现场的实际氛围。

（四）**灯光师**。针对节目中很多环节的变化，如擂主守擂成功、选手攻擂获胜和主持人与现场观众的实时互动等，负责灯光的同学很好地利用了灯光的变化辅助导演实现了对氛围的营造。但需要注意的是，尽管本期节目的定位是综艺娱乐类，但其核心环节仍以答题为主，因此，在灯光设计上，不应该过于花哨与反复，还应考虑节目自身的知识属性。

三 案例分析与教师点评

（一）案例亮点呈述

1.直播观念的深入性。将直播观念贯穿于节目制作的全过程，就需要导演组深刻认识到电视节目现场直播的特点，如现场纪实、参与性强、可视性强和稍纵即逝等，在直播的过程中，要对这些特点进行深入挖掘，充分发挥其优势。在《一答到底》的创作过程中，导演组在前期撰写文案时就将电视直播的观念较好地融入了节目的创作中去，在后期录制的过程中，更是通过各工种有序的配合，尽可能的将失误降到了最低，保证了拟直播录制的实际效果。

2.时空感受的同一性。在制作综艺节目时，一定要充分考虑观众的主观感受，这种感受包括时间与空间的同步合一。现场直播具有连续性和同时性，它能使观众产生"我在现场"的意识，《一答到底》小组之所以选择采用拟直播的形式完成录制，目的就在于强化这种意识。采用拟直播的形式，就要求他们能够充分发挥电视视听结合的优势，通过对时空的连续展现，把录制现场的人物、事件、氛围、细节等要点组合起来，作用于现场观众的视听器官。而从录制现场的实际效果和成片面貌来看，该组同学基本实现了让观众在合一的时空关系里观看节目的目的。

3.节目互动的有序性。良好的互动既能够成功调动起观众参与的热情，也能使电视机前的观众产生"我在其中"的心理感受。《一答到底》导演组综合运用了多种手段，实现了对互动性的打造。在环节设置上，有现场观众参与答题的环节，这就使现场观众也在台下默默地回答着选手所要回答的问题，时刻期待和准备着参与现场观众的答题环节；在形式设计上，采用多种形式呈现问题，例如视频题、音乐题和图画题等，多样的问答形式既能充分调动在场观众的参与热情，也使节目看起来更加丰富；在镜头切换上，导播有意识地选取了大量观众的反应镜头，包括观众默默答题时的口部细节、答题成功时的开怀大笑、公布结果前的紧张不安等，这些手段的综合使用，有效实现了与观众的双向互动。

4.节奏把握的准确性。时而紧张时而轻松的现场气氛是本场节目最大的特点，将这一特点体现在录制上，主要是指录制节奏的反复变化，该组同学较为成功地运用镜头切换、背景音乐转换和灯光组合等方式，实现了对节奏的准确把握。当选手在答题时，导播有意通过对同景别画面的反复切换，并结合快节奏的背景音乐和频闪的灯光来营造紧张的氛围；当主持人需要调节气氛缓解选手压力时，导播又会选用现场观众开怀大笑的镜头，并配以轻松愉快的音乐和单一暖色灯光来实现节目效果。

5. 舞美改造的科学性。在江苏卫视《一站到底》的舞美设计中，每当选手挑战失败后，选手就会被请至舞台中央，趁其不备使其跌落舞台。这一设计可以算作该栏目舞美最大的特色，但却无法在本组练习中借鉴。这是因为，节目舞美的设计应当遵循节目的创意构思，找出具有代表性的人物特点、情节变化和矛盾冲突，设想所需的实际环境，确定适合的舞美思路，而本组的舞美方案，就是综合了环节设置、硬件设施和经费预算等多个因素作出的最终设计，尽管相较原版会显得简单，但还是较好地满足了节目自身的实际需求。

6. 主持人定位的合理性。在主持人的选择上，本组最终决定选用本组组员来担任主持人。这是因为，一方面本期节目环节变化较为复杂，一旦主持人在环节推进上出现了错误，就会彻底打乱节目的正常录制，为了保险起见，启用本组熟悉节目所有流程的组员，则能有效避免此类状况的出现；另一方面，益智类节目需要主持人能够对所有的问题做到心中有数，这就需要主持人花费一定的时间来熟悉题目与答案，为了不占用其他同学太多的时间与精力，也为了保证节目录制中不会出现冷场或错判，选用本组同学担任主持人，可使其有充足的时间做到对所有题目熟记于心，以便及时作出最准确的判断。从最终效果来看，主持人机智、灵活且有趣的现场表现，也为节目增分不少。

7. 工作计划的周密性。由于该节目牵涉的演员较多，环节又较为复杂，再加上节目录制过程中有可能会出现事先无法估判的未知情况，这就需要导演组在前期做好充分的准备，而合理科学的时间进度安排则是保证各项工作顺利开展的前提。该团队在确定好最终录制时间后，立即由总导演综合团队意见、实验室使用日常安排、演员时间和本班其他课程时间安排等因素，制订了《节目录制总时间计划安排表》、《节目录制周进度计划安排表》和《节目录制倒计时》三类工作计划，全体组员全程严格按照计划表有序推进各项工作，最终顺利完成了本组的录制任务。

（二）案例不足剖析

1. 本期节目在串联设计上，将大部分串联的任务赋予主持人来完成，主持人灵活的应变的确为节目增分不少，但同样也给导播的切换带来了诸多不便。由于现场只有三个机位，且每个机位都承担着多项功能，导播无法为主持人配以固定的单个机位，这就使对主持人的拍摄会出现景别过于单一、无法捕捉主持人细节表现等问题，一旦主持人活动幅度较大，甚至会出现穿帮或人物出画。因此，在机位有限的情况下，应事先划定好主持人活动的区域，再由导播团队按照其活动区域设计出对应主体的导播分镜头。

2.节目中摆放在主持人和选手面前的桌子，以及桌子上精心设计的舞美图案，让原本单调的舞台变得丰富起来，从现场来看，这样的舞美设计也更符合节目自身的定位。但是，电视节目的制作，除过要考虑现场观众的观看效果之外，更要兼顾电视机前的观众，即便是学校阶段的实训项目，也应该有意识地培养学生的受众观念。从成片来看，本场节目中置于舞台前方的桌子，严重影响了三号机的正常拍摄，当导播试图调度三号机完成对左台口演员上下场的拍摄时，由于舞美的遮挡，很多区域成为无法拍摄的死角，导播很难实现对这一区域成组镜头的设计。因此，在进行舞美设计时，导演组一定要在前期构思创作阶段就将导播团队纳入进来，认真听取导播团队的意见，在确定制作舞美方案前，可利用简单的替代物进行演练，尽早发现方案可能存在的问题并及时调整，以求最终的舞美效果既能起到装点舞台的作用，又不影响导播的正常发挥。

3.观看本组最终剪辑完成的成片便不难发现，尽管演员人数众多、环节相较复杂，但在镜头切换方面，导播团队"全景＋中景"的镜头组合方式，几乎兼顾了导演想要展现的大部分内容。但这样的镜头设计方案，正如同学们总结时所讲，是无法完成对细节的展现的。在综艺节目中，演员表情的变化、细微动作的察觉、导演组特意安排的特殊道具等，都需要导播用小景别"放大"给观众看，让观众能够在掌握大体内容的同时，通过对细节的解读来获得更多的信息。同样的内容要想在不同的语境之下呈现出完全不同的效果，那导播所采用的镜头组合方式，则是实现语境的方式之一。因此，在镜头设计上，导播团队一定要事先做足准备，用景别有序、时长得当、角度合适的镜头组接完成对内容的拍摄。

【实践练习参考】

1.熟知综艺节目类型并掌握每种类型各自不同的特点；

2.熟练完成综艺节目的前期策划，重点掌握对策划文案的撰写；

3.在导播团队的参与下完成对舞美的设计与制作；

4.在熟悉环节策划、流程设计的基础上通过反复彩排，完成对导播分镜头脚本的设计与撰写；

5.面对环节复杂、人员众多的录制情形，各工种有条不紊的完成最终的录制。

第九章

电视文艺晚会实验教学步骤与案例分析

【重点内容提要】

1. 掌握电视文艺晚会的概念和基本分类；

2. 了解电视文艺晚会的发展现状；

3. 掌握电视文艺晚会策划的要点并学会如何撰写电视文艺晚会策划文案；

4. 掌握制作电视文艺晚会的流程及环节；

5. 掌握如何为电视文艺晚会的多讯道录制设置机位；

6. 运用多讯道制作模式完成对电视文艺晚会的录制。

制作电视文艺晚会在多讯道节目制作中是最为复杂的，它不仅要求学生要掌握过硬的多讯道操作技术，更要熟悉如何完成对晚会主题的选定、文案的写作、环节的策划、串联的设计和对整台晚会的最终编排。对于广播电视编导相关专业的学生来讲，系统掌握与电视文艺晚会相关的知识，熟练策划并制作电视文艺晚会，应属于必修的学习内容。因此，在多迅道实训教学的最后阶段，如果能以一台电视文艺晚会作为最终结课的实训项目是最理想不过的，这样全面、综合且深入的实训项目，不仅能进一步加强学生对多讯道制作技术的掌握，也能全面提升学生制作电视文艺晚会的实务操作能力。

第一节 电视文艺晚会相关知识梳理

文艺晚会是我国电视观众耳熟能详的电视节目样式，大到央视春晚，小到县级电视台的节庆慰问演出，都因其内容丰富、形式多样和气氛热闹而深受广大观众的喜爱。电视文艺晚会因其涉及工种繁多、节目样式多样、时空变化复杂等原因，常被看作衡量制作机构与团队总体制作水平与全面协调能力的重要形态。一台成功的电视文艺晚会，不仅能充分体现制作团队的综合实力，更能使各个艺术门类的多种功能得以全面展现。本节内容将从电视文艺晚会的概念界定、类型划分和发展现状等层面出发，对电视文艺晚会的基本知识作出系统讲解。

一 电视文艺晚会的概念

电视文艺晚会是指以电视作为技术媒体与艺术手段，对多种文艺样式进行二度创作，采取现场直播或实况转播形式，在保留原有文艺形态艺术价值的前提下，充分发挥电视的特殊艺术功能，以期给观众文化娱乐和审美享受的电视屏幕形态。电视文艺晚会不同于剧场演出，不仅要考虑现场观众的感受，还要考虑电视机前观众的观看效果。因此，电视文艺晚会的创作要从一开始就要充分考虑"电视化"，导演务必要能够将多时空表现、多机位切换和 VCR 的多样使用等电视手段融入其中，只有这样，才可能将电视文艺晚会的优势展现得更加淋漓尽致。

二 电视文艺晚会的分类

电视文艺晚会按其内容侧重不同可分为歌舞、专项和综艺晚会三类。

（一）歌舞晚会：是指整台晚会主要由歌曲和舞蹈两种艺术形态构成，具体样式可包括独唱、独舞、对唱、双人舞、合唱、群舞和歌伴舞等，例如央视每年的春节歌舞晚会，就是以歌舞为主。需要注意的是，在有些歌舞晚会中，为了适当丰富晚会内容，调解现场气氛与节奏，也会有少量其他艺术种类的穿插，但这并不影响对晚会属性的界定。

（二）专项艺术晚会：是指整台晚会以某一种单纯的艺术形态为主要内容，例如小品、相声、戏曲等，像央视举办的小品晚会、相声晚会和戏曲晚会等，都属于专项艺术晚会。不难发现，专项晚会在央视每年举办的文艺晚会中数量较少，在省、市级电视平台就更不多见了。这是因为，专项艺术晚会因其较强的专业属性，会对单个节目内容和受众欣赏水平提出较高的要求，单个节目必须达到一定的标准才有可能被编排进一台专业的艺术晚会里，而观众也只有具备稳固且忠实的收视兴趣，才可能在较长的时间段内只观看一种类型的艺术样式。事实上，对于普通观众而言，长时间观看单一类型的艺术样式，不仅会失去对节目优劣的判断能力，还极有可能引起观众的审美疲劳，因此，单一专项的艺术晚会在电视荧屏并不多见。

（三）综艺晚会：综艺晚会是指以电视播出为技术手段，通过电子技术手段对包括音乐、舞蹈、戏曲、魔术、相声、小品、杂技和朗诵在内的各种文艺节目进行再创作，再经由形式多样的串联方式将文艺与娱乐融为一体，给观众以综合审美的电视晚会形态。综艺晚会因其"大而广"的定位，实属最为常见的电视文艺晚会形态。在内容定位方面，只要是能够通过电视手段二度创作且能够在电视荧屏上呈现的，都可以囊括在晚会中；在受众定位方面，综艺晚会在性别、年龄、职业、地域等多个维度不作任何限制，力求照顾到最广大的观众面。电视综艺晚会按照其内容侧重的不同，还可作进一步的细分。

1. 颁奖晚会。是指以颁奖为主要内容，同时可辅以各种类型的文艺节目点缀其中。像奥斯卡颁奖典礼、金鹰节颁奖典礼、金像奖颁奖典礼、亚洲电影颁奖礼等，都是品牌化的颁奖晚会。

2. 专题晚会。是指为某个特定主题而举办的电视文艺晚会。该类型的晚会主题比较鲜明，强调时政性和宣传性的特点。例如央视每年举办的"3·15"专场晚会、"感动中国"电视专题晚会等。

3. 节庆晚会。是指时逢某个特殊的节日或庆典，为庆贺节日的到来和纪念特殊的时刻所做的庆祝性、仪式性较强的晚会。例如庆祝香港回归的晚会、央视中秋晚会和省级卫视在元旦举办的跨年晚会等。

三　电视文艺晚会的发展现状

从 20 世纪 80 年代开始，以中央电视台举办的春节联欢晚会为代表，电视文艺晚会逐渐成为观众喜闻乐见的节目样式，省、市、县各级电视台也开始举办多种形式的电视文艺晚会，尤其在节日期间，电视文艺晚会更是成为人们欢度节日、增添气氛的重要形式。随着晚会制作模式的越发成熟，除了传统的晚会形式之外，一些专题性质的晚会也开始进入人们的视野，像中央电视台每年在 3 月 15 日这天举办的"3·15 国际消费者权益日消费者之友专题晚会"，就是力求通过专题调查、消费预警、权威发布、3·15 贡献奖评选等多个环节，规范市场秩序、传播国家的法规政策，最终唤醒消费者的权益意识。由此可见，电视文艺晚会在国民生活中所扮演的角色越来越重要，它在引导风气、凝聚民心、促进和谐等方面起到了一定的积极作用。但是，不能讳言，电视文艺晚会在发展过程中也出现了诸多问题，大场面、大制作，一味强调明星演员阵容、节目形式类同等都成为了电视文艺晚会千篇一律的表现形式，从某个层面上来讲，当前电视文艺晚会的发展实则处于空前的繁荣状态与扎堆的形象工程之中，在新的时代背景下，电视文艺晚会该何去何从，则是摆在广大编导面前亟待思考和解决的现实问题。

（一）主题表达的鲜明性

纵观当下各类电视文艺晚会，无论是综艺晚会，还是专题性质的晚会，都有着非常明确的主题，很多电视文艺晚会因其明确的主题定位而深受观众喜爱。强化主题是提升电视文艺晚会制作水准的精髓，导演及制作团队只有紧密围绕主题，通过不同角度、不同层次以及不同的形式整合统筹相关的信息，筛选各类样式的节目，才可能使最终编排的电视文艺晚会更具系统性。事实上，很多看起来极为相似的电视文艺晚会，之所以能够在内容上有所差别，就是因为有其各自不同的主题，才会在最终的呈现上表现出差异。像央视每年的春节联欢晚会都会有其不同的主题，如 2014 年以"欢乐祥和迎新春，同心共圆中国梦"为主题，2015年以"家和万事兴"为主题，2016 年以"你我中国梦，全面建小康"为主题，2017 年以"大美中国梦，金鸡报春来"为主题，2018 年以"喜庆新时代，共筑中国梦"为主题，2019 年以"奋进新时代，欢度幸福年"为主题。正是因为定位有所差异的主题，才使春晚这道家家户户春节必享的"年夜饭"，口味也年年有所不同。

（二）衡量指标的娱乐性

在文化转型期间，人们的观念和行为发生着改变，文化形态也随之发生着更动，工作、学习和生活的压力，使"快节奏"成为当下人们日常生活最真实的写照，而很多人选择观看电视也多是为了让自己疲惫的身心能够得以放松。电视文艺晚会在注重其政治属性、文化属性、审美属性和社会属性的同时，同样需要重视对其娱乐属性的发挥，如果晚会的娱乐性不足，再加上不能充分地揭示社会现象，自然很难激发观众的兴趣。在此情形之下，电视文艺晚会自身的娱乐属性逐渐成为观众评判一台晚会好坏的重要指标。当然，增强娱乐性并不意味着可以忽略晚会的品位，情感宣泄也绝非拒绝精雅与高尚。像湖南卫视 2019 小年夜春晚，就邀请了阿云嘎、郑云龙、蔡程昱和高天鹤等美声和歌剧类专业歌手演唱了《八百里洞庭美如画》和《诗人的旅途》等歌曲，这些优质的节目在提升晚会节目质量的同时，也带给了观众绝佳的视听享受。

（三）内容编排的贴近性

电视文艺晚会与普通的舞台文艺晚会有所不同，电视文艺晚会不仅要在节目形式上有所创新，还要充分考虑晚会艺术性和新闻性的有机结合，着力实现整台晚会思想性、艺术性和新闻性的统一，从而使观众能够收获共鸣。因此，在编排节目的过程中，就要求编导要在贴近实际、贴近生活、贴近群众的前提下，通过与广大观众的充分沟通和交流，力求实现整台晚会的雅俗共赏。当前，电视文艺晚会主动以关注民生为导向，创作出了各类关注百姓生活的晚会节目，如 2018 年央视春晚中由贾玲等人表演的小品《真假老师》，2017 年央视春晚中由蔡明等人表演的小品《老伴》，都是以百姓生活为背景创造出来的精品节目；同时，电视文艺晚会还会充分挖掘普通人的潜力，让更多的普通百姓登上晚会表演的舞台，以此来丰富大众的文化生活，营造和谐的社会氛围。如"大衣哥朱之文"、"草帽姐徐桂花"和"西单女孩任月丽"等，都是登上过春晚舞台的普通百姓。

（四）技术手段的多元性

在媒体融合的时代背景下，传统的电视文艺晚会只有借助新媒体才可能被当下的受众所接受和认可。因此，当下很多电视文艺晚会不仅借助互联网大数据来描绘电视观众和新媒体观众的心理需求，精准定位出大众所喜爱的节目形式和明星组合，还借助互联网直播技术来实现现场舞台与荧幕前观众的全影像互动，有效搭建起了"台上台下"交流互通的双向渠道。目前，国内主流电视媒体的大型文艺晚会均已实现了多屏直播或多屏播放，不仅在纸媒、广播这样的传统媒介传播，还覆盖到了视频网站、新浪微博、微信公众号、抖音等新媒体平台，形成了多媒体的宣传矩阵。

（五）模式创新的滞后性

随着信息技术的高速发展与人民生活水平的不断提高，现代意义上的观众早已进入了自由的"遥控"时代，电视文艺晚会要想在竞争中获胜，就必须以满足观众需求为导向，不断创新晚会的表现形式。细究当下不同种类的电视文艺晚会，虽然在个别层面上呈现出了一定的差异，但在晚会的整体构思上却大同小异，并未实现足够的创新与改进。电视文艺晚会作为重要的大众文化载体，势必要敢于突破传统的固定模式，在晚会主题、节目形态、编排思路、时空关系、舞美设计和串联方式等方面大胆创新，只有这样，才可能满足观众不断增长的需求与爱好。

（六）资源投入的盲目性

制作一台大型文艺晚会需要调动各方力量，当下电视文艺晚会的舞台技术越来越科技化、信息化，参与晚会的演职人员也越来越多，需要投入的人力、物力和财力自然会成倍增长。但是，巨大的投资并不是实现成功的绝对保障，如果投入的资源没有进行合理的分配，华而不实且没有特色的晚会，只能是对资源的严重浪费。面对激烈的市场竞争，电视文艺晚会要想获得长足的发展，就应不断完善其运作机制，规范文艺晚会的资源投入与分配方式。为此，各级电视台在举办电视文艺晚会的过程中，要针对文艺晚会市场作出前瞻性的分析，要重视思想的解放、观念的更新，以及思路的拓宽，要着力强化经营意识和竞争意识，以此来实现电视文艺晚会经济效益与社会效益的有效平衡。

第二节　电视文艺晚会实验教学内容

本节内容主要通过对电视文艺晚会具体操作步骤的有效分解，并结合晚会制作的具体流程，有针对性的对晚会的主题设定、文案写作和舞美设计等环节展开论述，以期使同学们能够熟知电视文艺晚会实务操作的要求与规范。

一　实验操作的目的及意义

电视文艺晚会不同于传统的舞台晚会，除去本身的观赏性之外，更强调晚会中电视化手段的运用，一方面，学生们要运用晚会制作的相关知识完成基础编排的工作；另一方面，还要考虑如何运用电视化手段完成对晚会主题的表达，包括灯光、音响、舞台舞美、VCR 制作、机位设置和镜头切换等。

在创作电视文艺晚会的过程中，需要同学们将多讯道节目制作的核心理念贯穿整台晚会创作的始终，要求同学们一定要在晚会策划的前期就开始主动考虑如何更好地融入多讯道制作模式的相关元素。这是因为，科学规范的实验操作不仅能使同学们精确地掌握制作电视文艺晚会的具体步骤，更重要的是，在日后一线的实务工作中，面对更为纷繁复杂的多讯道电视文艺晚会制作，同学们也可利用专业所学从容且高效地完成各自应当承担的任务，不会因个人操作不当而影响整台晚会的进度。

二　操作步骤与流程

（一）团队组建及工种细分

在组织学生进行电视文艺晚会实践的过程中，需要授课教师将同学们结合晚会规模、硬件设备、时间进度和班级人数等要素进行合理分组，分组之后，则可按照之后的步骤完成对电视文艺晚会的多讯道实务操作练习。

1.晚会时长：60—90 分钟。

2.小组成员：12—15 人。

3.工种分配：总导演：1 人；导播：1 人；导播助理：1 人；摄像：3—5 人（依据现场机位设置，同时还需负责晚会所需视频资料的外拍）；灯光：1 人；音响：1 人；大屏幕：1 人；现场导演：1 人；剧务：1—4 人（同时还需负责晚会舞美的设计）。

4.阶段划分：

前期准备：3—4 周（主要在课下进行，指导教师可定时听取小组汇报，并给出指导意见）。

中期彩排录制：2 周（第一周主要是单个节目的彩排和整台晚会的合成，第二周是录制备播带和正式录制）。

后期剪辑：2—3 周（主要负责整台晚会的包装和后期剪辑）。

（二）设计主题

电视文艺导演邓在军说过，"一台晚会的主题，直接关系着节目制作、演员选择、风格色彩等各个方面。一台大型综艺性文艺晚会，如果没有明确主题贯穿于晚会的始终，就会显得东拼西凑、杂乱无章，即使有好的节目也给糟蹋了，或者仅仅是个别节目给人留下了印象。因此，整台晚会主题应作为首要课题，精心地去考虑、研究。"晚会主题是整台晚会的灵魂所在，它将一个个节目联系起来，成为一台晚会的立足之点，每一个节目都必须与晚会主题相关，并因主题而形成严谨的逻辑框架和明确的情感投递。晚会主题的确定一定非策划者随意为之，而是在了解受众和制定出明确节目目标的基础上形成的，一台成功的电视文艺晚会绝不是各类文艺节目的无序拼凑，而是围绕晚会主题所作的合理编排，当看完整场晚会时，观众会感受到整台晚会是一个大而统一的整体，而非相互割裂的零散片段。

晚会的主题首先要表达鲜明的创作目标——或是为了一个重要的节日、缅怀一段有意义的历史，或是为了激起大众的情绪、掀起情感的高潮，或是为了达到某种价值观的宣扬、实现民众的热情参与，总之是要有一个明确的点。与此同时，时代性也是主题策划的重要元素，有了时代性，才能将这一台晚会区别于另一台相同主题的晚会，同时，也能在更大程度上激起观众的共鸣。如以雪灾、香港回归、奥运、"非典"、汶川地震等及时性事件为主题所制作的晚会，它们的主线都会紧扣当时当地大众所展现出的主流情绪，从而达到其应时应景的创作目标。

以央视春晚为例，它在策划上不仅要符合上述要求，同时还要把握好其主题的双重属性，即历史属性（历史的主题内涵）和现实属性（时代的主题内涵），主题策划就是要把两个主题属性巧妙有机地融为一体。如果忽视历史内涵，就意味着失去了晚会的固有性质和再次举办该类晚会的意义和价值；如果不注重挖掘现实属性，那么诸多晚会将大同小异、缺乏生气，也必然会脱离现实生活。因此，我们可以看到，历届春晚在契合"爱国、团结、欢乐、祥和、喜庆"等往届春晚都会具备的历史属性的同时，也会提出符合时代特色的新鲜内容，如1997年春晚便应当年的香港回归以及十五大召开的热潮，提出了"团结、自豪、奋进的中国人"这一具有时代属性的内容。因此，同学们在策划晚会的过程中，要高度重视对晚会主题的确立，在确立主题之前，应展开深入的受众调查，明确受众在关心什么，想看什么，还应结合现有设备、资金预算和时间进程等因素，认真考虑晚会主题的可行性，综合权衡之后方可最终确立晚会主题。

主题策划惯常使用的思路主要有：一是捕捉社会动向及热点，提炼出具有一定高度及前瞻性的主题思想；二是掌握节假日及主题日的特点，与时俱进；三是掌握好晚会主办方的意愿及目的，找出适合电视表现的主题。下表为实践教学过程中，部分学生晚会所选的主题。

【实训练习晚会主题示例】

场次	导演	主题	晚会类型	主题说明
1	杜维秀	青春去哪儿	综艺晚会	以大学好友毕业旅行的形式，带领观众跟随他们的脚步去找寻青春的足迹。
2	董娅	向经典电影致敬	综艺晚会	将晚会分为国外、港台、大陆三个篇章，分别对各自经典电影进行回顾，并穿插与篇章内容相关的文艺表演。
3	史小妮	最同学	颁奖晚会	寻找大学四年同学中最具特点的同学将其作为颁奖的对象，如最女汉子、最热心等，以此来回忆大学的美好点滴。
4	余紫翔	多彩的民大，我们的梦	综艺晚会	西北民族大学是一所民族院校，有来自全国各地的多民族同学，丰富多彩的校园生活和同学们各自不同的梦想，则是整台晚会所要表达的重点。
5	马宏业	回家	综艺晚会	以回家为主题，表达身在异乡的游子对家乡和亲人的思念。
6	尤泽南	仙履奇缘	歌舞晚会	以歌舞的形式串联起"90"后童年时的经典动画，进而引发"90"后对童年的回忆。

（三）梳理相关元素

当确定好晚会主题后，导演组则需要梳理筛选哪些相关的元素可以在晚会中出现，因为主题的表达需要由相关元素的一一呈现来突出，因此，导演组需要结合主题去梳理与主题相关的知识点。例如学生导演组在策划主题为"青春去哪儿"的晚会时，就选择了北京、黑龙江、江苏、云南、西藏、甘肃这六个省份作为表现内容，同时在章节的设置上也是结合各个地方的特点来确定每一个章节应该出现的元素。如在"圣地西藏"篇章中，导演组就选择了弦子舞、藏族锅庄、朝拜、祝酒歌等元素来完成对于这一篇章主题的表达。

（四）创意策划

为了求快求稳，当下很多电视文艺晚会都喜欢套用模式来完成创作，而墨守成规、千篇一律的文艺晚会，只会让观众产生审美疲劳。因此，在符合晚会既有主题的情况下，导演组应该力求突破固有模式，打破传统的框架限定，大胆尝试启用新颖独特的创意策划。创意策划是电视文艺晚会最为重要的核心步骤之一，它包括很多内容，如定位策划、单个节目策划、串联方式策划和舞美思路策划等，下面就定位策划的注意事项，为同学们进行简单讲解。

定位策划的思路主要包括内容定位和形式定位。内容定位主要是指对晚会节目创作的指导原则、品味格调及其价值取向的设计。进行内容定位时要树立精品意识，同时还要处理好局部与整体、精品与流行、雅与俗的关系。形式定位是指晚会表现形式及其技术的策划与设计，准确且恰当的形式定位能够为晚会的内容增添看点。例如，电视文艺晚会可以通过高科技带动形式创新，而此类创新主要

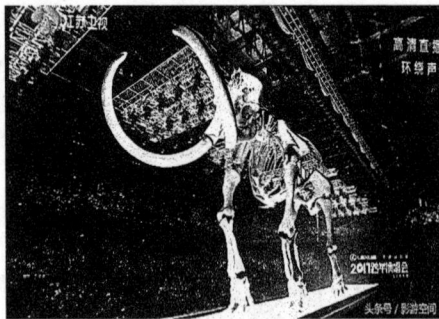

体现在舞美上面。如近年来江苏卫视的跨年演唱会，除会重视歌曲本身的选择与编排外，创意十足的舞台效果也是其吸引观众的重要原因之一。在江苏卫视 2017 年跨年演唱会林俊杰演唱《曹操》时，前奏响起，一头巨大的"猛犸象"直接从屏幕中央闯入观众的视线，林俊杰坐于象头的王座上，站立、跳跃，一气呵成，旋即他便开始了多曲联唱，而这大气磅礴、惟妙惟肖的表演，正是 AR 技术给电视机前观众带来的特有"福利"。

（五）晚会节奏的把握

电视文艺晚会其实就像电视剧一样，需要有兴奋点，但同样也需要有泪点，否则就会变成平淡无奇的节目拼凑。对于晚会节奏的设计，导演需要综合考虑整台晚会中观众情绪的起承转合，既不能让观众始终处于较为单一的情绪波段内，更不能让观众在一种毫无章法的节目编排中任由情绪随意跳跃。就像在晚会创作中经常提到的"豹头、猪肚、凤尾"，就是指在晚会的开篇时抓人眼球；中段剧

情丰满，感情由浅入深、引人入胜；而在晚会的结尾处又收的精彩，惹人遐思。只有编排合理的节奏变化，才能使晚会的情绪走向更易引起观众的强烈共鸣；只有设计科学的首尾呼应，才能使整台晚会的情绪渲染更为饱满。比如 2010 年央视春节联欢晚会的小虎队重组，就是当年晚会中较为成功的一个情绪高潮点，该节目的出现，成功带动观众在热闹喜庆之余，集体进入了对逝去美好时光的共同回忆。

（六）节目的编排与选择

电视文艺晚会中出现的所有节目并不是随意组合拼凑出来的，它需要综合考虑晚会主题、内容、感情基调等多重因素来确定。编排节目时不仅要考虑整场晚会的节奏，还要考虑道具上下以及是否穿帮等问题。通常，导演需要根据晚会主题，对节目的类型及数量进行初选，待确定备选节目之后，再由导演根据晚会时长及节目实现程度进行二次筛选，而最终的节目方案，则需经过最后一轮相对完整的排演，由导演组依据彩排演出的实际情况作出决定。

同学们在练习的过程中，不能因为有些节目是邀请了相关专业的同学帮忙编排，就忽视对此类节目的关注，哪怕是成品的节目，也需要导演组全程参与节目的彩排演练。因此，在确定了最终参演的节目之后，导演组需要有明确的小组分工，要依次指派专人负责监督每个节目的彩排，以确保单个节目的演出质量。在排演时，各位编导还要仔细考虑并合理设计出道具上下场、人员配合和现场观众反应等问题的解决办法，并对需要注意的事项作出详细记录，以确保正式演出的顺利进行。

（七）串联方式

从策划的角度来看，晚会节目衔接的目的应该是表现出节目整体节奏和突出主题，所有节目的串联是通过节目之间的内在联系，而不是单纯依赖主持人的语言技巧来实现的。一台优秀的晚会应该是节目与节目的有机衔接，因此，节目的串联应按照框架构建来落实，所有主题相关的节目可放在一个段落，而每一个段落内部也要有逻辑推进或品种搭配的关系。

另外，晚会中节目的串联还要考虑节目间的上、下场（舞台时空调度），以及演员调配关系，如果在大的歌舞之后再衔接歌舞，不仅声画效果会显得雷同，表演场地也不易清理。还有对于在同一场晚会出演两个以上的节目的演员，节目串联一定要为其留出休整或换服装的余地。所以，我们经常会看到晚会节目的最后顺序往往在演出之前还在调整，而这样做的目的就是要排除多方不利因素，让晚会进程和演出人员情绪更加顺畅。

【知识拓展】——成组节目的顺序编排

如果在晚会中有以下三个节目，该如何合理设计他们的出场顺序？

A、女声独唱；

B、由 10 人组成的鼓舞表演，且舞台后方有两个大鼓作为背景出现；

C、由 8 人组成的高空弹跳杂技表演。

正确的编排思路应该是B—A—C。因为在舞蹈演出完之后，演员需要退场，同时还需要撤走舞台上的道具。这里的时间缓冲除了主持人串场之外，还可在独唱演员上场演唱时利用小景别拍摄其表演，这样就可空出足够的时间让剧务撤下道具。而在独唱节目结束时也可以再次使用小景别结束，同样给杂技表演足够的时间上道具。将两个演员人数相对较多、道具相对复杂的节目穿插编排的思路，除了符合晚会节奏的要求之外，还可以给剧务足够的时间完成舞台上的工作，同时也能让导播充分发挥其能动性来保证演出的紧凑和完整。

在电视文艺晚会中主持人担任的功能远不是一个简单的报幕员，一方面导演应该视主持人的风格为其分工，有些主持人偏庄重，有些主持人偏娱乐，所以在挑选主持人时，导演应该综合晚会主题、编排思路和主持人风格等多种因素，实现主持人的功能最大化；另一方面主持人需要熟知整台晚会的创意思路，能够参与到晚会的创作中来，努力成为有编导意识的主持人。主持人的魅力也是晚会表现的主要元素，他们必须具备处理晚会中各类突发状况的能力，而且是晚会主题的"点睛"之人，尤其要在晚会的"动情点"处发挥巨大的效用。例如在晚会《青春去哪儿》中，导演组就分别选用了男女主持各一名，两人分别扮演两名大学同学一起去游览晚会中所涉及的各处景点，主持人情景式的表演会让观众有身临其境之感，自然会引起观众共鸣。当然，并不是所有的晚会都需要由主持人来完成串联，导演也可以设计形式多样的串联方式，甚至可以选择不用主持人。例如在《中部崛起》大型电视文艺晚会中，导演则没有启用主持人，而是选择用 LED 大屏完成对整台晚会的串联，当晚会由序曲进入到江西篇章时，大屏幕上则出现了"江西"的字样，而后进入到湖北篇章时，则出现了"湖北"字样，导演通过大屏出字幕的形式紧凑且巧妙地完成了对整台晚会的串联。

（八）LED 大屏内容的设计与呈现

在电视文艺晚会中，LED 大屏幕是补充舞台信息的重要手段，它可以很好地实现时空转换，补充与晚会相关的知识点。就如在电视文艺晚会《向经典电影致敬》中，导演组将晚会分为大陆、港台和国外三个板块，而在每一个板块导演组又分别制作了各个分篇章的视频资料，例如在港台部分，导演用 3 分 45 秒的时长回顾了香港电影的发展历程。视频资料的展示让观众细细领略了香港电影的魅力，而这些内容则是现场表演很难实现的。

外拍视频是 LED 大屏惯常播放的主要内容，它是电视晚会必备的表现手段之一，有效运用外拍视频不仅能弥补现场演出无法实现的舞台效果，并且能够很好地对节目进行补充说明。近年来，外拍视频资料被越来越多地被应用于各种类型的电视晚会当中，而其中使用最为广泛的则不外乎颁奖晚会，如央视《感动中国》年度人物的颁奖现场，就是外拍视频使用的典范。该晚会会将每个获奖人物的感人故事摄录成一个短片，这些制作精良的短片能在帮助观众了解主人公的同时，有效实现对晚会"感动"主题的深刻表达。

需要强调的是，虽然外拍视频作用明显、效果显著，但导演只能将其视为晚会节目的补充说明，对其设计制作一定要简洁凝练，且与晚会主题紧密相连，切不可因过于冗长复杂而破坏了对晚会现场气氛的营造。

（九）舞美灯光的设计

在制作电视文艺晚会的过程中，除 LED 大屏提供的现场效果外，利用舞美、灯光所打造的视觉效果同样需要导演团队认真设计。舞美的设计是晚会主题具象化的重要表现，它可以很好地弥补舞台本身的不足，设计精良、符合晚会主题要求的舞美设计，必然会在突出晚会主题的同时更好地丰富舞台元素，给观众以美的享受，具体可包括对于舞台纵深感的加强和对舞台部分缺陷的适当弥补等，甚至对于一些导播在切换过程中无法通过镜头组接解决的问题，也可用舞美设计来解决。例如在学生电视文艺晚会《砺·成》中，由于整个舞台没有幕布的设计，舞台所有道具的上下场会显得十分混乱，导演组便设计了置于舞台前景的幕布，这样既方便了演员上下场，同时还为导播提供了更丰富的切换画面。需要说明的是，由于电视文艺晚会更强调的是电视效果，即重点考虑电视机前观众的感受，因此，节目舞美的设计一定要以导播镜头切换与选择的无阻碍为主要依据，切不可在设计舞美呈现效果的过程中，只考虑现场观众的观看效果。同学们在实训练习设计舞美时也要注意，舞美更多的是辅助晚会整体效果的表达，不能为了舞美效果去牺牲导播切换镜头的呈现。一旦同学们设计出的舞美效果可能会阻碍导播切换镜头或影响演员的表演时，就需要导演组对舞美设计进行及时调整，严重的可以直接舍弃有妨碍的舞美。

为了呈现出更好的舞台效果，同学们在确定好了演出节目后，需要依次设计出单个节目和整台晚会的灯光使用方案。晚会中的节目类型是丰富多样的，同学们需要认真考察每个节目的表现形式，并依据具体的节目特征来设计布光思路。如在独唱节目中，学生们可考虑定点光及追光的使用，并可根据演唱者的演唱内容加入烘托气氛的侧光等；而在表演街舞时，为了增强整场节目的炫动效果，可以考虑使用摇头灯等效果多变的灯光效果。但无论何种灯光设计，都要切记灯光的使用要适度，一旦使用不当，不仅会让观众产生审美疲劳，还会为摄像师以及导播的工作带来不便。

（十）剪辑并编排音乐

音乐的使用同灯光、外拍视频一样，都需要提前编排与制作。一般音乐的制作可通过如下步骤完成。

第一步，源文件的创作与匹配。即要么为单个节目量身定做节目所需的原创音乐，要么从已有的成品中寻找适合的音乐，再者，也可通过挑选适合的音乐元素或片段，通过后期组合剪辑的形式，形成符合节目需要的音乐。

第二步，音乐的合成剪辑。导演可将已经挑选好的音乐，交由专门负责音乐的工种，对应具体节目的需求进行剪辑合成。

第三步，音乐效果的核对与匹配。音乐剪辑完成后须交由演员进行核对，最好可由导演带领演员进行简单的彩排练习，确保音乐剪辑无误后，可将音乐交由音响组统一管理。

第四步，在带机彩排时，由音响师按照现场音响效果作最终调试，以确保最好的音乐效果。对于匹配 LED 大屏视频同步播放的音乐，建议在播出前可将视频与音乐进行合并，以保证播出时的同步性和准确性。

（十一）撰写策划文案

在完成上述有关的工作之后，就需要导演组将所有设计落实成文本，即撰写策划文案。策划文案在整台晚会的实施中起着至关重要的作用，它不仅要将晚会的创作思路、具体流程、舞美设计详细表述清楚，以保证所有节目可在统一且规范的指导思想下完成编排，同时它还需要将晚会的进度安排、人员分工、可能出现的突发状况和可行性分析等做出详尽的预测和表达，以保证晚会能够顺利进行。因此，一份详细、准确、科学、合理、有创意且具有可行性的晚会策划文案，可以说成是一台晚会成功与否的先决条件之一，而之所以在多讯道实践教学的最后环节选择电视文艺晚会作为收尾的实训项目，也是希望同学们能够在前期大量练习的基础上，熟练掌握如何撰写电视文艺晚会的策划文案。以下晚会策划文案的模板和《龙模陇Young》综艺晚会的策划案，可供同学们在具体写作时参考与借鉴。

《XXX》晚会策划文案模板

一、主题

二、晚会构思（节目类型比例、时长安排、场地安排、主持人定位与分工）

三、晚会展现元素

四、晚会节奏图分析

五、晚会时间进程安排

六、舞美设计

七、具体节目编排流程

开场　《××××》：1. 编舞思路；2. 亮点陈述；

节目一《××××》：1. 编排思路；2. 亮点陈述；

……

结尾　《××××》：1. 编排思路；2. 亮点陈述；

八、人员分工

九、可行性分析

十、亮点陈述

十一、经费预算

《龙模陇 Young》综艺晚会策划案

一、主题

"龙模"寓意共分三点：

首先，龙在中国传统文化中所代表的精神将贯穿整台晚会的始终，"龙"年春节的年味将充分洋溢在舞台之上，呈现"龙"年的模样；

其次，2012 年为龙年，甘肃人民在新的一年中将以龙的姿态昂扬向前、新年新腾飞；

最后，甘肃特有的历史积淀、传统文化、民风民俗在晚会中将会以不同的方式演绎出来。

"陇 Young"寓意共分三点：

首先，2011 年的甘肃，在各个领域都以一种崭新的姿态出现，在多个领域引起了全国乃至世界的关注。今日甘肃正以一种年轻、活力的姿态走向中国、走向世界，所以"Young"的甘肃将是整台晚会表现的重点；

其次，甘肃在不断发展中将传统的陇韵与新进的元素结合并进，以全新的模样辅以时代的节奏，如同一位优秀的年轻人在饱含内容于腹的同时，精气神昂、坚定向前；

最后，整台晚会的编创思路、呈现效果均极为创新和大胆，编创团队也以一种朝气向上的气息出现。这些都将"Young"的精髓铭于春晚的构思。

"龙模陇 Young"这一主题的确立，一方面意在突出龙年将至，信心满满的甘肃将以更加崭新的姿态快步向前，另一方面亦是为了更好地配合本次春晚时尚、活力的创作基调，展现出节目上的创新、内容上的多变和文化上的杂糅等特点，旨在将甘肃兼容历史传统和时尚年轻的一种"糅"文化展现在又一个新禧之际。

二、晚会构思

1. 节目类型比例

晚会中的 18 个节目共分为三种类型——语言类节目、歌舞类节目及其他节目，它们各自所占比例为：

(1) 语言类节目：群口相声《目瞪口呆》，小品《打车》，小品《保姆爸爸》，和声伴奏诗朗诵《诗琴话艺奏新篇》，共 4 个，约占总节目的 22%；

(2) 歌舞类节目：开场舞《金龙踏鼓庆盛典》，流行歌曲串烧《起跑 2012》，舞蹈《秧歌情》，混搭唱法歌曲演绎《我爱你中国》，大型花儿情境对唱《尕妹妹的心思花儿猜》，流行歌曲《破晓》，创意舞蹈秀《一"面"之缘》，敦煌舞《飞天》，大型原生态歌舞《一家人》，结束曲《甘肃之最》，共 10 个，约占总节目的 56%；

(3) 其他节目：杂技《民间绝活上春晚》，年代秀《今生共相伴》，民间艺人演绎《农民很忙》，新型陇剧《金龙庙会图》，共4个，约占总节目的22%。

2. 时长安排

3. 场地安排

一线：演播厅主会场（或直播或录播）

为了使晚会整体结构有较大的突破和创新，本场晚会拟采用演播厅主会场作为主线索，串联酒泉卫星发射中心、兰州东方红广场和第二演播室三个提前录制好的场景，以期实现打破晚会中对时空的限制。

图中文字：
■ 节目时间：135分钟
□ 主持人时间：20分钟
■ 互动时间：10分钟
晚会总时长：165分钟

三点：酒泉卫星发射中心（录制单个节目所需）、兰州东方红广场（录制单个节目所需）、第二演播室（录制嘉宾互动、实现微博互动等）。

酒泉卫星发射中心自成立以来，与甘肃人民水乳交融，对甘肃各方面的发展提供了巨大的支持和帮助；兰州东方红广场则为甘肃省会兰州的地标性建筑；第二演播室主要承担晚会不同篇章的串联，以及与观众微博互动等任务。

4. 主持人定位与分工

主持人共六名：1、3、5为男主持；2、4、6为女主持。

主持人定位：

1、2风格较正式，主要负责庄重气氛和动情点的营造；

3、4风格较轻松，主要以诙谐幽默的方式调动现场气氛（会表演陇剧）；

5、6负责在第二现场进行微博互动，以及和嘉宾讨论与晚会相关的话题。

主持人分工：

开场：1、2、3、4、5、6齐出场致开场词后，引出第一个节目：

节目一：《起跑·2012》

3、4串联—节目二：《目瞪口呆》

1、2串联—节目三：《秧歌情》

3、4串联—节目四：《我爱你中国》

5、6微博互动

2串联—节目五：《打车》

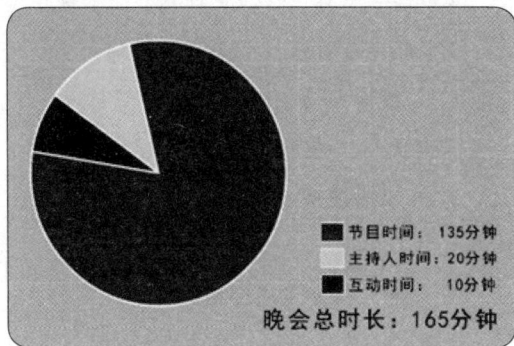

1 串联—节目六：《尕妹妹的心思花儿猜》

4 串联—节目七：《民间绝技上春晚》

3 串联—节目八：《今生共相伴》

5、6 微博互动 并引出下一个节目

节目九：《农民很忙》

3、4 以表演陇剧的形式串联完整节目，故对主持人要求较高，可事先录好伴奏：

节目十：《金龙庙会图》

2 串联—节目十一：《破晓》

1 串联—节目十二：《保姆爸爸》

1、4 串联节目十三：《一"面"之缘》

5、6 微博互动

2、3 串联—节目十四：《诗琴话艺》

1 串联—节目十五：《飞天》

1、2 串联—节目十六：《一家人》（音乐起，由演员直接过渡）

结束曲：《甘肃之最》

1、2、3、4、5、6 齐出场，致结束词，晚会结束。

三、晚会展现元素

1. 龙（2012 龙年将至，龙在中国文化中的传统属性）；

2. 爱国（中国人民共和国成立 62 周年）；

3. 爱党（中国共产党建党 90 周年）；

4. 民族团结：甘肃特有少数民族（裕固族、保安族、东乡族）；民族大联欢（汉、藏、蒙、回、朝鲜等）；

5. 甘肃悠久的历史文化（张骞出使西域、丝绸之路、敦煌壁画等）；

6. 甘肃民俗（太平鼓、花儿、社火、陇剧、陇东皮影、剪纸等）；

7. 2011 甘肃大事记（兰州国际马拉松、中国 MBA 黄河兰州漂流赛、天宫一号发射成功等）；

8. 甘肃特色符号（牛肉面、兰州方言等）；

9. 民生百态；

10. 流行元素（街舞、重踏舞、和声合唱团、流行歌曲等）。

四、晚会节奏图分析

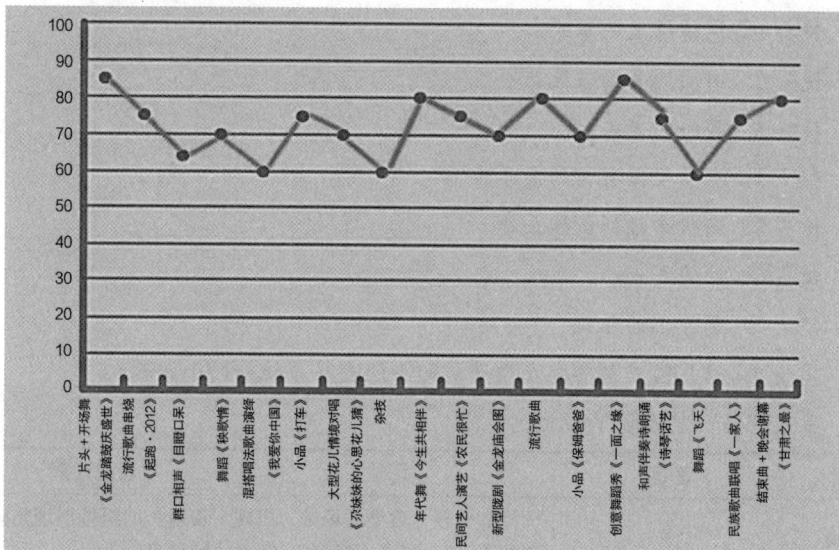

五、晚会时间进程安排

时间	具体工作
10 月 1 日—10 月 20 日	策划团队完成晚会总体方案
10 月 21 日—10 月 31 日	组织专家评审方案，团队修改、细化方案
11 月 1 日—12 月 25 日	1. 导演组分节目组织团队开始单个节目具体编排 2.《梦工厂》开办系列节目征集晚会所需作品 3. 舞台效果的确定
12 月 26 日—1 月 2 日	1. 晚会所有节目结束单一排练，确定最终节目单 2. 确定晚会主持人、到场明星、制作导视和宣传片 3. 舞美方案的实施修订
1 月 2 日—1 月 5 日	晚会节目联排、舞美方案的完善
1 月 6 日—1 月 8 日	节目第一次彩排并完善发现问题
1 月 9 日—1 月 11 日	节目第二次彩排并完善发现问题
1 月 12 日—1 月 13 日	节目第三次彩排并录制备播带
1 月 14 日	晚会正式录制播出

六、具体节目编排流程

片头：《龙模陇 Young·2012》共分为两部分：

第一部分："龙来了，来陇了"

各镜头视内容决定景别大小，各类型对象对着镜头，激情饱满地欢呼："龙来了！来陇了！"

镜头 1：训练场里的军人

镜头 2：田间地头的农民

镜头 3：晨练的老人

镜头 4：在学校体育馆的大学生

镜头 5：满脸幸福的新婚夫妻

镜头 6：外国友人

镜头 7：草原上的牧民

镜头 8：幼儿园里整齐坐在桌子前的小朋友（穿统一的小护衣）

第二部分：龙模陇 Young

镜头	画面	场景	表现元素
1	"龙"	选择 6 个较为典型的场景，出现"龙"字，"龙"字有大有小	快镜头的组接展现热闹，同时突出龙年
2	优秀劳"模"锦旗	兰炼工厂里	我省工业快速发展
3	"陇"西（出使路线）	甘肃省博物馆资料	张骞出使西域，悠久的历史文化
4	老人书法"Young"	黄河岸边	中国传统文化与西方文化元素的融合
5	"2"路公交	2 路公交车站牌	城市的现代化运营
6	9"0"周年	建党 90 中年大型会议现场横幅	建党 90 周年
7	"1"	马拉松比赛中运动员身上的号码	甘肃 2011 年的大事件
8	"2"	各民族、各地域特色各异的小孩摆出"耶"的姿势，与镜头 1 呼应，选择 6 个较为典型的场景	朝气蓬勃

镜头 9 将上述所有画面乱序叠加，片头所要的重点字乱序排列但要从画面中突出出来，龙 Logo 变活把"2012"和"龙模陇 Young"串联排好序后，龙 Logo 回到自己的位置上。此时背景更换为设计背景，随后龙 Logo 以椭圆形飞行轨迹，呈波浪形飞行状态，围绕此标题飞行两次后离开画面。

镜头 10：龙将晚会主题"龙模陇 Young"带入设计好的背景中，龙从画面中冲出迎面撞向 LED 屏幕，将晚会由片头带入现场。

开场舞：《金龙踏鼓庆盛世》

编排思路：片头结束的"龙"主题出现在现场的 LED 屏上，由 Logo 复活的龙冲向屏幕，当现场灯光亮起，舞台中央门的前方化生之龙往前奔跑，与此同时现场舞台的两边各涌出一条龙，三龙汇聚在场中盘旋，最终落在舞台后方，头尾相接合成一条长龙呈舞动状。同时舞台上布满了持各种甘肃特色鼓（清水轩辕鼓、武威攻鼓子、天水旋鼓、白银背鼓子、兰州太平鼓）的女演员，因鼓的不同所穿着服装也呈现不同特点。

男演员在舞台上配合女演员的鼓点舞各种节奏的舞蹈，此时辅以热闹喜庆的伴奏音乐，男演员可视情况选择不同的道具，可呈局部统一的安排，且舞台上有男演员在鼓上表演，整个舞台呈现出以鼓斗舞的热闹场景。

在节目最后，后两条龙的龙头率先向舞台正前方舞动，其经过之地的舞蹈演员随着两龙头同步舞动，会聚成两条人龙，而之前三龙会聚的长龙绕场跑至舞台正前方，圈成龙门，此时，门开，6位主持人从门内出场，走至龙门。

亮点呈述：将甘肃特有的鼓元素呈现在开场，让观众了解到甘肃独有的鼓文化，同时男女打破传统思路，女敲鼓男跳舞，演绎不同的美感。

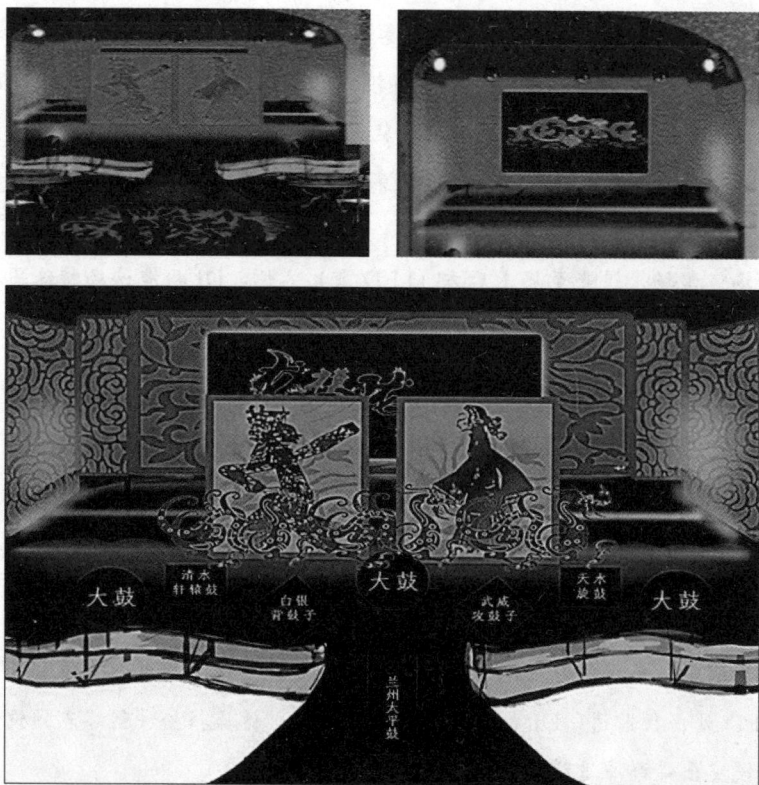

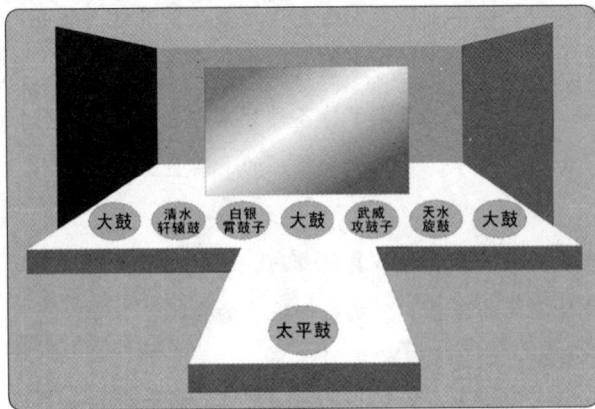

LED 内容：晚会主题 Logo 的动画设计，配合现场演出效果做动态变化，LED 中的龙与现场的龙交相辉映。

开场词：开场结束，主持人上场，音乐不断，演员不下场，六位主持人开场。1、2 先突出春节的历史属性；3、4 感谢各族人民、祝贺成功举办国际马拉松、总结旅游的发展、讲述甘肃新面貌；5、6 强调参与性、播报微博送祝福、播报晚会的场外信息。最终气势磅礴收尾，自然引出晚会的第一个节目。

1. 流行歌曲串烧：《起跑·2012》

《健康歌》+《Walk on》（备用曲目《奔》+《我们都一样》+《牵手》）

编排思路：将 2011 年的马拉松大赛和冲向年关结合。以一个虚拟的马拉松比赛场景将流行歌曲进行串烧，打破拼接式的歌曲串烧。在整个节目中设置 DJ 和舞蹈的元素，将时尚与时事结合、年轻化和主旋律结合，营造出一种活力、时尚的氛围。在整个表演过程中，演员均穿上马拉松服装，但是在细节上和颜色上突出特别之处。

开场：黑场，追光至场上后方（LED 前）右侧。DJ 扮演这场特殊马拉松的解说员。自己打出节奏后，说道："欢迎来到跑向年关的幸福马拉松"（全场灯启），演员在舞台的各个区域自然有序的做着"赛前"的热身。

第一部分：此时，一小男孩言："快比赛了，爷爷奶奶来做运动"。DJ 打节奏，《健康歌》起，小孩、老人共同演唱。台上的演员表演整装待发、锻炼身体的热闹场景。（剪辑音乐以"一二三四、二二三四"开始，紧接左三圈、右三圈。以"学爷爷唱唱跳跳永远不会老"结束此歌）。

第二部分：三位男演员在超越中跳着舞蹈至场中央。《Walk on》音乐起三位男演员演唱，表现出赛场选手互相超越的感觉。群舞变换队形走位到舞台正后靠近 LED 处，往前进，DJ 打碟出。由演员拉线，仿马拉松冲刺终点的设计，在这个时候突出舞群冲过红线。

第三部分：此部分为较抒情的部分，需要在整个歌曲联唱中舒缓情绪，所以舞台上所有演员可安静地聆听、可演绎抒情基调的情景片段。

第四部分：舞蹈以拍手为主要元素，舞蹈演员左右、前后拍手互动，加以舞蹈编排和设计，呈现出互动性强的舞蹈效果。（音乐剪辑以原曲中 9 秒处的前奏"哒哒哒"紧接副歌前"我要到所有人的梦中和世界牵手"紧接"牵手牵手"副歌反复三遍），在歌曲高潮部分要积极调动现场气氛。

亮点呈述：时尚新元素融合马拉松赛跑的形式；情节式的歌曲串联；全民友谊式的赛跑；新颖热闹且颇具层次感。

LED 内容：

（1）马拉松现场画面（起跑过程、加油呐喊、冲向终点等画面的再现）；

（2）甘肃人积极、向上、乐观等生活场景的外拍视频；

（3）特效的设计。

2. 群口相声：《目瞪口呆》

编排思路：以相声为形式介绍甘肃 14 个市州的美食特产和美景文化。由 15 个相声演员分别扮演一名来甘肃旅游的游客和甘肃 14 个市州的导游，并把甘肃的 14 个市州分为两派：美食特产派和美景文化派。语言环境为介绍各自特色以吸引游客前去观光，各位导游将自己的美食特产、美景文化大夸特夸，并相互进行辩驳，LED 屏上也会同步播放相应的特色画面。起初是针尖对麦芒，之后是由游客调整气氛大家相互夸赞，最后大家一起推出"甘肃是个好地方，欢迎大家到甘肃"的主题，以达到提升本省自豪感和宣传甘肃的目的。

美食派	美景派
兰州：牛肉面	嘉峪关：明长城
金昌：浆水面（待定）	武威：舞狮子
白银：靖远羊羔肉	张掖：丹霞地貌
天水：呱呱	酒泉：莫高窟、月牙泉
庆阳：荞剁面	平凉：崆峒山
定西：马铃薯	临夏：刘家峡水电站
陇南：洋芋搅团	甘南：林区风景

亮点呈述：通过甘肃省 14 个市州不同特色的幽默比拼，将美好的甘肃全然

展现给观众。

LED 内容：与相声内容相关的视频资料、图片资料的展示。

3. 舞蹈：《秧歌情》

编排思路：多年来，军区歌舞为甘肃省的文艺事业做出了极为突出的贡献，在其创作的节目中呈现了很多经典，此处将他们精心演绎的精品舞蹈《秧歌情》引入晚会中，一方面该舞蹈属原创性作品，另一方面观众对于此节目的熟识度不高。因此，将该舞蹈直接引入晚会，不仅可以将甘肃省优秀的原创文艺节目更为广泛地展现给观众，也能很好地体现军民一家亲的和谐风貌。

亮点呈述：该舞蹈编排精巧，很好的将地方特色融入舞蹈的编排之中，而整个舞蹈所呈现出来的热闹、喜庆的氛围，与晚会打造"年味儿"的目的也极为相符。

LED 内容：配合舞蹈的实效展示，辅以打造视觉效果。

4. 小品：《打车》

编排思路：大年三十儿晚上，天空飘起了小雪，路边站满了焦急回家等着打出租车的乘客。排队的时候人们就起了争执，有人说他是刚从工地赶回家的农民工，辛苦了一年，就盼着这顿团圆饭，他应该先坐；有人说他是驻守边关的军人，赶上媳妇儿生孩子，领导才批了三天假，坚守了一年，就想早点回家，看看大胖儿子；有人说他是归国的华侨，三十年没回家乡，趁着过年，想早点回家跟亲人团聚，看看家乡的新发展、新变化，他应该先坐。开始人们各不相让，但当得知对方的处境时，又互相谦让，最后终于排好了顺序。可没想到车来了，师傅却不想走了——师傅也想早点回家过年，经过了大家的一番交流，师傅决定再拉一趟，把这些人挨个送回家。上车一问，这几个人居然都住在一个小区，原来啊，这个小区是政府为了解决群众住房难而设立的公租房！

亮点呈述：以现代城市打车难为背景，将现实状况反映到小品中，在小品中反映出甘肃人民淳朴、友善、热情的优良品质。反映现实问题，突出百姓心声，弘扬优良传统，唱响改革篇章。

LED 内容：结合小品内容辅助打造现实生活场景（背景打造）。

5. 混搭唱法歌曲：《我爱你中国》

编排思路：依照殷秀梅、谭晶、汪峰版的《我爱你中国》，选择这三种唱法的演员进行演绎，在曲调的编排上需要依据这三种唱法各自的优势，重新进行编曲，能够让观众很明显的感受到三种唱法的区别，同时在演绎时还要突出唱法的杂糅，在副歌部分精心设计和声的效果，且呈现出三种唱法和谐分配的效果。背景 LED 的设计突出红色主旋律。

亮点呈述：老歌新唱，且将每一种唱法的特色凸显得淋漓尽致，在分类演绎三种唱法的基础上，很好的将各自的特色在同一首歌里演绎出来，和声部分的设计，能让观众感受到不一样的红色经典。

LED 内容：展现祖国的大好河山、沧桑巨变。

6. 杂技：《民间绝技上春晚》

编排思路：通过征集民间的杂技艺人，演绎民间传统的杂技绝活，将很多有可能失传的技艺搬上舞台，同时为丰富舞台上的演出内容，可安排省内专业团体表演观赏性较强的杂技节目，让专业派与民间技艺同台展现。

亮点呈述：民间珍藏的杂技演绎，在给观众带来视觉上刺激的同时，又能将现场的氛围提升，同时也起到了保护我省珍贵文化资源、鼓励更多人关注、学习民间技艺的积极作用。

LED 内容：用特效辅助节目呈现视觉效果。

7. 大型花儿情境对唱：《尕妹妹的心思花儿猜》

编排思路：将传统花儿男女对唱的形式作为节目的主线，以伴舞演员形式多样的伴唱为副线，在结合"对花儿、诉情愫"的主题之下，将男女主人公的演唱以讲故事的形式进行编排。在男女主唱之余，安排男女演员若干名，一方面起到伴唱的作用，在演唱过程中可以丰富演唱内容与形式；另一方面可以辅以舞蹈、场景化表演，使节目避免形式单一的局限。

亮点呈述：花儿作为甘肃文化资源中的一抹重笔，在晚会中编排细致的呈现势必会为晚会增彩不少，而在热闹、喜庆气氛映衬下的情境式对唱花儿，更能将这种来自于民间的艺术本真地还原于舞台，呈现给广大观众。

LED 内容：结合情歌对唱的场景辅以生活场景的资料展现。

8. 年代秀：《今生共相伴》

编排思路：将不同年龄段的演员分组，并在同一首歌曲中安排三组演员分别出场，在各自演唱段落进行带表演性质的演唱，在副歌部分三组年龄段的演员由男演员带领互相更换表演对象，依照年龄各自分组。整个节目舞蹈演员均由与主演年龄相当的演员扮演，但主要以小演员为主，在舞蹈最后每个年龄段有一个相框，各组演员依次站进相框，LED 配合出现事先准备好的图片与现场呼应，最后 LED 以全家福结束，舞台部分以相框结束。

演员要求：小演员（4—6 周岁）

青年演员（适合扮演新婚夫妇）

老年演员（银发演员）

亮点呈述：将不同年龄段的演员安排在一首歌曲中，小朋友的可爱、年轻人的甜蜜、老年人的温馨，在相册式的展演中讲述不同年代的故事。

LED 内容：

（1）特效制作的动画效果；

（2）年画宝贝的相关资料；

（3）配合现场需要的相框画面。

9. 民间艺人演绎：《农民很忙》

编排思路：该节目共分为三个部分：

第一部分：将甘肃省较有影响力的民间艺人以组合的形式邀请到现场，让他们用传统的乐器演绎一首他们比较擅长的民间歌曲。

第二部分：主持人上来对其进行采访，并简单学学乐器，与其互动。

第三部分：主持人引出用这种简单的传统乐器演绎现在流行的歌曲会是什么效果？民间艺人们群体演绎《牛仔很忙》。（演唱人员为在甘肃有一定知名度的歌手）

亮点呈述：结合微博互动的形式自然串联节目，用传统乐器演奏现代流行歌曲，将传统和时尚完美结合。

LED 内容：农民生活中劳作画面、准备过年的画面、在日常生活中演出的画面等（热闹喜庆的场景）。

10. 新型陇剧：《金龙庙会图》

编排思路：以 3、4 主持人唱陇剧、逛庙会的形式完成整个节目的表演。将外景拍摄的东方红广场庙会场景和现场庙会设计集合起来，两位主持人用陇剧代替解说，由两位主持以身临其境带领的形式向观众介绍兰州特色庙会图。

第一部分：在现场展现过年的场景，现场 LED 屏幕一直有画面出现，表现庙会的热闹场面。两个主持人出场，先欣赏剪纸艺术。

特殊舞美要求：大型的吹塑板，吹塑板上面印有剪纸的花样（甘肃特色之一）。

这些剪纸的造型就是吹塑板后面演员和"庙会摊位"的造型（前期可以将照片制作出剪纸的效果）。

几块剪纸背景推开，摊位呈现在观众面前。舞台的压台位置左右分别为糖人和拉面的摊位。背景音乐以集市的吵闹声为主。主场和群舞开始唱跳。两位主持人演唱陇剧，称赞剪纸艺术，夸奖庙会热闹。

这时女主持人还在用心学习如何剪纸，男主人公已经跑进 LED 里，站在 LED 里喊女主持人快来看广场上的社火，很自然地转入室外场景。（现场除了播放视频之外，各艺术种类继续表演，可以为现场的小朋友赠送糖人）

第二部分：两位主持人在室外看社火，此部分需事先拍好，两人在室外部分继续第二部分陇剧演唱；

两个人在看社火的过程中，突然看到一群老太太在表演《俏夕阳》类型的舞蹈，两人跟在他们后面模仿起来，这个时候很自然地回到现场，老太太们从 LED 里走出来，两位主持人也跟出来，继续第三部分。

第三部分：皮影的摊位被推到舞台中央。音乐起，主持人用陇剧介绍皮影，然后舞蹈演员和皮影一起做一致的动作（音乐为筝乐，皮影舞蹈元素为 Popping）。舞蹈毕，摊位推到后方。此时，LED 屏中会显示场外热闹的场面，舞蹈演员和主演手持各种表现民间特色的道具齐舞，边唱边跳。舞群和主演在场中央唱跳，用陇剧唱出庙会的热闹。

亮点呈述：以唱陇剧、逛庙会的形式展示甘肃的传统民间文化，用 LED 屏把演播室和外拍资料结合起来，很好地打破了传统节目时空的限制。

LED 内容：外拍过年的热闹场景；与各段落节目内容相关联的视频；精确到位的设计以实现与现场的时空转换。

11. 流行歌曲：《破晓》（备用曲目：《烟火》、《你看到的我是蓝色的》）

编排思路：邀请在年轻人中号召力较大的年轻艺人演绎流行歌曲，首选魏晨《破晓》（备选陈翔《烟火》、李霄云《你看到的我是蓝色的》根据具体情况择其一即可）。

亮点呈述：甘肃本土走出去的明星，且在全国知名度较高，此类明星所产生的效应是吸引年轻观众的重要保障。

LED 内容：用变幻多样的特效打造视觉效果。

12. 小品：《保姆爸爸》

编排思路：一位长年驻扎在酒泉卫星发射中心的工作人员回家探亲，却发现因为常年不回家，儿子已经不认识他了。当放学回家的儿子看见坐在客厅里的爸爸时非常疑惑，他百般解释，儿子依旧不相信他是自己的爸爸，并把他当成了小偷，追着爸爸在家里跑，非得要把他送到公安局。爸爸急中生智，说自己是新来的保姆，儿子才放其一马。

儿子给保姆爸爸布置了一个任务——帮他写作文《我的爸爸》。爸爸一听很心酸，便开始引导儿子写作文，百般提示，儿子就是想不出来一丁点儿跟父亲生活的素材。爸爸想起来儿子小时候跟自己关于饺子的约定，找了个借口，把儿子支了出去，自己在厨房给儿子煮饺子，希望让儿子以这盘饺子为线索，想起小时候跟爸爸相处的场景，以此来该篇作文的写作。爸爸在厨房煮着饺子，妈妈和儿子前后脚回来了，儿子跟妈妈说起新来的保姆，弄得母亲摸不着头脑。正当妈妈疑惑时，爸爸从厨房端着饺子走出来，妻子这才明白儿子口中所说的保姆就是爸爸。妻子忙向儿子解释：他不是保姆，是爸爸。儿子不相信，认为是妈妈在骗他，由此大发脾气，准备离家出走。这时，爸爸对儿子说起饺子的约定——儿子小的时候，爸爸每次回来探亲，儿子都不舍得让他走，于是爸爸就向他许诺，下次吃饺子时，爸爸就回家。于是儿子特别盼望吃饺子，可每次都是失望而归。这次，爸爸终于遵守诺言，在吃饺子的时候回家了。儿子听了，终于想起了小时候的约定，这才相信眼前的保姆就是自己的爸爸，全家人幸福地一起围着圆桌，吃起了饺子。

亮点呈述：以酒泉卫星发射中心的工作人员孙耀东为原型，歌颂其为了大家舍小家的无私奉献精神，感谢其为祖国的航天事业做出的巨大贡献。

LED 内容：发射中心的外拍资料。

13. 创意舞蹈秀：《一"面"之缘》

编排思路：该节目意在通过表现不同身份特征的人在牛肉面馆碰面的场景，将不同风格的舞蹈一一展现，在舞台上打造生活场景，以此来展现风格各异的舞蹈。

具体表现如下：

开场：鸟叫声起，舞台中间一个大的框架，即拉面师傅做面的橱窗。以Popping演绎牛肉面开张的过程，拉面师傅穿着他们的工作服，有的打扫（滑步）、有的擦桌子（机械）、有的整理桌椅（带椅子秀技巧）忙碌的准备着、"开业啦……"

第 1 组：一位时尚年轻女白领（白衬衣、黑西装）进到面馆，坐到位置上，嘻哈的爵士音乐响起，年轻女性随着音乐舞动起来，其伴舞演员入场，表演爵士风格的舞蹈，音乐停，落座，从橱窗后拉面师傅端着拉面旋至年轻女士身旁，优雅的将面放置到桌上，女演员造型定，其余演员退场。

第2组：穿校服的一名女中学生，欢快地走进面馆，将书包放在椅子上，时尚动感的音乐响起，女学生随着音乐欢快的舞动，其伴舞演员入场，演绎时尚动感活力的现代舞蹈（模仿北京四中《红扇》等类型的舞蹈）。舞毕，落座，伴舞下场。

第3组：身着农民装的两个年轻人走进来，嗅着面馆的香味，很饿但很开心的样子，点了碗面，等待的过程中两个人随着音乐很自然地开始了一段Locking和Breaking，然后一位服务员出来微笑地请他们坐，落座。

第4组：一位老爷爷和老太太缓缓进来了，老人面带笑容地看着周围各种各样的年轻人，一段华尔兹音乐响起，两位老人随着音乐演绎一段唯美的老年人华尔兹，舞毕，落座。

第5组：一位藏族小伙儿进来了，走到橱窗口，点完面，杰克逊的音乐忽然响起，同时小伙以滑步跃至舞台中央，开始一小段杰克逊的帅气舞蹈，音乐转换至节奏鲜明的藏歌，所有之前的舞蹈演员起身同藏族小伙一同跳着新型的时尚杰克逊藏舞，然后从舞台两边上来其他身着民族服装的舞蹈演员，共同演绎一段时尚的民族杰克逊。舞蹈最后，以踏步分两边下场。

亮点呈述：以兰州符号的"牛肉面"馆为场景，将不同风格的舞蹈混搭展示，尤其是出人意料的舞蹈种类与特色各异的人群的配合，会使整个节目充满新意。

LED内容：牛肉面馆背景元素的呈现。

14.和声伴奏诗朗诵：《诗琴话艺奏新篇》

编排思路：要求朗诵与和声合唱分段落演绎，其中合唱部分的唱词需结合诗朗诵内容撰写，同时合唱演员在朗诵演员朗诵时须辅以轻声演唱和肢体演绎的配合。

男女两名朗诵各站舞台左右两侧前方，舞台后方60人合唱团分置双方身后各30人，左前方一架钢琴。朗诵词由编导组撰写关于甘肃发展过程的诗词，内容包括甘肃的地理位置、悠久的历史文化、旅游胜地、14个市州的特色、经历的艰难险阻以及取得的突出成就等。在整个朗诵过程中，合唱团一直跟着钢琴的旋律哼唱配乐且同时表演带情境舞蹈，这样就成功将合唱、朗诵和现代的流行元素相融合。

第一部分：

朗诵内容：展示甘肃悠久历史，突出甘肃文化积淀、描写甘肃特色民俗、吟诵甘肃淳朴民风；

情绪基调：平稳；

配乐要求：轻快、干净的背景音乐及和声演绎；

比例安排：朗诵 2 分钟、和声演绎 40 秒；

第二部分：

朗诵内容：白描甘肃发展过程中遇到的困难，如历史包袱、自然灾害等；

情绪基调：低沉——悲（打造动情点）——情绪起；

配乐要求：略显低沉但意在积蓄力量的背景音乐及和声演绎；

比例安排：朗诵 2 分钟、和声演绎 40 秒；

第三部分：

朗诵内容：展示甘肃发展成就，突出甘肃锐意改革，着重民生发展，铺开发展宏伟蓝图；

情绪基调：激昂；

配乐要求：合唱团略带激昂地哼唱，钢琴以轻快的节奏配合，人声 B-box 动感的融合，"三声"齐出，共同打造听觉盛宴；

比例安排：朗诵 2 分钟、和声演绎 1 分钟。

亮点呈述：将传统的诗歌朗诵与人声伴奏和 B-box 相结合，避免了朗诵单调乏味的单一形式，同时演绎结合朗诵内容创作的原创歌曲，更能辅助打造晚会的动情点。

LED 内容：在合唱环节配合各部分内容做特效展示；在朗诵环节配合内容做视频资料展示。

15. 敦煌舞：《飞天》

编排思路：改编自甘肃省歌剧院的大型乐舞《敦煌韵》，以敦煌莫高窟的壁画故事为载体，舞蹈演员模仿壁画人物，重点展现"反弹琵琶"、"天宫伎乐"、"雷公鼓"等元素，以大型舞蹈再现出敦煌莫高窟壁画中千姿百态的乐舞场面，使敦煌壁画中的神话传说在舞台上赫然复活，带给观众极大的视觉享受和文化震撼。

亮点呈述：敦煌莫高窟是甘肃省的一张历史名片、文化名片、旅游名片，具有极大的文化价值和历史价值，它不仅是甘肃历史文明的象征，更是人类文化历史上的一块珍宝。甘肃省歌剧院作品《敦煌韵》是甘肃省近年来反映敦煌历史的一部精品，展示了我省深厚的文化底蕴和丰富的创作功底。《飞天》较好地保持了《敦煌韵》的原貌，不仅能展现出敦煌莫高窟恢宏壮阔的艺术气息，还能展示出我省近年来文化产业发展的辉煌成果。

LED 内容：敦煌壁画的视频资料展示。

16. 大型原生态歌舞：《一家人》

编排思路：将裕固、保安、东乡三大甘肃省特有的少数民族原生态歌曲以尽量还原生活场的形式搬上舞台，通过在舞台还原生活场景、在 LED 播放与其相关的视频资料、用各民族自己的语言演唱等形式，将传统的艺术种类用电视化的手段展现给全国观众。

演唱歌手均为三大特有民族在当地最有知名度的原生态歌手，在营造生活场景部分，则选用当地土生土长的居民来伴唱和表演带有生活内容的场景再现，旨在将整个节目尽可能地还原到该民族最为原始的生活状态。

内容：黑场，追光至场下的小舞台，保安歌手（男女）坐在小舞台上，清唱花儿歌曲《恭喜曲》。就在小舞台的后侧，设一处，保安族的老者坐在身后，呈制作状态，将保安族的腰刀文化在此处以特别的方式来呈现，LED 播放腰刀文化片段。

保安族歌手演唱毕，追光至主舞台的左侧，裕固族歌手清唱歌曲《裕固族姑娘就是我》，旁边以无背景音乐对戴头面文化进行情景展示，LED 呈现裕固族婚礼现场。

裕固族歌手演唱毕，追光追至主舞台右侧，东乡族歌手演唱自己民族的东乡号子，在追光圈中，有本族演员演绎传统艺术。LED 再现耍火把的场景。

亮点呈述：将甘肃省特有的三大民族的传统特色生活化展示，将不易解读的原生态艺术演绎为易于观众理解的歌曲样式。把甘肃的民歌串联成一组情节相连、动静结合的原生态民歌联唱，并将甘肃特有的民族艺术样式作为压轴节目出现。

LED 内容：三大民族原生态场景资料配合现场演绎展现。

结束序曲：《甘肃之最》

编排思路：东乡歌手演唱毕，《甘肃之最》的前奏起。全场灯光起，三组歌手齐聚主舞台，共同演唱此歌曲。此时舞台上之前三个民族的演员走下舞台，将事先准备好的特色物件（保安：纪念腰刀；东乡：特色帽子；裕固：哈达）赠予台下观众席的领导和部分观众，将各民族的祝福送给观众。在歌曲演唱完之后伴奏延续，主持人齐上舞台至结束词，所有演员上台，谢幕。

原创歌曲《甘肃之最》将采用民通的作曲方式，流行元素中R&B的编曲，富有地方特色的歌词来展现"之最"的听觉，意在通过此种演绎方式将民族的大气和庄重感与通俗的高传唱度相融合。

歌曲前奏将太平鼓的鼓点作为一个启奏，然后再进音乐。歌曲的节拍采用四四的节奏呈现，明白晓畅的节奏记忆度较高，歌曲的歌词采用平仄的感觉排布，重点突出甘肃的特色风景和斐然成绩。

亮点呈述：该歌曲的创作和演唱均为节目亮点所在。创作方面：歌曲是民族和通俗R&B的结合，曲风优美，歌词的创作围绕对甘肃的介绍展开，百姓接受度高。演唱方面：歌曲采取的演唱方式是一种明白晓畅的男女对唱形式，能将自豪和骄傲之情借歌手之口还原为百姓之情。

LED内容：甘肃省发展至今引以为荣的视频资料呈现。

八、人员分工（略）

九、可行性分析

1. 编导团队

本策划团队成员皆为科班出身，呈现出年轻化特点，理论基础扎实，实战经验丰富。团队总导演曾多次担任各类大型文艺节目导演，擅长改变固化的编导思维，用大胆的创新精神给传统晚会注入新鲜活力。团队其余成员也都参与了众多晚会的演出及策划，在歌舞节目设计、综艺主持串联、舞美设计等各方面均有涉猎。因此，思维的发散、节目的创新、舞美的设计、主题思想的表达，定会使本届春晚呈现出时尚、年轻、活力的艺术特点。

2. 演出人员

甘肃省内文艺资源丰富，兰州军区文工团、甘肃武警文工团以及甘肃省内各大高校的艺术院系可为本次晚会提供演职人员保障。

3. 晚会节目

本场晚会的节目虽大胆创新，却严格依据实际进行编排策划。所有节目设计均在能力可达到范围之内。专业的策划方案加以全体工作人员精准的专业水平，可以确保所有策划得以顺利实施。

十、亮点陈述

1. 强调新颖：新颖是指整场晚会在总体结构、主持串联、篇章设计、具体节目上都要摆脱窠臼，创新出彩，以"新形式体现新发展，新思路展示新成绩"为目标，以内容和形式的创新为途径，办出一场有文化、有活力、有新意的人民群众满意的精品晚会。

2. 强调互动：互动有两层含义，一是与现场观众互动，二是与电视机前观众互动。在演播厅现场，导演有意将舞台植入观众席，改变以往"台上台下"的观演模式，这样的设计既有利于观众近距离观看演出，也会使现场所有需要观众配合的互动更加易于开展；在场外，导演有意设置了酒泉卫星发射中心、兰州东方红广场以及第二演播室，意在突破时空的限制，更好地实现电视机前的观众与现场的双向互动，让电视机前的观众也能参与到晚会节目中来，真正做到"大联欢"。

3. 强调原创：原创是指本场晚会中除部分歌曲非原创之外，包括语言类节目、大型舞蹈、节目串联、编排思路等皆为原创，这不仅能充分体现甘肃文化大省的内涵和底蕴，更能体现出甘肃加快文化体制改革和创新的实力和决心。另外，在部分节目的选择上，导演组拟在前期开设相关的栏目向民间征集优秀作品，在强调原创的同时也更好地加强了互动。

十一、经费预算（略）

（十二）彩排演练

晚会正式演出前的彩排演练，一般可分三个阶段进行。

第一阶段：单个节目分别彩排。彩排时演员可在熟悉表演场地后，结合导播所提供的意见，进行演员走位的舞台设计。导演还可就单个节目的舞美设计进行简单预演，如有不合理的地方可及时进行调整。在确定好走位调度、舞美配合等问题后，还需要各个节目的负责人配合灯光师，编排设计各个节目的舞台布光思路。

第二阶段：节目的成组彩排。在此阶段，导演需要将所有节目统筹组织在一起，搭配舞美、灯光、服装、道具等进行排练，从晚会的内在逻辑来考虑晚会的编排是否流畅；摄像、灯光师、音响师在此阶段可对设备进行调适，熟悉各自负责器材的使用；导播可参照分镜头脚本进行多讯道操作练习，并依据电视观看效果对镜头调度进行修改完善。

第三阶段：晚会联排。就整场晚会内容做1:1的彩排录制，由主持人（或其他串联方式）串场，各个节目依照正式演出的节目顺序依次彩排，各个工种严格按照正式录制要求进行操作。在彩排完毕后，所有工种须在导播带领下进行观摩，寻找问题并提出解决办法。

在切换画面的过程中，由于电视文艺晚会涉及的节目类型较多，且时间相对较长，担任导播的同学很难精确完成对所有节目的切换，容易因为紧张而造成一些失误。此时，就需要导播在正式切换前要结合单机彩排和成组彩排的经验，通过与全组其他各工种的共同讨论，协同导播助理撰写出本次晚会的分镜头脚本，并将分镜头脚本分发给摄像、灯光、现场导演、剧务和负责大屏幕等工种的同学。各个工种的同学可以参照分镜头事先做好准备，而导播在切换过程中，则可由导播助理参照分镜头脚本提示导播完成对于节目的切换，这样就可以最大限度地降低在晚会中出现失误的可能性。

【知识拓展】——导播对晚会节目的熟练

导播熟练晚会节目主要涉及两方面的内容：一方面，导播在进行现场切换时是没有足够的时间再去阅读导播台本的，这就要求导播在正式录制前应对整台晚会的编排有一个明确的认识，应将一些重要的环节设计牢记于心，如主持人和演员何时上下场，节目的先后顺序是怎样安排的，何时应该切入视频资料，何时又该切入观众反应镜头等，这样才可能避免失误的出现。另一方面，导播熟练节目内容还应体现在导播在彩排时对相关内容的主动获取。导播在现场切换时不可能完全遵照导播台本进行切换，这就需要导播在阅读导播台本的基础上，结合个人在彩排时对节目的理解，形成准确且深刻的画面切换方式。在前期彩排时，导播可通过反复演练每个节目的具体切换方式，以求在正式演出时能够沉着冷静地应对镜头的复杂切换。

（十三）机位设置

在一个演播空间中，面对歌曲、舞蹈、相声、小品、戏曲、杂技、魔术等多种节目形态和主持串词、现场访谈、信息播报、资料片段播放等多种非节目形态，导播的核心工作就是从对象的性质出发来决定画面的表现形式，从而完成设置机位、调机切换的工作。但从工作实务的角度出发（保证连续制作），导播又只能针对一台电视文艺晚会确定一种"折中妥协"的机位设置方案。这就导致在一台晚会中不可能有完全科学、合理的机位设置，导播自然无法做到对应每个表现对象（不同的节目形态）的性质来布设相应的机位与机位属性。由此形成的机位设置方案，往往只能以"全能"为基础呈现各类节目，以突出表现场面气氛为亮点。对比来看，电视文艺晚会的导播工作虽然也是一种专业类型，但它的专业性更多地体现在应对复杂制作的实务上。从不同的节目转播案例分析入手，研究电视文艺晚会导播，可以体会该类型节目转播所需要的导播观念。因此，在电视文艺晚会的实训练习中采用"折中妥协"的导播观念，一方面，可以明确电视文艺晚会制作中多种元素叠加所带来的机位设置局限性的具体原因；另一方面，有利于针对其中每个节目更加合理充分地发挥调机的功能，并在兼顾多类型节目表现需求上做出更为理性的机位设置选择。

（十四）现场录制

虽然在高校几乎不会采用直播的形式播出电视文艺晚会，但在现场录制时仍建议采用模拟直播的形式进行录制，即在晚会录制过程中不间断演出，力求保证连贯、流畅的一次性录制结束，其优势主要体现在以下三个方面：

第一，不间断的准直播模式可以保证现场氛围不被破坏。

第二，准直播大大减少了后期剪辑的工作量，这就使同学们可以在相对固定的制作周期内，将更多的时间用来包装和完善成片，而不是整理剪辑由多台机器所拍摄的原始素材。

第三，准直播要求现场录制不可停下来弥补所犯的任何错误，这就要求同学们在前期需要反复细致的排练，以避免在录制过程中出现任何问题。这种制作方式极大地调动了各工种之间的配合默契度和熟练度，可使学生更好地掌握一线实务直播对工作人员专业素养的要求。

【知识拓展】——现场观众的选择

在其他多讯道节目录制过程中，为了方便省时可以选择不带现场观众，或者在后期加入事先准备好的观众反应镜头，但在电视文艺晚会中，建议导演组在录制时应组织好观众现场观看晚会录制，这样既可以增加演员表演的激情，同时还能更好地还原直播的现场性。

在现场观众的组织和管理上，一定要事先有所安排：首先，现场观众的选择要视晚会主题而定，要邀请对主题有所了解的观众群，这样导演精心设计的内容才能够被观众所理解，才可能在现场引起观众的共鸣。其次，现场观众要能够积极配合晚会的各个流程和设计，例如在晚会有些环节可能需要现场观众保持安静，而在有些环节又需要现场观众配合主持人互动，只有现场观众耐心且准确的配合，才可能实现导演想要的效果。最后，现场观众的反应镜头也是电视文艺晚会镜头组接的重要组成部分，就像晚会中有些节目的上下场可能会有大量的道具需要搬送，这时最好的解决方案便是可以通过切换观众反应镜头来完成对镜头的组接。

（十五）剪辑成片

现场录制的晚会不可避免地会出现一些失误，如果不是直播的电视晚会，导演组便可通过后期剪辑的方式，对其进行弥补修葺，通过后期修改剪掉类似演员上下场、搬运道具等诸多无用镜头，从而使整台晚会的成片面貌更显紧凑与完整；同时，对于最终呈现的成片，也可通过后期剪辑的方式完成很多在现场切换中无法完成的特殊效果，如适合的字幕、有趣的特效和精彩的动画等，以此来丰富电视晚会的视觉效果。

第三节　典型学生案例分析

一　案例呈现

《匆匆那年》电视晚会策划书

（一）主题——寻找那些年的匆匆爱情

爱情，从古至今都是一个永恒的话题。每个时期的爱情，都留有时代的记忆。或美好、或疼痛、或甜蜜、或悲伤，在爱情的国度里会有着不同的感受。是恋爱的甜蜜、是错过的遗憾、是暗恋的羞涩还是即将告别的不舍。"匆匆那年"爱情晚会，带领每个有过爱情的人一起去回忆，寻找那些年的匆匆爱情。

本场晚会作为2012级广播电视编导专业训练实习所制作的一场晚会，其晚会主题为"爱情"。爱情是一个经久不衰的话题，无论是懵懂的少年、成熟的青年，还是年迈的老年都在享受着爱情带来的浪漫和温暖。因此，作为晚会第一组团队，经过讨论、考虑晚会的可行性，最终确定将"爱情"作为本场晚会的主题。

（二）晚会构思

1. 晚会时间、地点

时间：11 月 2 日晚 19 点 30 分

地点：新闻传播学院小剧场

时长：90 分钟

2. 节目类型比例

（三）节奏分析（动情点设计）

在节目中有一个主动情点，两个辅动情点：

主动情点：在节目三的情景剧中展现。节目表现的

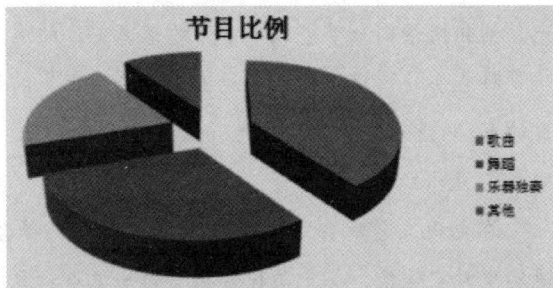

是一对青梅竹马的男女，由于种种原因，两人没有在一起。男孩去参军后，女孩开始给男孩写信，当女孩得知自己已快病亡时，男孩还有两年才能回来。因为女孩太了解男孩，男孩会怎样回信她都知道，所以，她提前将两年的信写好，让男孩的母亲隔一段时间发一封。当男孩退役回来后，满心欢喜地去寻找女孩，却被告知女孩已经离世的消息。该故事讲述一个凄美的爱情，从表现形式上来说，现场表演与视频播放相互交叉，转换时空进行表演。

辅动情点：

1. 互动环节。互动环节所展现的是暗恋中的男女，借以舞台作为他们求爱的现场；借以视频的辅助，引起观众的共鸣。

2. 结尾 VCR。VCR 作为整场晚会的升华部分，视频内容采访情侣、异地恋、单身青年对爱情的表达和诠释。

（四）舞美设计

本场晚会的舞美设计充分结合小剧场本身所具有的布局特点、硬件设施和限制性因素，在舞台的设计、灯光的运用，以及 LED 屏的使用上反复琢磨，做出最符合爱情主题晚会要求的舞美方案。

1. 灯光

本场晚会中所有节目都是以爱情为主题进行的，要求的效果是一种唯美梦幻

的感觉，不建议加入与主题不符的炫动灯光。导演组决定采用柔和且颜色多为暖色调的灯光，规避一些纯色调的光，尽量不采用对比效果明显的两种光同时照在舞台上，如红光和绿光。此外，还加入了摇头灯、追光灯和地板光等元素，使用摇头灯可以给演员一束定点光。例如节目《爱情法宣誓》中，演员站在灯光黑暗的舞台上，一束定点光可以方便摄像拍摄，并且突出节目要表达的意境。在追光灯的使用上，导演组会在舞台全场黑暗时应用，跟随演员的移动以实现为演员补光。例如情景剧《梦中人》中，给落寞哭泣的演员一束追光，配合节目给现场营造一种悲伤的情感。最后在地板光的应用上，例如在节目《情歌王》中，配合节目的 KTV 情景，加入地板光，做到逼真的效果。

2. LED 大屏

在电视文艺晚会中，LED 大屏幕是补充舞台信息量的重要手段，可以很好地实现时空转换，补充与晚会相关的知识点。本次晚会中，有很多关于爱情的感悟会被做成视频通过 LED 大屏播放。晚会中的八个节目都将用到 LED 大屏，通过与灯光和舞美做配合，不仅充实了舞台信息，还给观众带来更好的感官体验。例如晚会中的音诗画节目《沉思》中，LED 大屏播放提前拍摄的有关异地恋的沙画内容，而舞台上的小提琴演员则会配合视频突出这个节目所要表达的内容。导播在多讯道的切换上可以在视频和小提琴演员之间使用叠化效果，以营造出电视文艺晚会美轮美奂的视觉效果。

3. 舞台设计

舞美设计不仅能够弥补灯光、LED 大屏所不能实现的舞台效果，同时也能弥补舞台本身的一些不足。在本场晚会中，导演组增加了很多有创意的舞台设计，例如在观众席挂置的花球和星空灯（营造出爱情晚会才有的唯美浪漫的意境），舞台上悬挂云朵的设计（使舞台变得生动，使画面具有立体感），舞台侧面用布和纱结合（将舞台打造成婚礼现场，包住演员上台的出入台口，以防止电视画面中出现穿帮镜头，同时还能配合晚会浪漫的主题），以及舞台前台的蝴蝶灯（配合主题，丰富舞台内容）和舞台前侧柱子上的包纱（营造现场气氛）。

（五）节目编排（部分）

	编排思路	亮点呈现	现场图片
开场	以《爱情法宣誓》作为开头，由 LED 大屏制作的视频正式进入晚会。	改编《结婚法》，通过演员朗诵爱情法宣誓，来传达恋人对爱情的诠释，节目形式较为新颖。	
节目一：舞蹈	以匆匆那年的爱情中会有各种各样的爱恋，如朦胧的爱情，甜蜜的爱恋，悲伤的爱，以歌舞来展现每个人心中对爱的不同表达。	采用歌舞来表达情感，用肢体语言表达爱情中的甜蜜。（超越语言所能够传达的效果）	
节目三：情景剧	一对青梅竹马的男女，在男孩去参军后，女孩开始给男孩写信，当女孩得知自己已快病亡时，距男孩归来还有两年。女孩了解男孩也知道他会怎么回信，所以，她提前将两年的信写好，让男孩的母亲隔一段时间发一封。当男孩退役回来后，满心欢喜的去寻找女孩，却被告知女孩已经离世的消息。	讲述一个凄美的爱情，从表现形式上来说，现场表演与视频播放相互交叉，转换时空进行表演。	
节目四：互动	互动环节是本场晚会中与观众互动的唯一节目。此节目时间大约在 8 分钟左右。晚会开始之前，采用微博等宣传方式，找出一位男嘉宾（有暗恋的对象，还未表白），在前期的工作中，策划好此节目需要说的话和场面调度。演出现场给自己心爱的女生表白（事先策划）。	互动环节是调动观众气氛的重要途径，可使整场晚会达到高潮。节目利用 VCR 入场，即将在一起的男女进行现场表白，在此中利用观众心理效应烘托气氛。	

（六）人员分工

总 导 演：田亚飞

副 导 演：郭雨

现场导演：田亚飞

外 拍 组：田亚飞，孙凯强，郭雨，张海龙

宣 传 组：韩亚琳，刘雨农，王森

舞 美 组：郝银璐，马悦，李奕佳，韩亚琳，刘璐璐

摄 　 像：李奕佳，韩亚琳，马悦

导 　 播：郭雨

导播助理：刘雨农

灯 　 光：化戈，张海龙

音 　 效：刘璐璐

LED 屏幕：孙凯强

剧 　 务：王森

前期制作分工

工作组	工作要求	人员
策划组	做好前期策划，撰写节目之间的串联台词	郭雨
赞助组	晚会的赞助，为赞助商家拍摄广告	韩亚琳，田亚飞，郭雨
视频组	拍摄晚会中需要的视频及后期的成片剪辑	张海龙，王森，田亚飞
平面组	晚会中平面的设计	孙凯强
道具组	1.小剧场的舞美装饰 2.节目表演期间负责演出道具的摆放	李奕佳，马悦，刘璐璐
财务组	晚会经费的预算及所需道具采购	韩亚琳
宣传组	1.制作晚会宣传海报 2.制作晚会邀请函和入场门票 3.在微博、人人、QQ上宣传晚会	郝银璐，李奕佳，田亚飞，孙凯强
演员组	1.前期对演员进行管理 2.晚会中管理演员上下场，提醒台词	王森，刘雨农

演播现场分工

导播	1号机	2号机	3号机	现场导演	灯光	电脑	录音	导播助理
郭雨	李奕佳	韩亚琳	马悦	田亚飞	张海龙	孙凯强	王森	刘雨农

（七）经费预算

项目	内容	金额
舞美	云朵棉花	220 元
	幕布	600 元
	演员服装	700 元
	彩纸、卡纸、剪刀、胶布等	300 元
	打印海报等资料	180 元
演职人员	劳务费	400 元
	餐费	600 元
	交通费	200 元
设备租赁	烟雾机、泡泡机等	400 元
合计	3600 元	

（八）可行性分析

1. 主题：从往届实训练习的晚会来看，没有专门做关于爱情的晚会，所以，从主题定位上来看较为新颖。

2. 节目内容：每个节目通过编导的编排和设计，并在小剧场进行实际走位，由此确定了单个节目的可行性。

3. 小组实力：小组成员掌握了电视文艺晚会的制作流程和多讯道演播室操作技能，可以充分完成晚会前期策划、中期录制和后期制作的每项工作。

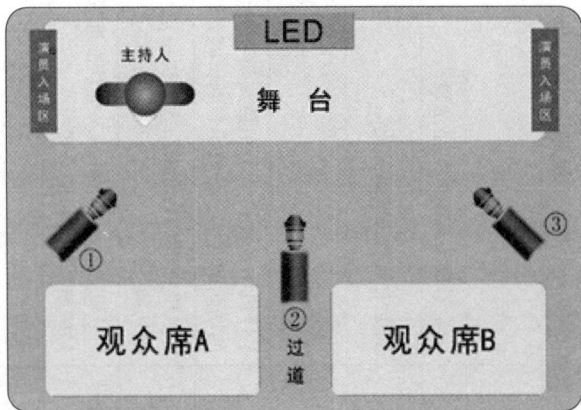

4. 演出人员：演出人员、主持人、配音员资源较为丰富，可保证晚会中各类演员的需求。

（九）机位图

（十）分镜头脚本设计（部分）

镜号	机位	景别	画面内容	灯光	音效	道具
1	无	无	晚会开场短片	前场蝴蝶灯，舞台熄灯	短片同期声	无
2	2	大全景镜头推至固定小全镜头	6名宣誓演员上台	定点光、追光	《我心永恒》音乐	无
3	1、3号机交替	固定中景镜头组叠化	宣誓演员分为三队宣誓	舞台侧灯	现场音	三支话筒
4	无	无	现场与LED大屏内容的时空转换	无	现场配音	无
5	1、2号机	1号机中景在轨道上拍摄演员在舞台上的场面调度，2号机小景别，两者切换	歌曲《情非得已》	追光入场、舞台全光、边灯、地灯渐开	伴奏	话筒、公交车道具、车站牌道具
6	2、3号机	2号机拍摄舞台全景，3号机推进，来回切换	双人舞《甜蜜那年》	追光入场、定点光、摇头灯、舞台光	伴奏	沙发
7	1、2、3号机互切	2号机全景，1号机划入全景推近景，3号机诚人特写拉回全景	情景剧《谈恋爱》	舞台光	现场音	沙发、竹子
8	无	无	LED同步短片	舞台光	短片同期声	无
9	1、2号机	1号机跟主持人中近景进场，淡入2号机全景	主持人主持互动，互动男主角上场	定点、舞台侧灯	现场音	话筒两只
10	1	1号机拍摄观众反应，推成中近景拍摄被表白女主角特写	被表白女主角上台	观众区灯	无	话筒两只
11	1、2、3号机互切	1号机全景机道划入，3号机镜头淡入，2号机特写推入，LED叠化，3号机中景淡入	歌曲《勇气》，LED同步短片	追光、舞台灯、摇头灯变色	伴奏	话筒一支、礼物堆、玩具熊
12	1、2号机	2号机近景推为特写淡入，换3号机近景淡出	情景剧《梦中人》	追光	伴奏	小桌、沙发、水、杯子、信件

注：脚本中所有每个单节目镜头不作详细分解，只将诸多特技镜头作简要概述。

二　学生自评

通过本次电视文艺晚会制作实践，本组成员对如何制作一台高水准的电视文艺晚会有了更为深刻的理解。前期对晚会主题、节目类型、舞美设计等内容的精心策划，中期对晚会节目的排演和现场机位的设置，录制过程中对多讯道设备的使用操作，以及后期对成片的剪辑制作，都需要同学们通过实际操作掌握其要点与精髓。从现场观众反馈和最终成片来看，本次电视文艺晚会取得了良好的效果，但仍有不足之处。

1. 主题。 主题是一台晚会的灵魂和内线，一台成功的电视文艺晚会一定要有一个能吸引观众的主题，这个主题不仅要贯穿晚会的始终，更要将晚会的个性展露出来，给观众留下独特而深刻的记忆。学生实训练习的电视晚会既要符合电视文艺晚会的相关制作要求，又要能贴近学生的日常生活。目前市场上青春成长类型的主题晚会较多，如何确立晚会主题又能不落俗套，成为导演组所面临的一大难点。总导演决定先由各成员分别进行主题策划，继而进行可行性分析、亮点分析的充分讨论，最终确定将"爱情"定为本场晚会的主题。情感是经久不衰的话题，不同的人对待"爱情"自然会有不同的理解。至晚会播出时恰逢电影《匆匆那年》上映，影片讲述了一群年轻人的爱情故事，电影内容充分引起当下年轻群体的情感共鸣，而这正好与本次晚会的主题不谋而合。因此，结合时下热点将"匆匆那年"定为晚会名称，同时，导演组还将电影插曲《匆匆那年》定为本场晚会的主题曲目，既保证了话题性，也充满了新鲜感。

2. 节目内容。 晚会主题为爱情，这便限制了诸如魔术、相声、武术和杂技等娱乐性较强的节目，但仅有简单歌舞元素的节目又显得单一，且因为晚会时长等原因，会使观众有审美疲劳之感。除贴合主题之外，导演组还要注意节目的新颖性与多样化，既有节目不仅要能满足晚会演出的视听效果，还要能引起观众的共鸣。通过导演组的共同讨论，除歌舞类节目外，导演组原创了情景剧，设计了现场演出与多屏转换的互动方式，从而有效丰富了晚会节目内容。

3. 工作人员。 要成功制作一台电视文艺晚会离不开团队协作，不同工种之间的相互配合是晚会顺利录制的重要保障。本组成员在总导演的合理分配下，在前期策划时就对小组成员作出了明确系统的分工：导播需熟练掌握多讯道操作技术，能够熟练地运用镜头与观众沟通，使用镜头表情达意，充分发挥专业技能；导演负责灵活应对节目录制过程中可能出现的问题，协调各部门工作人员，确保晚会制作成功进行；主持人应当具备较高的语言表达能力，形象良好，并且熟悉晚会节目流程，能够随机应变；摄影师在导播的指示下捕捉记录好画面，便于后期剪辑；其余工作人员也都在完成好各自分内工作的同时，听从总导演调度，解决好了现场出现的一些突发状况。

4. 舞美。 舞美设计要在第一时间给观众以鲜明的主题带入感，同时还要能够很好地配合导播、摄像以及道具搬运等工作。遵照晚会"爱情"这一主题，导演组将节目现场布置成婚礼现场的效果，舞台上下场出入口利用蓬松感较强的布与纱进行装饰，凸显舞台的立体感。同时，这样的舞美效果也能唤起观众对于美好的爱情的向往，引起观众的情感共鸣。

5. 彩排。 在晚会正式演出之前，导演组组织进行了单个节目彩排和晚会联排，形式不同、侧重不同的彩排，有效保证了晚会最终的顺利录制。由于参演晚会节目的演员来自不同的校区和学院，在时间上很难保证集中参与彩排，经导演组商议，决定采取单个节目单独彩排的方法来保证节目进度，导演组指定每位组员担任一个节目的导演，由每位导演根据自己所负责节目演员的时间组织单独彩排。在完成单个节目的彩排之后，导演组又组织进行了三次联排。第一次联排，因为演员未能全体到位，只进行了简单的晚会串场，视频组就视频在 LED 大屏的播放做了格式调整，音响组也对音乐在现场播放的效果进行了仔细比对。第二次联排，所有节目配合 LED 大屏、音响进行了走场，并在导播的指挥下完成了演员调度的设计。在彩排后，导演组总结了晚会存在的问题，并提出了相应的解决方案。例如情景剧《梦中人》中每一幕有很多的道具，但晚会道具组人手不够，导致道具上下场耗时太多，无法保证节目的连贯性，总导演随即抽调了部分其他工种的人员补充到了剧务组，以解决人手不足的问题。第三次联排，导演组严格按照正式录制的要求对晚会进行了录制，导演组对演员的走位、主持人串场的时间、道具的数目及摆放位置、视频播放的时间点、摄像师的工作区域、剧务的活动区域、观众的位置等细节都进行了特别记录和准确安排，各工种在导演的统一调度下，配合默契地完成了对整台晚会的联排录制。

三 案例分析与教师点评

电视文艺晚会是多讯道实训练习最完整的训练项目，也是考量学生实践操作水平的最终环节。在多讯道创作实践中，一台电视文艺晚会的完美呈现是最能考察学生团队协作能力的，《匆匆那年》电视文艺晚会基本达到了教师所预期的教学效果，但也有不足之处。

（一）案例亮点分析

1. 主题选取的新颖性。在已有的学生习作中，很少有同学会以"爱情"为主题创作一台电视晚会，即便之前有考虑过类似主题的小组，也因为编排思路的落后与俗套，而无法通过指导老师的审核。该组同学结合当下热点的电影，讲述了各个年龄段对于爱情的看法，尤其是他们以自己所在的年龄段为主，谈他们对于爱情的认识，并且原创了3个从他们身边实际出发有关爱情的节目。这样一种对于"爱情"主题的表达，没有落入单一去讲爱情故事的落后俗套，而全程不刻意渲染、不用力煽情的表述方式，也使观众重温了一次曾经渴望过的、正在经历着的，又或是已经逝去了的爱情的美好。

2. 节目内容的创新性。晚会中的节目要么源自同学们的原创，要么是同学们对既有成品节目的二度创作，大都巧妙加入了同学们的创意。例如晚会采用三对情侣进行爱情宣誓的方式开场，在彰显晚会主题的同时，也体现了晚会的庄重感和仪式感；晚会结尾又以情景演唱的方式结束，引发了观众对爱情这一主题的思考。这种前后呼应的收尾设计，既满足了观众的情感需求，又成功升华了主题。

3. 元素融入的有效性。由于学院小剧场自身的限制，在节目编排、呈现方式、舞美设计和舞台走位等方面，并没有太多可供同学们发挥的空间，但该组同学为了更好地表达晚会主题，也为了增强晚会的观赏性，导演组积极探索可供使用的元素，并成功有效的将其融入晚会的创作之中。如整场晚会的舞美设计配合 LED 大屏，将晚会现场打造成了一场大型婚礼的现场，晚会中所有的节目就像是婚礼仪式上正常推进的既有环节，这种多重元素的叠加使用，也使晚会的串联更为流畅。另外，晚会中"现场录制 +VCR"的播出模式，不仅丰富了晚会的时空架构，将观众带到了过去的回忆里，又带入了现实的生活中，同时还能够通过对外拍采访的呈现，引发观众对主题的思考。

（二）案例不足分析

1. 作为一台电视晚会，电视化应当被视作导演创作的重要手段，但在《匆匆那年》电视晚会的具体编排中，导演组却将更多的时间与精力花在了现场效果的营造上，对于晚会的电视化并不充分。在晚会前期的单个节目彩排期间，导演组虽然安排了导演组成员每人负责相应的节目，但导演对于节目的编排参与感并不强，部分节目几乎是由演员负责编排的，个别导演只起到了安排排练场地、协调演员时间和制作背景视频的作用。在电视文艺晚会的创作中，导演不可能做到对任何一种艺术样式的表演都游刃有余，但导演一定要具备鉴别好坏、评判优劣的能力，尤其是在二度创作的过程中，导演要能够凭借自己的专业知识，对其进行适合电视播出的改编创作。如果只是被动地任由单个节目的负责人调度安排，那么，这样的节目则很难有电视化的手段介入其中，也就无法称为电视晚会。

2.由于同学们在之前的学习中并未过多参与电视晚会的创作，在对晚会节奏的把握上则处理得不够专业。本场晚会共有八个节目，导演组将比较轻松愉悦的节目都集中安排在了晚会的前半部分，到了晚会的中后段，基本上都是情绪相似且较为安静的节目，这样的节目安排，会导致整台晚会似乎只有一次较为明显的情绪起伏变化。在一台电视晚会中，为了避免观众的审美疲劳，应将情绪不同的节目交错排列在晚会中，如果将情绪相近的节目编排在一起，只会让晚会的节奏显得单调且乏味。

3.在录制电视文艺晚会的过程中，极易因节目复杂、工种繁多而出现各类意外状况，同学们也常常会因为缺乏经验而无法及时有效地应对这些突发的问题。由于对设备使用的不熟练，很多失误破坏了节目的既有节奏，如音频播放失误导致情景剧演出地被迫中断；灯光与LED屏播放配合的不娴熟，导致歌曲串烧看不清台上演员地表演；由于人员配合的失误和调度的混乱，撤换道具不及时、摄像师穿帮入镜等。这些问题的出现，一则是因为同学们经验不足、准备不够所造成的，但从另一个侧面来看，这些经验教训也对同学们的团队协作能力、统筹把控能力和心理承受能力，提出了更高的要求。

【实践练习参考】

1.电视文艺晚会前期文案策划的撰写；

2.电视文艺晚会的主题选择与把握；

3.电视文艺晚会中的节目编排；

4.电视文艺晚会中的机位设置思路；

5.电视文艺晚会中的舞美设计与镜头切换的相互配合。

参考书目

1.《电视节目导播》，郑月（著），中国传媒大学出版社。

2.《中国电视史》，刘习良（主编），中国广播电视出版社。

3.《电视制作手册》（第七版），〔美〕赫伯特·泽特尔（著），北京广播学院出版社。

4.《摄影基础》（第三版），〔美〕赫伯特·泽特尔（著），中国传媒大学出版社。

5.《影视视听语言》，张菁、关玲（著），中国传媒大学出版社。

6.《电视摄像造型》，任金州、高波（著），中国广播电视出版社。

7.《电视编辑理念与技巧》（修订版），任远（编著），中国广播电视出版社。

8.《电视文艺编导基础》，游洁（著），中国国际广播出版社。

9.《影视编导专业技巧解析》，张辉刚、宁珂（主编），中国传媒大学出版社。

后 记

还记得在中国传媒大学攻读硕士学位期间，在学习《电视节目导播》这门课程时，由于场地、设备等因素的制约，有幸参与课程实践环节操作练习的8名同学，是由郑月老师按照全班同学在课堂观看完《王者之舞》后现场绘制机位图的准确与否挑选出来的，其余同学则只能在现场观摩。机会之宝贵在今天回忆起来仍觉记忆深刻，而正是这份记忆激励着我完成了本书的写作。

完成本书的写作，首先我要感谢中国传媒大学的郑月教授。正是因为在校期间郑月老师的耐心教导，让我得以系统学习多讯道节目制作的相关知识，而郑月老师对待专业、对待学生的尽职尽责，更让我明白了教师这个职业的真正意义所在。

其次，我要感谢中国传媒大学关玲教授、中国广播电视协会张晓爱会长、湖南卫视陈汝涵、沈欣、唐芳等几位老师，是你们为我提供的诸多一线实战经验，让我的实践教学能够紧跟业界要求；感谢闫婧师姐为我提供的诸多文献资料和一手图片，才能让本书的写作更加全面；感谢本书的合作伙伴张彤，为本书绘制了无数精美的插画与图表；感谢我的家人，在我写作本书过程中，为我提供的安静且舒适的写作环境。

最后，我最想感谢的，是我可爱的学生们。2009级的冯文祥；2010级的王丹、余紫翔、孙兰慧；2011级的宋伟、周姿歆、侯欣；2012级的郭雨、林戴伟、王涵、张馨元、张晴晴；2013级的陈艳、刘建；2015级的李茸、马亚亚、牛芸；2016级的刘蕾、赵俊；2017级的王雨彤、于聪、闫旭东等同学。在本书写作的过程中，他们中有很多人还正在我的课堂上担任导播，课下他们会将自己最真实的感受与我分享；在本书即将出版之时，他们中的很多早已毕业多年，正在业界一线承担着与导播相关的各类工作，闲暇他们会将自己专业的经验与我交流。此刻，我依旧清晰地记着与你们朝夕相处并陶醉其中的美好时光，是你们的集思广益让本书的案例更加丰富，是你们的细心校对让本书的细节更加准确，感谢你们！

本书前言、第一章、第二章、第三章、第四章、第八章、第九章由张辉刚完成；第五章第一节、第三节由张辉刚与张彤完成，第二节由张辉刚完成；第六章第一节、第三节由张辉刚与张彤完成，第二节由张辉刚完成；第七章第一节、第三节由张辉刚与张彤完成，第二节由张辉刚完成。本书中所有的图形、表格，均由张彤设计完成。

另外，有一件特别需要说明的事情：本书中引用了一些文献资料、视频截图和设备图片，目的仅为教学所用，虽经我们多方设法都未能联系到版权方，由此表示歉意，并希望得到您的理解，谨向您致以深切的感谢。

张辉刚

2019 年 2 月于甘肃肃南